Colección: PEDAGOGIA
La pedagogía hoy

T. D. COOK
y
CH. S. REICHARDT

Métodos cualitativos y cuantitativos en investigación evaluativa

Revisión e introducción a la edición española por
Juan Manuel ÁLVAREZ MÉNDEZ
Facultad de Filosofía y Ciencias de la Educación
Universidad Complutense. MADRID

EDICIONES MORATA, S. L.
Fundada por Javier Morata, Editor, en 1920
C/ Mejía Lequerica, 12. 28004 - MADRID
morata@edmorata.es - **www.edmorata.es**

Métodos cualitativos y cuantitativos en investigación evaluativa

Por
T. D. COOK
y
CH. S. REICHARDT

Quinta edición

Traducido por
Guillermo SOLANA

Título original de la obra:
QUALITATIVE AND QUANTITATIVE METHODS
IN EVALUATION RESEARCH
© Sage Publications, Inc., 1982.

Primera edición: 1986
Segunda edición: 1995 (reimpresión)
Tercera edición: 1997 (reimpresión)
Cuarta edición: 2000 (reimpresión)
Quinta edición: 2005 (reimpresión)

Queda prohibida, salvo excepción prevista en la ley, cualquier forma de reproducción, distribución, comunicación pública y transformación de esta obra sin contar con autorización de los titulares de propiedad intelectual. La infracción de los derechos mencionados puede ser constitutiva de delito contra la propiedad intelectual (arts. 270 y siguientes. Código Penal).

© EDICIONES MORATA, S. L. (2005)
Mejía Lequerica, 12. 28004 - Madrid

Derechos reservados
ISBN-13: 978-847112-310-7
ISBN-10: 84-7112-310-X
Depósito legal: M-44.344-2005

Compuesto por: Artedita
Printed in Spain - Impreso en España
Imprime: CLOSAS-ORCOYEN, S. L. Paracuellos de Jarama (Madrid)

CONTENIDO

	Págs.
INTRODUCCION A LA EDICION ESPAÑOLA: **Investigación cuantitativa/Investigación cualitativa: ¿Una falsa disyuntiva?**, por Juan Manuel ALVAREZ MENDEZ	9

CAPITULO PRIMERO: **Hacia una superación del enfrentamiento entre los métodos cualitativos y los cuantitativos**, por T. D. COOK y CH. S. REICHARDT 25

El lenguaje del debate actual, 27.— ¿Determinan lógicamente los paradigmas la elección del método de investigación?, 31.— ¿Es preciso escoger *entre* los paradigmas?, 39.— ¿Por qué no emplear *tanto* los métodos cualitativos como los cuantitativos?, 41.— Conclusión, 50.— Perspectiva del volumen, 52.— Bibliografía, 56.

CAPITULO II: **Una experiencia necesaria en la investigación evaluativa**, por W. J. FILSTEAD 59

Los paradigmas cualitativo y cuantitativo, 60.— El cambiante clima de la investigación evaluativa, 67.— Lo que pueden ofrecer los métodos cualitativos a la investigación evaluativa 71.— Conclusión, 75.— Bibliografía, 76.

CAPITULO III: **"Grados de libertad" y el estudio de casos**, por D. T. CAMPBELL 80

El estudio de casos, 86.— Comentarios finales, 102.— Bibliografía, 102.

CAPITULO IV: **Sobre la reconciliación de los análisis cualitativos y cuantitativos: Un estudio de casos**, por M. G. TREND .. 105

Introducción, 105.— El contexto, 106.— Diseño de la investi-

Págs.

gación, 107.— El caso, 108.— Observaciones de campo y explicaciones, 109.— Redacción, 114.— Explicaciones opuestas, 115.— La síntesis, 118.— Conclusiones, 125.— Bibliografía, 130.

CAPITULO V: **Hacia un acercamiento entre las metodologías cuantitativas y cualitativas,** por F. A. J. IANNI y M. T. ORR ... 131
Métodos cualitativos en evaluación, 132.— La evaluación como una investigación de campo, 136.— Combinación de los enfoques cuantitativo y cualitativo, 138.— Resumen y conclusiones, 143.— Bibliografía, 146.— Nota del editor, 147.

CAPITULO VI: **¿Dicen la verdad las fotografías?,** por H. S. BECKER 148
¿Qué es lo verdadero?, 150.— Amenazas a la validez, 157.— Conclusión, 170.— Bibliografía, 170.

CAPITULO VII: **Contribuciones etnográficas a la investigación evaluativa,** por M. S. KNAPP 171
Investigación etnográfica de la evaluación en los estudios sobre las Escuelas Experimentales, 173.— Cuestiones suscitadas por la experiencia de investigación evaluativa de las Escuelas Experimentales, 176.— Aportaciones alternativas de la etnografía a la investigación evaluativa, 187.— En conclusión, 196.— Bibliografía, 200.

CAPITULO VIII: **Conexión entre el análisis de proceso y el análisis de impacto: el caso del trabajo asistido,** por R. G. HOLLISTER, P. KEMPER y J. WOOLDRIDGE 202
Empleo del análisis conjunto para evaluar impactos de componentes de programa, 203.— Trabajo asistido y su base de datos, 206.— Conclusión como indicación de un éxito posterior al programa, 210.— Experiencia durante el programa e ingresos post-programa, 216.— Sesgo de selección, 220.— Conclusión, 222.— Bibliografía, 225.

RESEÑA BIOGRAFICA SOBRE LOS AUTORES 226

INTRODUCCION A LA EDICION ESPAÑOLA

INVESTIGACION CUANTITATIVA/INVESTIGACION CUALITATIVA: ¿UNA FALSA DISYUNTIVA?

Por Juan Manuel ALVAREZ MÉNDEZ
Profesor Titular de Didáctica
Universidad Complutense de Madrid

La polémica sobre métodos de investigación en Ciencias Sociales no es nueva. Son frecuentes las discusiones planteadas en términos dicotómicos, a veces antagónicos, en torno a temas como: investigación nomológica/investigación ideográfica; investigación psicométrica/investigación etnometodológica; investigación de laboratorio/investigación de campo; investigación experimental/investigación naturalista... Las dicotomías podrían multiplicarse, tal vez con mayor profusión que provecho, teniendo siempre puntos de referencia conceptuales y metodológicos distintos sobre los que se pretende desarrollar "la ciencia", como si ésta fuera una, y la forma de hacerla y de interpretarla fuera lineal. A pesar de esta larga tradición, caracterizada por un fuerte desequilibrio entre las dos tendencias, que inclina la balanza del lado experimental debido al desarrollo e influencia del positivismo, tal vez lo más novedoso en el momento actual resida en el interés por buscar las compatibilidades y la complementariedad entre las dos tendencias que posibiliten el trabajo conjunto y que, *grosso modo*, definen el panorama actual de investigación, es decir, la cualitativa por un lado y la cuantitativa por el otro(1). La obra que presentan COOK y REICHARDT es, sin lugar a dudas, un esfuerzo de considerable valor para mostrar esta nueva situación, motivada, en gran medida, por el resurgimiento y el empuje de la investigación cualitativa y las posibilidades epistemológicas, metodológicas y prácticas que ofrece, a la vez que por una gran insatisfacción producida por las fuertes críticas a algunos métodos cuantitativos que tienden a distorsionar o a simplificar excesivamente realidades sociales complejas. A todo esto se añaden razones que explicarían un cambio de actitud por parte de los estudiosos e investigadores que llevan a un reconocimiento y una mayor comprensión y apertura hacia nuevas concepciones, hacia nuevas perspectivas, que traerán como consecuencia la búsqueda de nuevos métodos y de nuevas técnicas derivadas de los nuevos esquemas teóricos correspondientes(2). De todos modos, intentar buscar coincidencias y colaboraciones mutuas no quiere decir que las cuestiones fundamentales que han distanciado ambas concepciones a lo largo del tiempo queden zanjadas en una serie de trabajos, aunque sí planteadas con suficiente claridad para descubrir ventajas e inconveniencias, poderes y debilidades, alcances y limitaciones, de cada enfoque, dado que entrañan dificultades que no admiten soluciones de carácter definitivo. Y tal vez tampoco convenga encontrarlas. Este aspecto podrá comprobarse a lo largo de la lectura de este libro y podrá igualmente comprobarse que "las espadas quedan en alto", dependiendo no ya sólo de un simple ejercicio de elección, sino de actitudes y de intereses y, en definitiva, de marcos conceptuales tan dispares que trasciendan los márgenes de investigación(3).

Conviene, no obstante, hacer alguna precisión aclaratoria desde este momento, sin atentar contra el espíritu abierto y conciliador que preside el libro: el hecho de resaltar la perspectiva cualitativa no lleva como corolario implícito descartar, ni tan siquiera infravalorar, la perspectiva cuantitativa. Tiende más bien a defender la idea de que la investigación cuantitativa no debe mantenerse como el único modelo a seguir.

Se trata de buscar y también de reconocer otras formas válidas y aceptables de hacer ciencia que no sigan los cánones prefijados por uno de los enfoques y que recuperen para el quehacer científico y para el desarrollo del propio conocimiento científico aspectos y dimensiones que insistente e intencionadamente han quedado marginados dentro del paradigma de investigación dominante, consideradas como fuentes de prejuicios y de errores, o como amenazas, o cuando menos, elementos distorsionantes del "espíritu científico auténtico" —entiéndase, el proceder empírico-positivista—, relegándolas a simples "variables contaminantes", o "variables no controlables", o reuniéndolas cómodamente bajo la llamada "hipótesis nula", particularmente cuando tales investigaciones se adentraban en las ciencias sociales. Así, el descubrimiento y la comprensión de significados personales presentes en el análisis de espacios en los que el sujeto es protagonista; o la construcción intersubjetiva de la realidad; o el reconocimiento de la temporalidad de la "verdad-científica" y de la misma "objetividad" (la tesis sustentada por KUHN es esclarecedora a este respecto); o el estudio de casos individuales, renunciando de partida a llegar a generalizaciones que impliquen transferir resultados de una situación a otra, de unos sujetos a otros; o de los juicios de valor o los propios valores del mundo sensible; o la creatividad, que no sólo reacción, de los individuos en la realidad social... Recuperar y reconocer estas dimensiones, y otras muchas, en el quehacer científico, insisto, no debe llevar a descartar tampoco los valores legítimos del proceder científico más experimentalista y cuantificado aplicado a ciertas áreas de las ciencias sociales. Se trata, como señala FILSTEAD en el trabajo recogido en el presente volumen, de lograr el equilibrio perdido en el campo de la investigación evaluativa, en este caso ampliando los márgenes de la comprensión científica, que no cerrándolos. Reconocer estos hechos, asumir las actitudes que ellos comportan, es de suma importancia, sobre todo si se tiene en cuenta que dentro de las ciencias sociales hay áreas en las que la ciencia se construye más adecuadamente partiendo de los presupuestos en los que se sustenta la metodología cualitativa. Hacer ciencia, descubrir "verdades científicas" de las que se puedan derivar principios para la interpretación, comprensión e intervención científicamente fundamentadas sobre los fenómenos estudiados, deja de ser exclusividad del paradigma estadístico-experimental.

Esto que acabo de señalar, y que encuentra apoyo y fuentes documentales en el presente libro, adquiere más sentido, si cabe, cuando se advierte que, en nuestro medio cultural, dentro de las ciencias sociales hay áreas de conocimiento, las Ciencias de la Educación por ejemplo, en las que la metodología cualitativa simplemente "no ha llegado", puesto el empeño en seguir una orientación restringida, no digo que equivocada, de la ciencia, quedando relegada la perspectiva cualitativa a campos semánticos amalgamados a los que se les han asignado denominaciones genéricas poco definitorias. Así: humanismo, espiritualismo, idealismo, romanticismo, filosofismo, arte (concepción que comienza a recuperar su propia identidad, precisamente por el empuje del enfoque cualitativo) (4); o cualquier otra denominación con ribetes descalificadores, acrítica pero intencionadamente utilizados. Se pretende con estos rótulos señalar el carácter pre-científico, a veces, a-científico, de estos enfoques. Precisamente sucede de este modo en áreas en las que la lógica de la metodología cualitativa adquiere todo su poder interpretativo y explicativo. Esta situación, sucintamente recogida en estas líneas, se ha mantenido y aún perdura en el campo de la educación, por más que fuera de nuestro ámbito cultural la investigación cualitativa haya conocido un desarrollo muy nuevo pero nada desdeñable y haya ocupado espacios de estudio y de investigación en los que se le reconoce un poder explicativo propio(5).

Reivindicar la investigación cualitativa como *otra forma legítima* de hacer ciencia para estas áreas pasa necesariamente por revisar los grandes condicionantes y limitaciones que la corriente lógico-positivista ha acarreado para tales ciencias, como pueden ser, por ejemplo, y siempre refiriéndonos restrictivamente a la educación, la inaplicabilidad y, en consecuencia, la inutilidad de muchos de los esfuerzos derrochados en investigar asuntos relacionados con temas escolares, el fracaso escolar entre ellos(6).

Pero este sería un trabajo fácil, un atajo si se quiere, y para el cual, por otra parte, es fácil de encontrar apoyo en otras fuentes bibliográficas, además de algunos de los trabajos recogidos en este libro(7). Creo más conveniente dedicar la atención a desarrollar alguna consideración sobre la perspectiva cualitativa y sus aportaciones para la investigación y la práctica científicas en educación, sin que ello suponga infravaloración alguna de la perspectiva cuantitativa y siempre, por supuesto, dentro del espíritu conciliador y ecléctico del presente libro. Y lo hago partiendo del hecho reconocido de que los métodos cuantitativos de investigación tienen una larga trayectoria y gozan de un prestigio que ha desequilibrado tanto la balanza a su favor, que es necesario recuperar el equilibrio; para lo cual, tal vez, sea preciso pasar una etapa en la que convenga resaltar los atributos que caracterizan positivamente la investigación cualitativa, reconociendo a la vez que el camino de consolidación por recorrer es muy largo, que son muchas las resistencias, y de muy diversa índole, que hay que vencer, muchos los problemas teóricos y prácticos que resolver y que, en cualquier caso, la perspectiva cualitativa seguirá siendo *una* opción, mejor diría decisión, metodológica más, con mayor o menor poder de explicación y de resolución, según áreas de estudio a las que se aplique, y según la adecuación a los asuntos objeto de investigación.

En mi ánimo está claro que la vía de ataque o de descalificación de cualquiera de los enfoques metodológicos y de las técnicas que de ellos se derivan para defender una postura alternativa no es la más idónea ni la más fecunda, máxime si se atiende a la intención del libro que introduzco, una de cuyas conclusiones generales, y a la vez síntesis de ideas dispares, puede expresarse como sigue: ningún método tiene patente de exclusividad de hacer investigación científica o de hacer ciencia. O entender por tal lo que se hace al adoptar una perspectiva. Hay distintas formas de hacer ciencia que llevan a la *explicación comprensiva* y a la *comprensión explicativa* de los fenómenos que son objeto de estudio.

Ambas perspectivas son necesarias, ambas pueden funcionar conjunta y complementariamente. El asunto a evaluar y las circunstancias y campo de investigación y de evaluación, así como el objeto u objetivos que se pretenden alcanzar son factores determinantes para decidirse por una u otra alternativa o para primar un enfoque en relación al otro, definiendo las funciones que cada uno va a desempeñar dentro de un programa de investigación. Si lo que importa en cualquier caso, en la dinámica de la investigación, es lograr una amplia base de datos, aspecto en el que distintos autores coinciden, para explicar y comprender los fenómenos estudiados, la *flexibilidad* y la *adaptabilidad* de los métodos vienen a ser, como reconocen Cook y Reichardt, la solución más adecuada. A esta misma línea de coincidencia de perspectiva apuntan McCormick y James (1983; p. 157) al sustentar la legitimidad de procedimiento cuando se recurre a todo el espectro de fuentes de datos de los tests estandarizados, escalas de observación sistemática, cuestionario de inventarios, entrevistas no estructuradas, observación participante y cualesquiera otras. En definitiva, todo método que sirva de estudio y de conocimiento de un asunto determinado puede ser útil, pues siempre se quiere "información variada recogida por diversas técnicas", como también señala Cronbach (1980, p. 8). De aquí el reconocimiento de que la *síntesis multimetodológica* parece ser una aspiración que suscita un amplio consenso entre investigadores en las ciencias sociales.

Hasta ahora ha quedado clara la necesidad de colaboración, en paridad de posibilidades metodológicas, entre los dos enfoques. Se trata de buscar acuerdos y colaboraciones en aquellos puntos compatibles; pero conviene no confundir las dos perspectivas, pues se corre el riesgo de mezclar planos conceptuales y de intervención distintos, con la consecuencia subsiguiente de esperar de un método de investigación lo que en la misma concepción del método no está comprendido. Pondré dos ejemplos: cuando una investigación trata con grandes masas de datos y se esperan de ella resultados matemáticamente interpretables y donde se pueden identificar los atributos medibles y pueden diseñarse y desarrollarse instrumentos para medirlos, el método experimental será el más adecuado (GARDNER, 1977; p. 591). Ahora bien, cuando se busca comprender el comportamiento de los sujetos implicados en un proceso, intentando captar el propio proceso en su totalidad, las interacciones y significados entre los sujetos entre sí y de los sujetos con el medio ambiental, sin dejar de lado variables imprevistas que en algún momento del desarrollo de la investigación resulten incómodas o parezcan revestir escaso valor, lo más apropiado será partir de un enfoque cualitativo.

El segundo ejemplo, hace referencia a un tema que suele ser objeto de frecuentes análisis: si queremos estudiar las relaciones personales que se establecen en el aula entre el profesor y los alumnos, y el estudio se orienta según las directrices de los diseños cuantitativos, se tendrán en cuenta las conductas manifiestas tanto de los alumnos como del profesor y de los alumnos entre sí, asignando valores numéricos a cada una de las partes observadas (número de preguntas, número de respuestas; tiempos de intervención de cada parte, pausas, silencios, distribución..)". Lo más indicado en este caso será una investigación de carácter cuantitativo (por ejemplo, el análisis de interacción verbal de FLANDERS); si, por el contrario, lo que se pretende investigar es el porqué de cada una de las situaciones analizadas que se producen en el aula y la significación contextual y su incidencia en las relaciones intersubjetivas que se establecen (por ejemplo, ¿por qué suele preguntar *este* alumno?; ¿qué busca con sus preguntas: aprender realmente, perder el tiempo, ampliar conocimientos, hacerse simpático ante los demás o por incordiar al profesor y evitar que este avance en sus explicaciones de contenidos?; ¿qué significado puede tener un gran silencio en el aula: hastío, interés, aburrimiento...?; ¿por qué habla tanto y sin parar el profesor?; ¿por qué hace preguntas?; ¿por qué en lugar de exponer contenidos, hace preguntas?), lo más apropiado es plantear la investigación desde un enfoque cualitativo. En ambos casos cada una de las metodologías dispone de una amplia gama de técnicas de las cuales servirse para la recogida de información válida, sobre la cual basar los conocimientos que *explican* los fenómenos estudiados. A veces puede resultar fácil lograr acuerdos para un trabajo conjunto, en otras ocasiones quizá lo más conveniente sea reconocer las incompatibilidades o las limitaciones de la utilización conjunta, partiendo del punto de vista paradigmático del investigador. Estos aspectos deben quedar aclarados, como ya señalé, una vez quede definido el problema que se quiere investigar, los objetivos que se pretenden alcanzar y el contexto y condiciones en los que *se da* la investigación. Los estudios recogidos en el libro son una invitación abierta a trabajar en esta línea de colaboración conjunta. Y mi intención es reforzar esta tendencia. Ahora bien, no se puede cerrar los ojos a las grandes diferencias que separan cada enfoque. Cierto que, en "un esfuerzo concertado" —difícil de lograr, es justo reconocerlo— se puede ir de cuestionarios estandarizados a entrevistas en profundidad en un primer paso, como también se puede utilizar categorías y escalas de observación de carácter cuantitativo, como son las de FLANDERS, a las que acabo de aludir, para llegar a entrevistas o cuestionarios abiertos a través de los cuales se puede llegar a describir y comprender *significados* que hacen inteligibles aspectos que no salen a la luz en la simple observación de los datos. Mientras que sea posible, y en algunos casos es deseable, conviene utilizar conjuntamente las dos perspectivas. Pero esto no debe ocultar —y creo que tampoco sería beneficioso para el desarrollo del pensamiento científico— las grandes diferencias que separan los dos enfoques. En el libro se puede palpar estas diferencias que van desde los orígenes de cada uno de los enfoques (psicometría y ciencias exactas para uno; antropología, etnografía y sociología para el otro) hasta los presupuestos en los que cada uno se sustenta. Tener claro esto evitará no sólo "mezclar" indebidamente métodos y técnicas que no siempre son bien avenidas, sino alguna que otra frustración en el intento de buscar un electicismo deseable, pero no siempre posible, y que puede acabar en resultados híbridos difíciles de explicar y de interpretar.

INVESTIGACION Y EVALUACION EN CIENCIAS DE LA EDUCACION: PRECISIONES CONCEPTUALES

Intencionadamente he ido esquivando en las páginas precedentes la utilización de la expresión *investigación evaluativa* a la espera de establecer algunas precisiones, pues considero que la transferencia de vocablos o de expresiones que tienen su origen en otros contextos culturales necesitan un mínimo análisis cuando los trasladamos a medios distintos, como es nuestro caso, no vaya a ser que, aparte de la novedad, queden reducidos a usos metafóricos vacíos de contenido real, dado que designan lo que ya está designado en nuestra propia lengua, complicando innecesariamente aún más una terminología que poco a poco va dificultando la comprensión en el panorama educativo, tanto en sus formulaciones teóricas como en sus realizaciones prácticas. Así, investigación educativa, investigación pedagógica, investigación de programas, investigación curricular, investigación evaluativa, vienen a designar campos semánticos coincidentes, si no idénticos. Cuestión de matices, digamos.

Conviene advertir, en primer lugar, que la utilización en la obra de Cook y Reichardt de la expresión *investigación evaluativa* obedece a la correcta traducción de los términos: *Evaluation Research*, expresión que en la literatura anglo-americana goza de una larga tradición. L. Ruthman la define en 1977 como "el proceso de aplicar procedimientos científicos para acumular evidencia válida y fiable sobre la manera y grado en que un conjunto de actividades específicas produce resultados o efectos concretos" (Ruthman, 1977; p. 16). Y para Alvira Martín, de quien he tomado la cita anterior, la investigación evaluativa o evaluación de programas, sin más, "es simplemente la acumulación de información sobre una intervención —programa—, sobre su funcionamiento y sobre sus efectos y consecuencias" (Alvira Martín, 1985; p. 129). En ambas concepciones subyace la necesidad de recoger información con el fin de ofrecer a otros —los patrocinadores— información y evidencia sobre cómo se están desarrollando los programas o a qué resultados han llegado y cuál ha sido el rendimiento de sus inversiones. Se espera siempre que, como resultado de la investigación evaluativa, se produzca algún tipo de cambio. Y esto viene a caracterizar la investigación evaluativa como diferencia que la distingue de otras formas de investigar en las que el investigador se mantenía alejado de los fenómenos, escudado en una actitud de no ingerencia y de no intervención que asegurasen la posibilidad de una objetividad pura. Como fruto de la dimensión *evaluadora* se espera ahora que quien *investiga intervenga* de algún modo.

Entrando en mayores precisiones BODGAN y BINKLEN (1982) establecen una triple diferenciación que nos puede aclarar dónde situar conceptos que en algún proyecto pueden ser coincidentes, sobre todo cuando no existen diferencias tan establecidas entre investigadores, evaluadores y profesores, los cuales se funden y confunden en nuestro medio cultural educativo. En efecto, y a fin de cuentas, el *profesor* es quien *investiga* y quien *evalúa* y quien *desarrolla* los programas. Estos autores establecen, desde un enfoque cualitativo, tres tipos diferentes de investigación: investigación evaluativa (*Evaluation Research*), investigación pedagógica (*Pedagogical Research*) e investigación en la acción (*Action Research*).

En la *investigación evaluativa*, el investigador suele estar con frecuencia contratado por un agente para describir y evaluar un programa de cambio, con el fin de mejorarlo o de suprimirlo. El resultado de tal investigación normalmente consiste en un informe escrito. Según BODGAN y BINKLEN, la investigación evaluativa es la forma mejor conocida de investigación aplicada.

En la *investigación pedagógica* el investigador es usualmente una persona comprometida con la educación (profesor, administrativo o especialista en educación) que quiere utilizar el enfoque cualitativo para hacer lo que considera más conveniente, bien sea para mejorar la enseñanza en términos generales o su propia enseñanza; o bien para reflejar el grado de eficacia que tiene en su tarea y cómo puede mejorarla. Los estudiantes o autoridades académicas y administrativas inmediatas, serán los destinatarios de los resultados obtenidos y del cambio pretendido, resultados que serán llevados inmediatamente a cambios prácticos, entrando a formar parte de su propio aprendizaje o en el mejoramiento del proceso que se está desarrollando en un momento determinado.

Por último, en la *investigación en la acción* las personas que dirigen la investigación actúan como ciudadanos que pretenden influir el proceso político a través de la recogida de información (BODGAN y BINKLEN, 1982; pp. 193-194)(8).

Sobre la base de las definiciones precedentes, podemos concluir que la investigación evaluativa se entiende siempre que hay alguien que contrata y que subvenciona y que persigue unos objetivos determinados para fines específicos. Un ejemplo válido y actual es el caso del CIDE (Centro de Investigación y Documentación Educativa) cuando saca a concurso un proyecto de investigación y evaluación de las reformas educativas en curso y asigna un presupuesto a un grupo de investigadores para que comprueben la *eficacia* y *rendimiento educativos* de unos programas determinados y rectificar o ratificar según los datos analizados, su funcionamiento, con el fin de legislar sobre nuevos programas que actualmente están en período de prueba. En este caso se puede hablar con propiedad de investigación evaluativa o de evaluación de programas o de evaluación curricular, o de investigación educativa, que vienen a ser lo mismo.

¿Por qué, entonces, introducir una nueva terminología? Pienso que el resurgir de la perspectiva cualitativa ha provocado la necesidad de reconocer que haya áreas de conocimiento, y la educación es una de ellas, que cuando se investiga se evalúa, rotos ya algunos mitos sobre la objetividad pura pretendida y el total aislamiento del sujeto investigador como ajeno a su propia tarea de estudiar los asuntos humanos. Recuérdese, ya como anécdota, aquellas recomendaciones que aconsejaban presentar los trabajos con rigor científico en una despersonalizada tercera persona singular o primera del plural. Hoy en día, y reflejo del cambio de actitud hacia concepciones cualitativas, quien investiga acostumbra a definirse como participante imbricado de algún modo en aquello que investiga y suele expresarse en primera persona. No es "alguien anónimo", "alguien cualquiera"; se sabe quién investiga, quién piensa, quién valora, quién decide, quién interviene. Por eso son tan importantes los informes finales y por eso mismo se les exige tanta claridad y tanto rigor en su presentación. Este cambio, aparentemente gramatical, refleja la nueva situación en la que la *investigación* necesita hacerse *evaluativa*, donde es necesario sacar a la luz y tener en cuenta la multiplicidad de factores y de valores que entran en conflicto en cualquier realidad social y a la que el propio investigador no es ajeno.

Hablo, claro está, de una dimensión valorativa aplicada a la investigación educativa. Desde este punto de vista se puede establecer un paralelismo de perspectivas (cuantitativa-cualitativa) con la ya clásica división de Scriven entre *evaluación sumativa* y *evaluación formativa*. En la tesis que sostengo, precisamente la evaluación formativa es la que realmente interesa en la educación. La llamada, por contraposición, evaluación sumativa, a mi modo de ver ya desfasada pues responde a un momento histórico muy concreto, queda reducida a funciones burocrático-administrativas de política educativa de micro y macro-niveles (calificaciones, controles, premios, paso de un curso a otro, agrupamiento de alumnos y otros aspectos que menos tienen que ver con las cualidades del proceso educativo, aunque lo pueden condicionar). (Cfr. ALVAREZ MENDEZ, J. M., 1985, 1986.) Como antinadamente señala CRONBACH "los dos términos no son adecuados para las discusiones de hoy en día (...) Las evaluaciones se usan casi totalmente de un modo formativo cuando se usan. Esto es cierto, concluye CRONBACH, incluso en los estudios que se autolimitan a medir resultados" (CRONBACH, 1980; p. 55). La razón del paralelismo en el binomio investigación-evaluación es, en mi opinión, la siguiente: cuando se investigan los asuntos educativos, sobre todo cuando no son objetos burocrático-administrativos, cualquier investigación es simultáneamente evaluación. Y como tal, debe incidir en la práctica. Quiero decir: no puede quedarse la investigación en niveles discursivos y especulativos. La doble dimensión *ética* y *normativa* derivada de una concepción de la educación como una *actividad intencionalmente humana*, y no simple actividad natural, propia de los cuerpos físicos, hace que cualquier estudio sobre la misma conlleve y comparta el proceso evaluador entendido como *práctica social legítima*. Es de suma importancia no perder de vista este criterio rector de la legitimación de la práctica educativa que se antepone, por principio, a criterios de otro signo, tal es el caso de la eficacia (= productividad, que lleva a la competitividad) que se busca en las ciencias físicas. De donde se concluye que la objetividad exigida a los métodos en las ciencias sociales remite obligadamente al *mundo de los valores* y, al mismo tiempo, al *análisis del proyecto teórico* que la sustenta. Nos instalamos con ello en el dominio propio del quehacer humano, que no es distinto del quehacer científico.

Lo que acabo de decir no debe interpretarse como falta de interés o despreocupación por el rigor más sólido y exigente de la investigación científica. Se trata de acudir a otras técnicas, como pueden ser, entre otras, la triangulación para validar métodos y la observación participante, técnicas sobre las que el lector podrá encontrar ejemplos valiosos a lo largo de las páginas que siguen.

NOTAS

(1) En líneas generales, y muy brevemente, podemos caracterizar la *perspectiva cuantitativa* por su preocupación por el control de las variables y la medida de resultados, expresados con preferencia numéricamente. En la *perspectiva cualitativa* la primacía de su interés radica en la descripción de los hechos observados para interpretarlos y comprenderlos en el contexto global en el que se producen con el fin de explicar los fenómenos. Si desde la perspectiva cuantitativa interesa primordialmente la *explicación* causal derivada de unas hipótesis dadas, desde la cualitativa interesa la *comprensión* global de los fenómenos estudiados en su complejidad. La síntesis de ambos enfoques recogida en el pensamiento expuesto por los autores del libro podría ser: preocupación por la *explicación comprensiva* y por la *comprensión explicativa* de los fenómenos. En esta interpretación de la dicotomía podría resultar el eclecticismo al que apuntan algunas tendencias.

(2) Sirva como contraste de este cambio la postura de D. CAMPBELL en su obra en colaboración con J. STANLEY titulada: *Diseños experimentales y cuasi-experimentales en la investigación social* (1973; 1966 en original). Allí decían: "En esta obra no declaramos partidarios del método experimental como único medio de zanjar las disputas relativas a la práctica educacional, única forma de verificar adelantos en el campo pedagógico y único método para acumular un saber al cual puedan introducírsele mejoras sin correr el peligro de que se descarten caprichosamente los conocimientos ya adquiridos a cambio de novedades de inferior calidad" (p. 11). La lectura del trabajo ahora recogido en este volumen es muy significativa. Valga el siguiente texto que entresaco para un contraste rápido: "La ciencia, dice CAMPBELL, depende más bien del conocimiento cualitativo y de sentido común, aunque en el mejor de los casos incluso lo supere".

(3) El pensamiento de M. APPLE puede ser reflejo fiel de esta actitud: " 'Cualitativa' y 'cuantitativa' no son simplemente meros modos de describir los hechos, pueden ser, tal vez. Pero estos diferentes juegos lingüísticos son modos diferentes de existencia. Sus significados están vinculados a modos de *atender* a los fenómenos e *interactuar* con ellos. Así," concluye APPLE, "estar ocupado con la cualitativa es abarcar, una forma de vida, que pretende rescatar significados humanos e intencionalidades desde su *status* como simples epifenómenos en la investigación cuantitativa". APPLE, Michael W. "Ideology and Form in Curriculum Evaluation". En: Willis, George, ed., *Qualitative Evaluation*. Berkeley (Cal.), 1978, p. 498.

(4) Cfr. STENHOUSE, L. *Investigación y desarrollo del curriculum*. Madrid, Morata, 1984. Del mismo autor se puede ver el artículo aparecido en la *Revista de Educación* (Mayo-Agosto 1985; nº 277), titulado "El profesor como tema de investigación y desarrollo".

(5) Puede verse una amplia bibliografía de orientación cualitativa en: FILSTEAD, William J., "Using Qualitative Methods in Evaluation Research: An Illustrative Bibliography". *Evaluation Review;* vol. 5; nº 2 Ab. 1981; pp. 259-268.

(6) PARLETT y HAMILTON (1976) hablan de "estudios artificiales y de corto alcance". Y B. McDONALD (1976) dice: "Gran parte del conocimiento nuevo está producido por investigadores y evaluadores que utilizan técnicas y procedimientos difíciles de entender". Según D. KALLOS "en una época en que los signos de crisis dentro de la sociedad son constantemente visibles también como crisis dentro de las escuelas, los investigadores pedagógicos han tenido poco éxito en la tarea de proporcionar las soluciones que se les pedían". Y según GUBA y LINCOLN (1982) "la investigación experimental no genera conocimiento que merezca la pena". Pienso que aquí reside la inutilidad de tantas investigaciones educativas cuyas conclusiones nunca llegan a incidir en la mejora de la práctica y muy raramente en el conocimiento de la misma.

(7) Muy interesante por la profundidad y fuerza de su análisis y las derivaciones que hace para la construcción de una teoría y práctica de la educación científicamente fundamentadas desde la perspectiva de la investigación en la acción, es el libro de CARR, W. y KEMMIS S., *Becoming Critical: Knowing Through Action Research*. Victoria, Deakin University Press, 1983.

(8) Una interpretación más amplia y a la vez más enriquecedora de la investigación en la acción referida a la educación puede verse en las obras ya citadas de STENHOUSE y de CARR y KEMMIS, así como los trabajos recogidos en el *dossier* titulado *Métodos y técnicas de investigación-acción en las escuelas,* uno de cuyos autores es J. ELLIOT. Particularmente pienso que la investigación en la acción representa en la investigación educativa una síntesis valedora de los presupuestos en los que se sustenta la investigación cualitativa, conocida en este sentido también como investigación naturalista, que enfatiza la necesidad de que los conocimientos adquiridos a través de la investigación sean *aplicables* a la vez que contribuyan a la *construcción de teorías explicativas* de la práctica misma. Como investigación aplicada, la investigación en la acción se opone a una concepción de la investigación básica entendida como aquella que persigue fundamentalmente aumentar el caudal de conocimiento general, a menudo re-

ferido a áreas más generales. Desde un punto de vista tradicional se entiende que la investigación básica goza de una aureola de prestigio del que deriva una autoridad fundamentada —"se habla con rigor científico"— que le concede un *status* superior dado el carácter "puro" de su quehacer, menos contaminado por las complicaciones derivadas de la participación en los hechos cotidianos a los que se dedica la investigación aplicada. La aureola de prestigio se ve reforzada por la utilización de un lenguaje más abstracto e inaccesible para el profano. En cambio, la investigación aplicada, la investigación en la acción, no sólo rehuye del esoterismo conceptual, sino que procura hacer inteligibles los resultados de sus pesquisas de tal modo que puedan incidir directamente en el mejoramiento y en la comprensión de la práctica de forma simultánea.

BIBLIOGRAFIA

ALVAREZ MÉNDEZ, Juan M. "La evaluación cualitativa. Delimitación conceptual y caracterización global". En: *Bol. de Acción Educ.* Mayo, 1985, nº 31; pp. 9-16.

――― Métodos y técnicas de evaluación desde la perspectiva cualitativa en: *Teoría y práctica de la evaluación en enseñanzas medias,* Granada, ICE Universidad de Granada, 1986. Pp. 85-132.

ALVIRA MARTÍN, Francisco. "La investigación evaluativa: una perspectiva experimentalista". En: *Rev. Española de Investigaciones Sociológicas.* Enero-Marzo, 1985, nº 29; pp. 129-141.

BODGAN, Robert C. y BINKLEN, Sara K. *Qualitative Research for Education: an Introduction to Theory and Methods.* Boston, Allyn and Bacon, 1982.

CRONBACH, L. *Toward Reform of Program Evaluation.* San Francisco, Jossey Bass, 1980.

ELLIOT, John y otros. Métodos y técnicas de investigación-acción en las escuelas. Seminario de Formación celebrado en Málaga del 1 al 4 de Octubre, 1984.

GARDNER, Don E. "Five Evaluation Framework: Implications for Decision Making in Higher Education". *Journal of Higher Education,* XLVIII (1977), 5; pp. 571-593.

GUBA, Egon y LINCOLN, Yvonna S. *Effective Evaluation.* San Francisco, Jossey Bass, 1982.

KALLOS, D.: "En torno a los fenómenos educativos y la investigación en educación". En: DOCKRELL, W. B. y HAMILTON, D.: *Nuevas reflexiones sobre la investigación educativa.* Madrid, Narcea, 1983; pp. 167-182.

McCORMICK, Robert y JAMES, Mary. *Curriculum Evaluation in Schools.* Londres, Croom Helm, 1983.

McDONALD, Barry. "La evaluación y el control de la educación". En: GIMENO SACRISTÁN, J. y PÉREZ GÓMEZ, Angel: *La enseñanza: su teoría y su práctica.* Madrid, Akal, 1983; pp. 467-475.

PARLETT, M. y HAMILTON, D.: "La evaluación como iluminación". En: GIMENO SACRISTÁN, José y PÉREZ GÓMEZ, Angel: *La enseñanza: su teoría y su práctica.* Madrid, Akal, 1983; pp. 450-466.

RUTHMAN, L. *Evaluation Research Methods: a Basic Guide.* Londres, Sage, 1977.

CAPITULO PRIMERO

HACIA UNA SUPERACION DEL ENFRENTAMIENTO ENTRE LOS METODOS CUALITATIVOS Y LOS CUANTITATIVOS*

Por Charles S. REICHARDT
Universidad de Denver
y Thomas D. COOK
Northwestern University

Es considerable el desacuerdo existente respecto a la adecuación de métodos diversos y posiciones metodológicas para realizar la investigación evaluativa. Uno de los debates actuales, de intensidad creciente, se centra en la diferencia entre métodos cuantitativos y cualitativos. Por métodos cuantitativos los investigadores se refieren a las técnicas experimentales aleatorias, cuasi-experimentales, tests "objetivos" de lápiz y papel, análisis estadísticos multivariados, estudios de muestras, etc. En contraste, y entre los métodos cualitativos, figuran la etnografía, los estudios de caso, las entrevistas en profundidad y la observación participativa. Cada uno de estos tipos metodológicos, es decir el cuantitativo y el cualitativo, tiene un grupo de partidarios quienes afirman que sus métodos preferidos son los mejor adecuados para la evaluación. Seguidamente se incluye una muestra de las opiniones que sustentan cada una de las partes del debate.

CAMPBELL y STANLEY (1966) y RIECKEN y otros (1974) son citados a menudo como firmes defensores de los métodos

---

*Nota de los autores: *El trabajo del que damos cuenta en este capítulo contó en parte con la ayuda de una beca de investigación de la Universidad de Denver, una beca de investigación de la W. T. Grant Foundation y una beca (DAR78-09368) de la National Science Foundation. Los autores agradecen a Barbara Minton y a Dale Schellenger sus valiosos comentarios a un anterior borrador de este texto.*

cuantitativos. Aunque CAMPBELL y STANLEY (1966:2) no se interesaron fundamentalmente por la investigación evaluativa, describen lo experimental como "el único medio de establecer una tradición acumulativa en el que cabe introducir perfeccionamientos sin el riesgo de prescindir caprichosamente de los antiguos conocimientos en favor de novedades inferiores". RIECKEN y otros (1974:6,12) se muestran tan sólo ligeramente más moderados y no menos entusiastas en sus reivindicaciones acerca de los experimentos: "Los experimentos no sólo conducen a conclusiones causales más claras sino que el mismo proceso del diseño experimental contribuye a aclarar la naturaleza del problema social que está siendo estudiado". "Cuando las condiciones no son problemáticas o cuando la creatividad y el ingenio de quien diseña la investigación pueden resolver problemas difíciles, entonces la experimentación es el *método preferible* para obtener una información válida y fiable sobre la cual proyectar programas sociales." (cursiva en el original).

WEISS y REIN (1972), PARLETT y HAMILTON (1976) y GUBA (1978) figuran entre quienes se agrupan en favor de los métodos cualitativos. WEISS y REIN en particular (1972:243) indican diversas estrategias alternativas de investigación y derivadas de la tradición cualitativa a las que consideran "en general superiores al diseño experimental como metodología para la evaluación de programas de objetivos amplios". Al hablar específicamente de la evaluación educativa, PARLETT y HAMILTON (1976: 141) añaden tajantemente:

> De modo característico, los enfoques convencionales han seguido las tradiciones experimentales y psicométricas que predominan en la investigación educativa. Su propósito (irrealizado) de lograr plenamente unos "métodos objetivos" ha conducido a estudios que resultan artificiales y de alcance limitado. Afirmamos que semejantes evaluaciones son inadecuadas para ilustrar las áreas de problemas complejos con las que se enfrentan y, como resultado, suponen una escasa aportación efectiva al proceso de elaboración de decisiones... La evaluación iluminativa se presenta como perteneciente por contraste a un "paradigma de la investigación antropológica".

De manera similar, GUBA (1978:81) señala que la investigación naturalista (a la que se compara con el trabajo etnográfico de campo y con el periodismo de investigación y se presenta como diametralmente opuesta a la investigación experimental y convencional) brinda "un modo de evaluación más apropiado y más sensible que cualquier otro practicado en la actualidad".

La corriente actual de opinión revela en realidad más desacuerdos que los ofrecidos por estos dos grupos de citas. Desde luego, no hay unanimidad sobre si existe o no desacuerdo. Por ejemplo, Rossi y Wright (1977:13) afirman que "entre los investigadores evaluativos existe una coincidencia casi total en señalar que el experimento aleatorio controlado es el modelo ideal para evaluar la eficacia de la política pública". Guba (1978) cita esta declaración con obvio desdén.

El propósito del presente capítulo consiste en señalar que parte del debate actual sobre los métodos cualitativos y cuantitativos no se centra en cuestiones productivas y, en consecuencia, no se desarrolla de manera tan lógica como sería deseable. Esto no significa afirmar que sea posible resolver por completo esta disputa metodológica. Como más tarde veremos, del debate surgen cuestiones importantes que permiten unas justas diferencias de opinión y de criterio. Convendría perfilarlas antes de que se manifestaran sentimientos como los expresados al menos en algunas de las citas anteriores. Pero el debate, tal como se está llevando a cabo, oscurece de forma progresiva las cuestiones y crea sin necesidad cismas entre los dos tipos de métodos, cuando debería tender puentes y poner en claro cuáles son los auténticos desacuerdos a los que merece la pena prestar atención.

EL LENGUAJE DEL DEBATE ACTUAL

Para entender algunas de las falacias de las opiniones actuales que están cobrando popularidad, es preciso apreciar más plenamente la forma en que se desarrolla el debate entre los dos tipos de métodos. Recientes comentaristas, críticos y defensores (cf. Guba, 1978; Parlett y Hamilton, 1976; Patton, 1975, 1978; Rist, 1977 y Wilson, 1977) consideran el debate no sólo como un desacuerdo respecto a las ventajas y desventajas relativas de los métodos cualitativos y cuantitativos, sino también como un choque básico entre paradigmas metodológicos. Según esta concepción, cada tipo de método se halla ligado a una perspectiva paradigmática distinta y única y son estas dos perspectivas las que se encuentran en conflicto.

Tal como lo expone Rist (1977: 43): "En definitiva, la cuestión no estriba *per se* en unas estrategias de investigación. Lo que sucede más bien es que la adhesión a un paradigma y su oposición a otro predispone a cada uno a concebir el mundo, y los acontecimientos que en él se desarrollan, de modos profundamente diferentes".
El concepto de paradigma procede de Kuhn (1962, 1970). Basándose en sus trabajos, Patton (1978: 203) define un paradigma como

una visión del mundo, una perspectiva general, un modo de desmenuzar la complejidad del mundo real. Como tales, los paradigmas se hallan profundamente fijados en la socialización de adictos y profesionales; los paradigmas les dicen lo que es importante, legítimo y razonable. Los paradigmas son también normativos; señalan al profesional lo que ha de hacer sin necesidad de prolongadas consideraciones existenciales o epistemológicas.

Los que ven el debate en términos de un contraste entre paradigmas proporcionan, por lo general, toda una lista de atributos de los que se afirman que permiten distinguir las concepciones globales cualitativa y cuantitativa. Por ejemplo, Rist (1977) brinda tres atributos, Patton (1978) proporciona siete y Guba (1978) aporta catorce. Sin propósito de ser exhaustivos, ofrecemos en la Tabla 1 muchos de los atributos más prominentes de cada paradigma. En resumen, del paradigma cuantitativo se dice que posee una concepción global positivista, hipotético-deductiva, particularista, objetiva, orientada a los resultados y propia de las ciencias naturales. En contraste, del paradigma cualitativo se afirma que postula una concepción global fenomenológica, inductiva, estructuralista, subjetiva, orientada al proceso y propia de la antropología social. El estudio que Filstead realiza en este volumen sobre los paradigmas proporciona una descripción más profunda y detallada.

Tales caracterizaciones paradigmáticas se basan en dos suposiciones que tienen una consecuencia directa en el debate acerca de los métodos. En primer lugar se supone que un tipo de método se halla irrevocablemente ligado a un paradigma de ma-

Tabla 1: **Atributos de los paradigmas cualitativo y cuantitativo**

Paradigma cualitativo	Paradigma cuantitativo
Aboga por el empleo de los métodos cualitativos.	Aboga por el empleo de los métodos cuantitativos.
Fenomenologismo y *verstehen* (comprensión) "interesado en *comprender* la conducta humana desde el propio marco de referencia de quien actúa".*	Positivismo lógico; "busca los *hechos* o *causas* de los fenómenos sociales, prestando escasa atención a los estados subjetivos de los individuos".*
Observación naturalista y sin control.	Medición penetrante y controlada
Subjetivo.	Objetivo.
Próximo a los datos; perspectiva "desde dentro".	Al margen de los datos; perspectiva "desde fuera".
Fundamentado en la realidad, orientado a los descubrimientos, exploratorio, expansionista, descriptivo e inductivo.	No fundamentado en la realidad, orientado a la comprobación, confirmatorio, reduccionista, inferencial e hipotético deductivo.
Orientado al proceso.	Orientado al resultado.
Válido: datos "reales", "ricos" y "profundos".	Fiable: datos "sólidos" y repetibles.
No generalizable: estudios de casos aislados.	Generalizable: estudios de casos múltiples.
Holista.	Particularista.
Asume una realidad dinámica.	Asume una realidad estable

*Citas de BOGDAN y TAYLOR (1975: 2). No suscribimos necesariamente estas descripciones de "fenomenologismo" y "positivismo logico" (cf. COOK y CAMPBELL, 1979) aunque semejantes caracterizaciones se hallen muy difundidas.

nera tal que la adhesión a un paradigma proporciona los medios apropiados y exclusivos de escoger entre los tipos de métodos. Es decir, como conciben el mundo de diferentes maneras, los investigadores han de emplear métodos distintos de investigación. Si la teoría de la evaluación de uno de éstos se encuentra relacionada más estrechamente con los atributos del paradigma A que con los atributos del paradigma B, debe automáticamente inclinarse por los métodos de investigación que se hallan ligados al paradigma A. En segundo lugar, se supone que los paradigmas cualitativo y cuantitativo son rígidos y fijos y que la elección entre éstos es la única posible. O sea que se considera inmutables a los paradigmas y que no existe la posibilidad de modificaciones ni de otras opciones.

Intencionadamente o no (y en algunas discusiones no resulta claramente evidente la intención), estas dos suposiciones conducen a la conclusión de que nunca cabe emplear juntos los propios sistemas cualitativos y cuantitativos. Como los métodos se hallan ligados a diferentes paradigmas y como hay que escoger entre estas concepciones globales excluyentes y antagónicas, uno tiene también que elegir entre los diversos tipos de métodos.

Tratar como incompatibles a los tipos de métodos estimula obviamente a los investigadores a emplear sólo uno u otro cuando la combinación de los dos sería más adecuada para las necesidades de la investigación. Paraliza asimismo cualquier tentativa de superar las diferencias entre las partes enfrentadas en el debate acerca de los tipos de métodos. Por estas razones la conceptualización de los tipos de métodos como antagónicos puede muy bien estar llevando por mal camino tanto el debate como la práctica metodológicos actuales. En nuestra opinión constituye un error la perspectiva paradigmática que promueve esta incompatibilidad entre los tipos de métodos. Específicamente ambas suposiciones antes citadas son falsas, así que no se sostiene la conclusión según la cual los investigadores han de elegir entre los tipos de métodos. En el análisis que sigue exponemos la falacia de ambas suposiciones (es decir, el nexo entre *paradigma* y *método* y la elección forzada entre paradigmas cualitativo y cuantitativo). Tras haber reconsiderado así el conflicto entre los puntos de vista paradigmáticos redefinimos entonces las cuestiones suscitadas por el debate acerca de los tipos de métodos y resaltamos algunos de los beneficios potenciales del empleo *conjunto* de los métodos cualitativos y cuantitativos.

¿DETERMINAN LOGICAMENTE LOS PARADIGMAS LA ELECCION DEL METODO DE INVESTIGACION?

Según el uso actual, un paradigma consta no sólo de una concepción filosófica global, sino también de un nexo con un determinado tipo de método de investigación. En este sentido de la definición el paradigma determina entonces el método. La cuestión que aquí se plantea es la de precisar si este nexo entre paradigma y método resulta necesario e inherente o si sencillamente procede de la definición y de la práctica. En otras palabras: ¿existe una consistencia inherente entre la adhesión a la filosofía de un paradigma y el empleo de los métodos de otro? La pregunta se responde con facilidad considerando sucesivamente cada uno de los atributos paradigmáticos para ver si se halla lógicamente ligado tan sólo a uno de los métodos o si puede aplicarse igualmente bien a ambos. Cada uno de los atributos de la Tabla 1 es examinado separadamente a continuación.

Reconsideración de la relación entre paradigma y método

● ¿Es necesariamente un positivista lógico el investigador que emplea procedimientos cuantitativos? Y del mismo modo ¿es necesariamente un fenomenologista el investigador que emplea procedimientos cualitativos? Ciertamente no porque, por un lado, muchos investigadores sociales que utilizan métodos cuantitativos suscriben una posición fenomenológica. Por ejemplo, las teorías psicológicas sociales de la atribución son fenomenológicas en cuanto que se proponen comprender conductas y creencias desde la perspectiva de los mismos actores. Sin embargo la mayor parte, si no toda, de la investigación de la atribución se realiza en el laboratorio con métodos cuantitativos. Pero consideremos la investigación sobre la introspección, un tema que asimismo corresponde claramente al terreno del fenomenologismo. En la revisión sobre la investigación de la introspección, realizada por Nisbett y Wilson (1977), la vasta mayoría de los estudios emplearon procedimientos cuantitativos como los experimentos aleatorios y las mediciones "objetivas" de la conducta.

Por otro lado sería posible, aunque quizá resultara improbable, que un etnógrafo realizara investigaciones desde una posición de positivismo lógico. Por ejemplo, imaginemos a un investigador que crea que la categoría socioeconómica se define exclusivamente en términos de bienes materiales como televisores, coches, casas y ropas. Como tales artículos pueden ser observados y contados sin referencia a los significados que tengan para sus propietarios, semejante medida de la categoría socioeconómica corresponde claramente a la tradición del positivismo lógico. Así, un investigador que emplee esta medida y que compruebe las pertenencias de un individuo mediante un trabajo etnográfico de campo estaría suscribiéndose al positivismo lógico al tiempo que empleaba métodos cualitativos.

• ¿Son necesariamente naturalistas las medidas cualitativas y necesariamente penetrantes los procedimientos cuantitativos? Los procedimientos cualitativos, como la observación participativa, pueden resultar penetrantes en algunas situaciones investigadoras. Por ejemplo, la categoría de Margaret MEAD como persona ajena fue probable y fácilmente advertida por las personas que decidió estudiar y, desde luego, esta circunstancia influyó en su relación de trabajo con ellas. De la misma manera algunos procedimientos cuantitativos, tales como las experiencias aleatorias, pueden, en ocasiones, ser empleados de un modo completamente discreto (cf. LOFLAND y LEJEUNE, 1960). De hecho, la cuestión del engaño se ha suscitado en muchos experimentos de campo y de laboratorio precisamente porque se consideraba que tanto el investigador como la manipulación se hallaban perfectamente encubiertos (cf. DAVIS, 1961; LOFLAND. 1961; ROTH. 1962 y KELMAN, 1972).

• ¿Son necesariamente subjetivos los procedimientos cualitativos y necesariamente objetivos los procedimientos cuantitativos? Según SCRIVEN (1972), habría que reconocer que el término *subjetivo* (o alternativamente el término *objetivo*) ha llegado a tener dos significados diferentes. Con frecuencia *subjetivo* da a entender "influido por el juicio humano". Conforme a este uso todos los métodos y medidas, tanto cualitativos como cuantitativos, son subjetivos. Desde luego, los modernos filósofos de la ciencia coinciden en gran parte en señalar que todos los hechos se hallan inspirados por la teoría y así resultan, al menos parcialmente, subjetivos. Por supuesto que la asignación de números de una manera mecánica, como es común en los procedimientos cuantitativos, no garantiza la objetividad. Por ejemplo, BOGDAN y TAYLOR (1975) describen una evaluación de un programa de adiestramiento que demuestra claramente la subjetividad de un indicador nominalmente objetivo. En esta evaluación podía señalarse una tasa de éxito del 12% o del 66%. La discrepancia procede de las diferencias en el modo en que uno (subjetivamente) decide emplear los indicadores objetivos para definir el éxito. Buena parte de este género de subjetividad aparece allí en donde se emplean un diseño y un análisis cuantitativo (cf. BORUCH, 1975).

El significado alternativo de *subjetivo* corresponde a la medición de sentimientos y creencias. Es decir, una medida o un procedimiento son subjetivos si toman en consideración sentimientos humanos, no siendo presumiblemente éstos observables de una manera directa. Una vez más hay que señalar que no hay razones para suponer que los procedimientos cualitativos tengan un monopolio de la subjetividad. Los sondeos de opinión de carácter nacional (por ejemplo, una encuesta sobre la popularidad del actual presidente) son excelentes ejemplos de medidas cuantitativas que resultan subjetivas. Tal es el caso de las ilustraciones en el análisis previo del fenomenologismo.

• ¿Aislan necesariamente los métodos cuantitativos al investigador respecto de los datos? FIENBERG (1977: 51) piensa que "es sorprendente que pueda considerarse el acercamiento a los datos como atributo exclusivo del enfoque (cualitativo)". Como por ejemplo, FIENBERG (1977) cita el hecho de enviar a sus alumnos titulados a pasar un par de noches en un coche-patrulla de la policía para ser más capaces de concebir una evaluación cuantitativa de las actividades policiales. De forma semejante, muchos investigadores cuantitativos se aventuran en el campo "para ensuciarse las manos" y los psicólogos de laboratorio realizarán sus propias manipulaciones y acosarán a preguntas a sus sujetos para averiguar lo que significan las reacciones apreciadas en sus conductas. Tal vez un adicto defensor de lo cualitativo afirmará que todos estos son ejemplos de procedimientos cuantitativos ligados con métodos cuantitativos. De cualquier manera resulta claro que el investigador cuantitativo no debe aislarse de los datos.

• ¿Están necesariamente fundamentados en la realidad, son exploratorios e inductivos los procedimientos cualitativos mientras que los cuantitativos carecen de esa fundamentación y son necesariamente confirmatorios y deductivos? A GLASER y STRAUSS (1967: 17-18) se les reconoce generalmente como autores de una verdadera Biblia sobre la teoría fundamentada en la realidad. Afirman: "no existe choque fundamental entre los fines y las capacidades de los métodos o datos cualitativos y cuantitativos... Creemos que *cada forma de datos resulta útil tanto para la comprobación como para la generación de la teoría*, sea cual fuere la primacía del énfasis" (en cursiva en el original). Estamos de acuerdo: los métodos cualitativos no sólo pueden ser empleados para descubrir las preguntas que resulta interesante formular y los procedimientos cuantitativos no sólo pueden ser empleados para responderlas. Por el contrario, cada procedimiento puede servir a cada función. Por ejemplo, GLASER y STRAUSS (1965, 1967) detallan cómo cabe emplear beneficiosamente los grupos de comparación (al azar o de otro modo) en la generación de una teoría. De la misma manera los métodos cualitativos poseen reglas de evidencia y de comprobación bien definidas para confirmar teorías (cf. BARTON y LAZARSFELD, 1969; BECKER, 1958 y MCCALL, 1969). CAMPBELL (en este volumen) no sólo demuestra cómo el estudio etnográfico de casos puede verificar proposiciones teóricas, sino que brinda sugerencias para hacer más eficaz el procedimiento en la tarea. Lo interesante es que la lógica de la descripción y de la inferencia se extiende a través de los métodos (cf. FIENBERG, 1977). El trabajo de BECKER en este libro viene a señalar lo mismo cuando aplica a un tipo de datos cualitativos —fotografías— criterios de validez concebidos en un principio para métodos cuantitativos.

• ¿Han de emplearse exclusivamente los procedimientos cualitativos para medir el proceso y han de emplearse exclusivamente las técnicas cuantitativas para determinar el resultado? Como en el caso de la distinción anterior entre verificación y descubrimiento, no existe tampoco aquí necesidad de que haya una división estricta del trabajo entre los métodos cualitativos y cuantitativos. Una vez más la lógica de la tarea (descubrimiento del proceso frente a valoración del resultado) abarca los métodos. Así, por un lado, HOLLISTER y otros (en este volumen) describen un proceso empleando técnicas cuantitativas y CAMPBELL (1970) llega a sugerir que el diseño experimental resultaría útil en el estudio del proceso porque podría ayudar a descartar las hipótesis alternativas. Por otro lado, el procedimiento del estudio de casos ha sido a menudo empleado con éxito para valorar el resultado. Por ejemplo, un estudio de casos es suficiente para determinar muchos de los efectos de una inundación o de un huracán y la visita al lugar es generalmente respaldada por la profesión de la ciencia social como un modo apropiado de evaluar la eficacia de los programas de adiestramiento.

• ¿Son necesariamente los métodos cualitativos válidos pero no fiables y son necesariamente los métodos cuantitativos fiables pero no válidos? Como contra-ejemplo consideremos la "observación participante" de una ilusión óptica. Por la naturaleza misma de una ilusión, la observación está llamada a originar conclusiones no válidas que sólo pueden ser corregidas mediante el empleo de procedimientos más cuantitativos (véase en este volumen el estudio de CAMPBELL sobre la ilusión de MULLER-LYER). Ni la fiabilidad ni la validez son atributos inherentes a un instrumento de medición (tanto si éste es una regla como si se trata del ojo humano). La precisión depende más bien de la finalidad a la que se hace servir el instrumento de medición y de las circunstancias bajo las que se realiza dicha medición. A veces los ojos y los oídos de una persona constituyen el instrumento más preciso y significativo (cf. BRICKELL, 1976; SHAPIRO, 1973) mientras que en otros casos un instrumento más cuantitativo resultaría más válido así como más fiable.

• ¿Se hallan siempre limitados los métodos cualitativos al caso aislado y son por eso no generalizables? Las afirmaciones en este sentido yerran en dos puntos. En primer lugar, los estudios cualitativos no tienen por qué limitarse a casos aislados. RIST (1979), por ejemplo, da cuenta de un estudio etnográfico en el que se examinan sesenta lugares distintos para estar en mejores condiciones de generalizar. En segundo lugar, la posibilidad de generalizar depende, por lo común, de algo más que del tamaño de la muestra. Sólo en muy pocos casos, como cuando se recurre a un sondeo-aleatorio, la generalización se basa en un razonamiento estadístico, y se toma de unos datos de muestreo a toda una población. Habitualmente la generalización es mucho menos formal y por eso resulta más inductiva y más falible en potencia. Esto significa que los investigadores normalmente desean generalizar a poblaciones que no han sido muestreadas (por ejemplo, a niños de diferentes distritos escolares, a cabezas de familia en paro de otras ciudades y a distintas épocas y diferentes tipos de tratamientos). Semejantes generalizaciones "nunca se hallan lógicamente justificadas por completo" tanto si están basadas en datos cualitativos como si lo están en datos cuantitativos (CAMPBELL y STANLEY,

1966: 171; véase también CRONBACH ,1978). Aunque en tales generalizaciones informales puede servir de ayuda una muestra amplia y diversa de casos, también puede contribuir el conocimiento profundo de un solo caso. Así, y en general, no hay razón alguna para que los resultados cuantitativos sean inherentemente más generalizables que los resultados cualitativos.

- ¿Son necesariamente holistas los procedimientos cualitativos y son necesariamente particularistas los procedimientos cuantitativos? Es claro que la respuesta tiene que ser negativa. Un investigador puede estudiar intensamente tan sólo un aspecto circunscrito de la conducta empleando, por ejemplo, el método de la observación participante simplemente porque la conducta se observa con menos precisión o con una facilidad menor de cualquier otro modo. Por ejemplo, una conducta sutil puede ser sólo detectable para un observador agudo que posee un amplio conocimiento de la cultura local. En este caso, el investigador puede emplear la visión de un observador participante como instrumento de medición sin atender a contexto alguno más amplio que la propia y específica conducta. Del mismo modo, los métodos cuantitativos tales como sondeos o experiencias aleatorios pueden tomar en consideración "toda la imagen" aunque en manera alguna midiendo "todo".

- ¿Han de suponer los procedimientos cuantitativos que la realidad es estable y que no cambia? Reconociendo que algunos diseños son más "rígidos" que otros, los procedimientos cuantitativos en conjunto no obligan al investigador a concebir una realidad inmutable. Desde luego, una de las grandes ventajas de los cuasi-experimentos temporalmente seriados es que pueden determinar el cambio temporal en el efecto de un programa contra un pasado de cambios "naturales". En un caso extremo, ninguna estrategia de valoración supone una realidad perfectamente fijada puesto que el propósito mismo de la investigación consiste en advertir el cambio. Esto no quiere decir que unos acontecimientos no planeados e incontrolables no puedan representar un peligro para una evaluación eficaz, sino que sólo los cambios en el entorno de la investigación pueden perturbar tanto las evaluaciones cualitativas como las cuantitativas. Por ejemplo, se señala a menudo que las experiencias aleatorias quedan invalidadas cuando se altera en el curso de la investigación el procedimiento del tratamiento. Al mismo tiempo, otros tipos de cambio imprevisto, como el incremento de las tensiones entre el observador y el personal del programa (véase KNAPP, en este volumen) pueden poner también en peligro una evaluación etnográfica. En ambos casos es considerable lo que se puede realizar para hacer las evaluaciones más flexibles ante los cambios indeseados.

La importancia de la situación

Partiendo de las observaciones anteriores, llegamos a la conclusión de que los atributos de un paradigma no se hallan inherentemente ligados ni a los métodos cualitativos ni a los cuantitativos. Cabe asociar los dos tipos de métodos tanto con los atributos del paradigma cualitativo como con los del cuantitativo. Esto significa que, a la hora de elegir un método, carezca de importancia la posición paradigmática; ni tampoco equivale a negar que ciertos métodos se hallan por lo común unidos a paradigmas específicos. Lo principal es que los paradigmas no constituyen el determinante único de la elección de los métodos.

La elección del método de investigación debe depender también, al menos en parte, de las exigencias de la situación de investigación de que se trate. Por ejemplo, consideremos las evaluaciones del impacto de dos programas educativos. En un caso, el tratamiento consiste en un proyecto nuevo e intensivo destinado a compensar los efectos de una inferioridad económica. La importancia y la intransigencia relativa del problema justifican una inversión sustancial de tiempo y dinero, sobre todo porque un programa que se "demuestre" que es eficaz se puede adoptar como política nacional. En este caso un experimento aleatorio puede constituir el mejor medio de informar a quienes toman las decisiones.

El otro programa educativo consiste en la concesión de unas becas para graduados que se adiestrarán en un departamento universitario. En este caso no se exige una gran inversión de tiempo y de dinero, tanto porque el programa en sí mismo resulta relativamente pequeño, como porque del resultado de la evaluación no dependerán decisiones de alcance nacional. Entonces el procedimiento habitual es una técnica de estudio de casos, como la visita al lugar. Así defender que los experimentos aleatorios (o las visitas al lugar) han de ser siempre empleados en las valoraciones de las que se derivan repercusiones resulta tan estúpido como defender que jamás deben ser utilizados. En algunas situaciones, el procedimiento más eficaz de investigación será cuantitativo mientras que en otras se atenderá mejor al mismo fin investigador mediante un método cualitativo.

Conocimiento implícito en el nexo real pero imperfecto entre paradigma y método

Por supuesto que, el nexo revela algún conocimiento, en la práctica existente, entre paradigmas y métodos. Los investigadores que utilizan los métodos cualitativos se adhieren más a menudo al paradigma cualitativo que al cuantitativo. De manera similar, existe una correlación entre el uso de métodos cuantitativos y la adhesión al paradigma cuantitativo (aunque estos nexos entre paradigma y método no sean perfectos, como muchos parecen creer). Semejantes nexos pueden ser muy bien el resultado de una evaluación adaptativa que refleje el hecho de que, siendo iguales en todo lo demás, los métodos cualitativos y cuantitativos a menudo resultan los más indicados para los distintos puntos de vista paradigmáticos con los que han llegado a ser asociados.

Sospechamos que la distinción más notable y fundamental entre los paradigmas corresponde a la dimensión de verificación frente a descubrimiento. Parece que los métodos cuantitativos han sido desarrollados más directamente para la tarea de verificar o de confirmar teorías y que, en gran medida, los métodos cualitativos fueron deliberadamente desarrollados para la tarea de descubrir o de generar teorías. No es sorprendente entonces que cada tipo de método haya llegado a ser asociado con estas distintas posiciones paradigmáticas y que los métodos tengan también su mejor rendimiento cuando son empleados para esos fines específicos.

Estos nexos evolutivos podrían explicar las tendencias antiguas y recientes en el empleo de los diferentes métodos en la evaluación. En una primera época se suponía que cabía designar fácilmente unos programas para producir los resultados deseados y que el propósito de la evaluación consistía simplemente en comprobar de modo anticipado estos efectos. De forma así completamente natural, la evaluación se orientaba hacia los métodos cuantitativos con su tradicional insistencia en la verificación. Más tarde se descubrió que el mejoramiento no era tan simple y que los programas podían tener una amplia variedad de efectos marginales insospechados. El énfasis de la evaluación comenzó de ese modo a desplazarse desde la verificación de los presuntos efectos al descubrimiento de la manera en que cabría concebir un programa para que tuviese el efecto deseado y de los efectos tanto sospechados como insospechados que tales programas pudieran tener realmente. En consecuencia, algunos campos de la evaluación (y muy especialmente el de la educación) han revelado un interés creciente por los métodos cualitativos con su énfasis en el descubrimiento.

Pero aunque el nexo existente entre paradigma y método puede orientar útilmente la elección de un método de investigación, ese nexo no debe determinar en exclusiva semejante elección. Hemos señalado que la situación de la investigación constituye también un factor importante. Y esto resulta especialmente significativo porque la investigación evaluativa se realiza bajo numerosas circunstancias singulares y exigentes que pueden requerir modificaciones en las prácticas tradicionales. El hecho de que paradigma y método hayan estado ligados en el pasado no significa que en el futuro resulte necesario, o conveniente, que así sea.

¿ES PRECISO ESCOGER *ENTRE* LOS PARADIGMAS?

Como indicamos antes, el debate actual acerca de los métodos crea la impresión de que el investigador no sólo debe escoger un método en razón de su adhesión a un paradigma, sino que también debe elegir *entre* los paradigmas cualitativo y cuantitativo porque son las únicas opciones disponibles. Ya hemos examinado la primera cuestión; ahora abordaremos la segunda.

Los dos paradigmas a los que nos referimos proceden de dos tradiciones singulares y completamente diferentes. El conglomerado de atributos que integran el paradigma cuantitativo procede de las ciencias naturales y agronómicas, mientras que el paradigma cualitativo tuvo su origen en los trabajos de antropología social y de sociología, sobre todo de la Escuela de Chicago. No resulta claro por qué se juzgó que una u otra de estas tradiciones tenían que proporcionar un paradigma adecuado a la investigación evaluativa. Por fortuna los evaluadores no se han limitado a estas dos nociones.

El hecho de que alguien realice una investigación de un modo holista y naturalista, por ejemplo, no significa que tenga que adherirse a los demás atributos del paradigma cualitativo como el de ser exploratorio y hallarse orientado hacia el proceso. Cabría combinar más bien los atributos naturalista y holista del paradigma cualitativo con otros atributos como el de ser confirmatorio y el de hallarse orientado hacia el resultado, propios del paradigma cuantitativo; o considerar un ejemplo de la práctica general. El positivismo lógico ya no es una postura filosófica comúnmente aceptada para la investigación social. La mayoría de los investigadores han adoptado una posición fenomenológica tanto si la investigación se concentra en el proceso o en el resultado, en el naturalismo o en el control.

De hecho, todos los atributos que se asignan a los paradigmas son lógicamente independientes. Del mismo modo que los métodos no se hallan ligados lógicamente a ninguno de los atributos de los paradigmas, los propios atributos no se encuentran lógicamente ligados entre sí. Podríamos examinar uno por uno los atributos de la lista, como en la sección anterior, proporcionando ejemplos que demostraran su independencia; pero semejante tarea resultaría tediosa. Baste con decir que no existe nada, excepto quizá la tradición, que impida al investigador mezclar y acomodar los atributos de los dos paradigmas para lograr la combinación que resulte más adecuada al problema de la investigación y al medio con que se cuenta.

Suponiendo que se disponga de considerables recursos de evaluación y que se desee una evaluación global, a menudo se tratará de lograr una muestra de atributos de cada paradigma *en la misma dimensión*. Por ejemplo, las evaluaciones globales deben hallarse orientadas tanto al proceso como al resultado, ser exploratorias tanto como confirmativas, y válidas tanto como fiables. No existe razón para que los investigadores se limiten a uno de los paradigmas tradicionales, si bien ampliamente arbitrarios,, cuando pueden obtener lo mejor de ambos.

Por añadidura, los evaluadores han de sentirse libres de cambiar su postura paradigmática cuando sea preciso. No hay razón para ceñirse en todo momento a una mezcla de atributos. Por el contrario, al pasar de un programa al siguiente o de un estudio a otro (suponiendo que para un solo programa se proyecte una serie de evaluaciones en lugar de un estudio de una sola vez), lo probable es que cambie la posición paradigmática que resulte más apropiada en la investigación. En consecuencia, la perspectiva paradigmática del investigador ha de ser flexible y capaz de adaptaciones.

¿POR QUE NO EMPLEAR *TANTO* LOS METODOS CUALITATIVOS COMO LOS CUANTITATIVOS?

Redefinición del debate

Ya hemos visto que la elección de métodos no debe hallarse determinada por la adhesión a un paradigma arbitrario. Y ello es así tanto porque un paradigma no se halla inherentemente ligado a una serie de métodos, como porque las características del entorno específico de la investigación cobran la misma importancia que los atributos de un paradigma a la hora de escoger un método. Hemos visto también que un investigador no tiene por qué adherirse ciegamente a uno de los paradigmas polarizados que han recibido las denominaciones de "cualitativo" y "cuantitativo", sino que puede elegir libremente una mezcla de atributos de ambos paradigmas para atender mejor a las exigencias del problema de la investigación con que se enfrenta. Parece entonces que no existe tampoco razón para elegir *entre métodos* cualitativos y cuantitativos. Los evaluadores obrarán sabiamente si emplean cualesquiera métodos que resulten más adecuados a las necesidades de su investigación, sin atender a las afiliaciones tradicionales de los métodos. En el caso de que ello exija una combinación de métodos cualitativos y cuantitativos, hágase así pues.

Por supuesto que aún es posible un debate sincero respecto de cuáles son los métodos mejores, habida cuenta de una perspectiva paradigmática y de una situación de investigación determinadas. Por ejemplo, cierta parte de los textos sobre formación de mano de obra revela una discrepancia acerca de la probabilidad de que cambie la afluencia de participantes en estos programas en ausencia de un efecto del tratamiento. Si no se produce semejante consecuencia (tanto de incremento como de déficit), no hay necesidad de un grupo de control para una valoración del impacto; bastaría en tales circunstancias concebir un estudio de casos. Por otra parte, si tiene lugar la consecuencia en ausencia del tratamiento resultaría deseable un grupo de control (quizá incluso seleccionado al azar).

Cabe también que tenga lugar un sincero debate sobre la adecuación de una determinada posición paradigmática a una evaluación específica. Como ejemplo al respecto podría citarse el de un desacuerdo acerca de la importancia relativa de la validez interna frente a la generabilidad. Indudablemente ambos atributos son importantes pero algunos evaluadores juzgan que, a largo plazo, el medio mejor de lograr la generabilidad consiste en asegurarse de que cada estudio sea internamente válido (cf. CAMPBELL, 1969) mientras que otros prefieren soluciones a corto plazo en donde el objetivo inmediato de la generabilidad se antepone a la validez interna (cf. CRONBACH, 1978).

El problema estriba en que en los textos se confunden ambos legítimos debates. Se formulan críticas contra los métodos cuando en realidad lo que pretende atacarse es una concepción global paradigmática y viceversa. Como métodos y paradigmas son lógicamente separables, ésta es una forma equívoca y turbia de debate. El hecho de que haya sido deficientemente empleado un método o utilizado con una finalidad inapropiada no significa que sea, en sí mismo, defectuoso o inadecuado. Los argumentos confusos sobre paradigmas con argumentos sobre métodos sólo han servido para llegar hasta la situación presente en la que los investigadores se alinean tras los tipos de métodos. Si se redefine este debate bajo la forma de dos discusiones diferentes y legítimas resulta patente la falacia del proceder actual: en vez de ser rivales incompatibles, los métodos pueden emplearse conjuntamente según lo exija la investigación.

Cierto número de investigadores habían defendido anteriormente esta posición según la cual cabe emplear conjunta y eficazmente los métodos cualitativos y cuantitativos, tanto en el contexto de la investigación de evaluación (cf. BRITAN, 1978; CAMPBELL, 1974; COOK y COOK, 1977 y STAKE, 1978) como en disciplinas de naturaleza más tradicional (cf. DENZIN, 1970; EISNER, 1977; ERICKSON, 1977; RIST, 1977 y SIEBER, 1973). Tal vez fue TROW (1957: 338) quien lo expresó mejor en un debate sobre las ventajas relativas de la observación participativa en comparación con la entrevista:

Cada zapatero piensa que el cuero es lo único que importa. La mayoría de los científicos sociales, incluyendo quien esto escribe, tienen sus métodos favoritos de investigación con los que están familiarizados y en cuya utilización poseen una cierta destreza. Y sospecho que fundamentalmente decidimos investigar aquellos problemas que parecen vulnerables a través de tales métodos. Pero deberíamos, por lo menos, tratar de ser menos localistas que los zapateros. Prescindamos ya de las argumentaciones de la "observación participante" frente a la entrevista —como ya hemos renunciado en buena medida a las discusiones de la psicología *frente* a la sociología— y prosigamos con la tarea de abordar nuestros problemas con el más amplio despliegue de instrumentos conceptuales y metodológicos que poseamos y que tales problemas exigen. Esto no excluye la discusión y el debate respecto de la utilidad relativa de los diferentes métodos para el estudio de problemas o tipos específicos de problemas. Pero resulta algo muy distinto de la afirmación de una superioridad general e inherente de un método sobre otro, basándose en algunas cualidades intrínsecas que supuestamente posee (la cursiva es del original).

Ventajas potenciales del empleo conjunto de los métodos cualitativos y cuantitativos

Existen al menos tres razones que respaldan la idea según la cual, cuando se abordan los problemas de evaluación con los instrumentos más apropiados que resulten accesibles, se empleará una combinación de los métodos cualitativos y cuantitativos. En primer lugar, la investigación evaluativa tiene por lo común propósitos múltiples que han de ser atendidos bajo las condiciones más exigentes. Tal variedad de condiciones a menudo exige una variedad de métodos. En segundo lugar, empleados en conjunto y con el mismo propósito, los dos tipos de métodos pueden vigorizarse mutuamente para brindarnos percepciones que ninguno de los dos podría conseguir por separado. Y en tercer lugar, como ningún método está libre de prejuicios, sólo cabe llegar a la verdad subyacente mediante el empleo de múltiples técnicas con las que el investigador efectuará las correspondientes triangulaciones. Ya que los métodos cuantitativos y cualitativos tienen con frecuencia sesgos diferentes, será posible emplear a cada uno para someter al otro a comprobación y aprender de él. Aunque no afirmamos que estos tres puntos se hallen por completo desligados, cada uno será considerado separadamente a continuación.

1) Objetivos múltiples. Como ya se ha advertido antes, una evaluación global ha de interesarse tanto por el proceso como por el resultado. Mediante el análisis del proceso, los investigadores han llegado a distinguir dos objetivos distintos a los que aplicaremos denominaciones diferentes. La finalidad primera del proceso estriba en comprobar: describir el contexto y la población del estudio, descubrir el grado en el que se ha llevado a cabo el tratamiento o programa, proporcionar una retroinformación de carácter inmediato y de un tipo formativo, etc. La segunda finalidad del proceso estriba en la explicación causal: descubrir o confirmar el proceso mediante el cual el tratamiento alcanzó el efecto logrado. Naturalmente, la medición del efecto del programa es el resultado total o valoración del impacto.

Para una comprensión completa del programa una evaluación tendría que realizar al menos estas tres tareas: comprobación, valoración del impacto y explicación causal. Se trata de una gama muy amplia de tareas que, para ser eficazmente atendidas, requerirán quizá el empleo de métodos tanto cualitativos como cuantitativos. Aunque no de un modo inevitable, puede suceder a menudo que la comprobación sea realizada con mayor eficacia conforme a un modo cualitativo, que la valoración del impacto se realice con mayor precisión mediante métodos cuantitativos y que la explicación causal se obtenga de mejor manera a través del empleo conjunto de métodos cualitativos y cuantitativos. Aunque desde luego pretendemos evitar la impresión de que se requiere una división rígida o inherente del trabajo, creemos que en un número mayoritario de casos y para conseguir todos los propósitos de una evaluación hará falta una combinación flexible y adaptativa de los tipos de métodos.

En el empleo conjunto de los métodos para atender a las múltiples necesidades de la investigación, la evaluación debe mostrarse receptiva a las formas nuevas y singulares y a la concatenación de los métodos. A menudo se dice que las ciencias sociales cuantitativas han adoptado totalmente sus métodos de las ciencias naturales y agronómicas. Resultaría lastimoso de ser cierto, puesto que difícilmente cabría esperar que los instrumentos de una disciplina fuesen los más indicados para los fines y circunstancias de otra. En realidad, el proceso de adopción de tales métodos ha ido acompañado de diversos perfeccionamientos (cf. BORING, 1954, 1969) y debería estimularse la realización de nuevas adaptaciones.

Algunas adaptaciones útiles pueden suponer un maridaje creativo de los métodos cualitativos y de los cuantitativos, como, por ejemplo, el empleo de experimentos aleatorios con observadores participantes como instrumentos de la medición. Esto podría contribuir a evitar las críticas a menudo suscitadas contra la evaluación cuantitativa y según las cuales las medidas psicométricas más corrientemente empleadas carecen de sensibilidad respecto de la dimensión del interés. También podría acabar con las críticas formuladas contra muchas evaluaciones cualitativas y según las cuales carecen de control los peligros que amenazan a su validez interna. Examinando otro ejemplo, consideremos ahora el empleo de los etnógrafos en combinación con el diseño de regresión-discontinuidad. La esencia del diseño de regresión-discontinuidad estriba en que el tratamiento es asignado de un modo estricto conforme a una dimensión cuantitativa (cf. COOK y CAMPBELL, 1979). Esta podría ser desde una medida de distancia geográfica a un límite como el de una calle o cualquier otra frontera natural que sirva como línea divisoria entre quienes reciben el tratamiento y quienes no lo reciben. Para medir en semejante caso el efecto del tratamiento, los etnógrafos pueden ir y cruzar libre y repetidamente la frontera con objeto de determinar si existe una discontinuidad en ese punto en las conductas o actitudes de interés. También son posibles otras combinaciones infrecuentes de métodos cualitativos y cuantitativos.

2) Vigorización mutua de los tipos de métodos. En un sentido fundamental, los métodos cualitativos pueden ser definidos como técnicas de comprensión personal, de sentido común y de introspección mientras que los métodos cuantitativos podrían ser definidos como técnicas de contar, de medir y de razonamiento abstracto. Evidentemente, esto supone un cambio de los significados de los métodos cualitativos y cuantitativos respecto de los empleados en el resto del capítulo, aunque se halla justificado porque algunos autores suscriben estas definiciones. Semejante alteración en el significado resulta útil porque la nueva perspectiva revela claramente cómo se complementa con el otro cada uno de los tipos de métodos. De modo específico el conocimiento cuantitativo debe basarse en el conocimiento cualitativo pero al proceder así puede superarlo.

Lógicamente, los métodos cuantitativos no pueden sustituir a los cualitativos porque la comprensión cuantitativa presupone un conocimiento cualitativo. Por ejemplo Campbell (en este volumen) demuestra cómo se emplea la medición cuantitativa de una ilusión óptica para corregir la observación cualitativa, pero procede así apoyándose constatemente en éste y en muchos otros aspectos. La base del argumento es que toda medición se halla fundada en innumerables suposiciones cualitativas acerca de la naturaleza del instrumento de medida y de la realidad evaluada. Por ejemplo al registrar el movimiento de los frentes de perturbaciones atmosféricas, se da por supuesto que la fuerza gravitatoria de la Tierra permanece constante dado que unos cambios en ésta determinarían alteraciones artificiales en la presión barométrica. Al tomar nota del desarrollo de un niño, se supone que quien cambia a lo largo del tiempo es el niño y no el instrumento que se utiliza para medir su crecimiento. La elección de un modelo estadístico que encaje con los datos, la interpretación de los resultados a que dé lugar y la generalización de los descubrimientos a otros entornos se hallan todas basadas en un conocimiento cualitativo. Muy simplemente, los investigadores no pueden beneficarse del empleo de los números si no conocen, en términos de sentido común, lo que éstos significan.

Del mismo modo el conocimiento cualitativo puede beneficiarse del conocimiento cuantitativo. Incluso los investigadores más introspectivos y de orientación más subjetiva no pueden prescindir del hecho de contar elementos o de emplear conceptos cuantitativos como "más grande que" y "menos que". La medición cuantitativa de las ilusiones ópticas puede corregir la observación cualitativa al tiempo que se basa en ésta. Y un hallazgo cuantitativo puede estimular una ulterior indagación cualitativa (Light, 1979; Sieber, 1973), como cuando un sorprendente resultado experimental impulsa al investigador a interrogar a los sujetos en busca de indicios introspectivos.

La ciencia habitual emplea conjuntamente el conocimiento cualitativo y el cuantitativo para alcanzar una profundidad de percepción, o visión binocular, que ninguno de los dos podría proporcionar por sí solo (Eisner, 1977). Lejos de ser antagónicos, los dos tipos de conocimientos resultan complementarios. Eso no significa decir que siempre sea fácil combinarlos. Surgirán a menudo problemas de difícil solución (cf. Trend, en este volumen) pero por lo común siempre habrá discrepancias, y de ahí las dificultades cuando se empleen conjuntamente dos métodos cualesquiera. Resolver las diferencias entre el conocimiento cualitativo y el cuantitativo no debe ser en principio más difícil que la resolución de otros enigmas de la investigación, aunque sospechamos que quizá pueda resultar a menudo más ilustrativo.

3) Triangulación a través de operaciones convergentes. El empleo complementario de métodos cualitativos y cuantitativos, o el uso conjunto de cualesquiera métodos, contribuye a corregir los inevitables sesgos presentes en cualquier método. Con sólo un método es imposible aislar el sesgo del método de la cantidad o de la cualidad subyacentes que se intenta medir. Pero cabe emplear conjuntamente varios métodos para triangular la "verdad" subyacente, separando, por así decirlo, el grano de la paja (cf. DENZIN, 1970; GARNER y otros, 1956 y WEBB y otros, 1966). Aunque cabe utilizar para este fin dos o más, los diferentes métodos que converjan en las mismas operaciones resultan mejores que los semejantes porque probablemente compartirán menos sesgos que estos últimos. Con frecuencia los métodos cualitativos y cuantitativos operan bien juntos porque son relativamente distintos.

Por añadidura, cada tipo de método puede en potencia enseñar al otro nuevos modos de detectar y de disminuir el sesgo. Como estos dos tipos de métodos han existido en tradiciones distintas y en buena medida aisladas, gran parte de su técnica propia ha permanecido también aislada. Al poner juntos los métodos pueden fortalecerse estos dos diferentes depósitos de conocimientos y de experiencia. Es posible incluso que a través de su empleo conjunto se descubran nuevas fuentes de sesgos y nuevos medios para disminuirlos, que habían permanecido ignorados de cada una de las dos tradiciones aisladas.

Tradicionalmente la investigación evaluativa se ha concentrado en los métodos cuantitativos, destacando tanto su empleo como sus sesgos potenciales. Desde luego, el hecho de que muchos de los sesgos probables en los métodos cuantitativos hayan sido tan abiertamente reconocidos ha sido en parte responsable de la creciente insatisfacción respecto de estos métodos y de la progresiva defensa de los métodos cualitativos en algunos sectores. Es indudable que la tradición cuantitativa en evaluación podría aprender mucho de la experiencia acumulada en la eliminación de sesgos que se ha desarrollado dentro de la tradición cualitativa. Por ejemplo, el interés cualitativo por la validez descriptiva y los sesgos de muestreos no aleatorios (p. ej. el sesgo elitista, VIDICH y SHAPIRO, 1955) podrían ilustrar muy bien los procedimientos cuantitativos de muestreo. Del mismo modo, a pesar de la larga tradición de prevención de los sesgos en la literatura sociológica y antropológica, empiezan tan sólo a aflorar muchas de las dificultades del empleo de métodos cualitativos en el contexto de la investigación evaluativa (cf. KNAPP, en este volumen; IANNI y ORR, en este volumen) y este proceso de aprendizaje se podría acelerar gracias a los logros de la tradición cuantitativa. Por ejemplo, la investigación cuantitativa sobre los procesos psicológicos de introspección y juicio se podría muy bien emplear para informar al observador etnográfico. NISBETT y WILSON (1977) han pasado revista a los datos que sugieren que a veces observadores y participantes no pueden describir con precisión su propia conducta a través de la introspección. La investigación de CHAPMAN y CHAPMAN (1967) y CHAPMAN (1967) acerca de las correlaciones ilusorias y el trabajo de TVERSKY y KAHNEMAN (1974) sobre juicios bajo incertidumbre pueden ayudarnos a apreciar sesgos en la forma en que observadores participantes detectan y registran covariaciones en la conducta que es objeto de estudio. De modo similar SCHEIRER (1978) se basa en investigaciones psicológicas de laboratorio para indicar que a menudo tanto participantes como administradores y observadores se exceden al dar cuenta de los aspectos positivos de un programa. Además, muchas de las ideas clásicas de la validez asociadas especialmente a la concepción cuantitativa pueden servir también para el empleo de métodos cualitativos. Ejemplo al respecto son tanto BECKER (en este volumen) con su interés por eliminar amenazas a la validez en la interpretación del método cualitativo de fotografía, como CAMPBELL (en este volumen) con sus sugerencias relativas a grupos adicionales de comparación y observadores múltiples en los estudios de casos.

Obstáculos en el empleo conjunto de métodos cualitativos y cuantitativos

Aunque lógicamente deseable, es posible que surjan cierto número de obstáculos prácticos a la hora de combinar en un estudio de evaluación métodos cualitativos y cuantitativos.

El siguiente análisis toma en consideración cuatro de tales obstáculos.

En primer lugar la combinación de métodos cualitativos y cuantitativos puede resultar prohibitivamente cara. Consideremos que en comparación con un estudio de casos, un experimento aleatorio ofrece el gasto adicional de tener que recoger datos de un grupo de control que no ha sido objeto de tratamiento, mientras que los costes de recogida de datos por cada uno de los que responden y realizado por el agente etnográfico de campo son usualmente mucho más elevados que el del cuestionario tradicional de los procedimientos cuantitativos. La combinación de los dos métodos puede significar en definitiva la concatenación de los elementos relativamente más costosos de cada uno.

En segundo lugar, el empleo conjunto de métodos cualitativos y cuantitativos puede suponer demasiado tiempo. A los partidarios de uno y otro grupo en el debate sobre los tipos de métodos les preocupa que sus sistemas preferidos puedan resultar demasiado lentos para cumplir los plazos políticamente fijados. Los experimentos aleatorios, por ejemplo, requieren un tiempo suficiente entre la atribución de sujetos a las condiciones y la recogida de datos tras la prueba para que el tratamiento pueda seguir su curso. De forma similar, los etnógrafos requieren tiempo bastante para desarrollar su comunicación, explorar libremente aquellos aspectos del programa que les parezcan relevantes y seguir las pistas que de allí partan; luego necesitarán un tiempo parecido para sintetizar sus anotaciones de campo en un informe final. En cualquier caso esto puede exigir años. A no ser que las actividades de los dos métodos puedan tener lugar simultáneamente, en realidad es posible que no haya tiempo suficiente para ambos.

En tercer lugar, cabe que los investigadores carezcan de adiestramiento suficiente en ambos tipos de métodos para utilizar los dos. La mayoría de los estudios que combinan los dos tipos de métodos se basan, por lo común, en equipos interdisciplinares. Cuando los miembros del equipo proceden de las tradiciones diferentes de los métodos cualitativos y cuantitativos la interacción entre los dos grupos no es siempre fluida (véase IANNI y ORR, en este volumen; y TREND, en este volumen).

Finalmente queda la cuestión de la moda y de la adhesión a la forma dialéctica del debate. La evaluación, como en general la ciencia, es víctima de modas. Con buen motivo, los investigadores a menudo se muestran escasamente dispuestos a no acomodarse a lo que está en boga sobre todo cuando los organismos financiadores participan de la tendencia general. Corrientes de ese género favorecen con frecuencia a uno u otro de los tipos de métodos, pero rara vez valoran a ambos por igual. Será difícil convencer a los investigadores para que combinen los tipos de métodos hasta que se ponga en claro el carácter ilógico del debate presente con su inclinación separatista.

Por estas razones no nos sentimos optimistas ni creemos que llegará a difundirse ampliamente el empleo conjunto de los métodos cualitativos y cuantitativos. Esto no significa que los evaluadores hayan de volver a escoger entre uno u otro basados en el dogma paradigmático. Los evaluadores han de proseguir acomodando los métodos a las exigencias del problema de la investigación de la mejor manera posible, sin prestar atención a las afiliaciones paradigmáticas tradicionales. Pero ello no quiere decir que tales evaluadores hayan de establecer una prioridad de propósitos y cuestiones ya que, por lo común, serán incapaces de atender a todos los objetivos deseados. A menudo sospechamos que la cuestión del impacto tendrá la prioridad más alta y que se otorgará prioridad a los procedimientos cuantitativos. Pero en cualquier caso, el empleo exclusivo de uno u otro de los tipos de métodos habitualmente significará aceptar una evaluación no global.

CONCLUSION

El reciente debate sobre el empleo de los métodos cualitativos y cuantitativos en la investigación evaluativa ha aportado grandes beneficios. Muchos evaluadores que se formaron en la tradición cuantitativa (incluyendo a los presentes autores) se han mostrado manifiestamente apasionados por el empleo de los *métodos* cuantitativos, en buena parte como el zapatero de TROW que sólo tiene en cuenta el cuero o como el niño que cuando coge un martillo por primera vez cree que es preciso aporrearlo todo. Como respuesta, el debate ha evidenciado que los métodos cuantitativos no son siempre los más indicados para algunos de los objetivos y de los entornos de la investigación en los que se han empleado. El debate ha contribuido adecuadamente a legitimar el incremento del empleo de los métodos cualitativos en la evaluación.

Muchos evaluadores asumieron con excesiva rapidez la serie de atributos que integran el *paradigma* cuantitativo. Como reacción, el debate ha centrado su atención en el proceso, el descubrimiento, la conexión con los datos, el holismo, el naturalismo y los demás atributos del paradigma cualitativo. En el pasado, el péndulo osciló excesivamente hacia el lado cuantitativo tanto en el paradigma como en el método y el debate permitió que los evaluadores tomaran conciencia de ese desequilibrio.

Pero, aunque el debate haya servido a un propósito muy útil, también ha sido en parte contraproducente. En buena medida la discusión que se desarrolla en la actualidad sirve para polarizar las posiciones cualitativa y cuantitativa y para alentar la creencia de que la *única* opción posible estriba en elegir *entre* estos dos extremos. Es como si el péndulo tuviera que oscilar hacia uno u otro lado. El excesivo interés que se percibe ahora por los métodos cuantitativos sólo puede entonces ser corregido mediante un interés igual, pero opuesto, por los métodos cualitativos. Naturalmente, una vez que se pongan a prueba los metodos cualitativos del modo tan concienzudo a que se sometió en el pasado a los métodos cuantitativos, los cualitativos se revelarán simplemente tan falibles y débiles como los otros (véase OVERHOLT y STALLINGS, 1979). Si se mantiene la dicotomía entre los métodos, en una reacción inevitable, el péndulo volverá a desplazarse hacia los procedimientos cuantitativos. Indudablemente también este paso se revelará insatisfactorio y el péndulo seguirá oscilando. De este modo, el debate actual mantiene el desplazamiento del péndulo entre extremos de métodos y extremos de insatisfacción.

La solución, desde luego, estriba en comprender que la discusión se halla planteada inapropiadamente. No hay necesidad de escoger un método de investigación sobre la base de una posición paradigmática tradicional. Ni tampoco hay razón alguna para elegir entre dos paradigmas de polo opuesto. En consecuencia, es innecesaria una dicotomía entre los tipos de métodos y existen todas las razones (al menos en la lógica) para emplearlos conjuntamente con objeto de satisfacer las exigencias de la investigación de la evaluación del modo más eficaz posible.

Cabe desear que la próxima generación de evaluadores sea

adiestrada tanto en la tradición cuantitativa como en la cualitativa. Estos investigadores podrán emplear la más amplia gama posible de métodos y sin cicaterías acomodarán las técnicas a los problemas de la investigación. Aprenderán nuevos modos de combinar los métodos y de reconciliar descubrimientos discrepantes sin rechazar arbitrariamente un grupo en favor de otro. Tales investigadores se mostrarán además modestos en sus afirmaciones acerca de los métodos. Comprenderán que todos son falibles y que el descubrimiento de un sesgo no es necesariamente una razón para rechazar un método sino un reto para mejorarlo, de la misma manera en que pugnamos por mejorar una teoría frente a los datos en contra. No será fácil tarea la adquisición de tales destrezas pero merecerá la pena el esfuerzo.

Existe sin duda una cierta ventaja pedagógica en la forma dialéctica de argumentar que poliariza los métodos cualitativos y cuantitativos. Por ejemplo, a menudo resulta más fácil formular un caso estableciendo una dicotomía en el contínuo entre los polos opuestos para que se revele con mayor claridad la dimensión del interés. Pero ya se ha aprendido la lección de que los métodos cuantitativos se pueden emplear en exceso y ha llegado el momento de impedir que el péndulo oscile de un extremo al otro. Es tiempo de dejar de alzar muros entre los métodos y de empezar a tender puentes. Tal vez estemos todavía a tiempo de superar el lenguaje dialéctico de los métodos cualitativos y cuantitativos. El auténtico reto estriba en acomodar sin mezquindades los métodos de la investigación al problema de evaluación. Puede muy bien exigir una combinación de métodos cualitativos y cuantitativos. Distinguir entre los dos mediante el empleo de etiquetas diferentes puede servir sólo para polarizarlos innecesariamente. Si prescindimos de las etiquetas no nos quedará más remedio que superar el debate entre métodos cualitativos y cuantitativos.

PERSPECTIVA DEL VOLUMEN

Al reunir los trabajos del presente volumen se pretendió deliberadamente obtener una diversidad de opiniones sobre el empleo de los métodos cuantitativos y cualitativos. En parte, la diversidad se logró seleccionando a autores de los que se sabía que representaban concepciones divergentes. Por ejemplo,

BECKER (BECKER y GEER, 1957) y FILSTEAD (1970) son bien conocidos defensores de los métodos cualitativos mientras que CAMPBELL (CAMPBELL y STANLEY, 1966) ha sido desde hace tiempo considerado como defensor de los métodos cuantitativos. A la diversidad se llegó también eligiendo autores de una amplia variedad de disciplinas caracterizadas. Los campos de la antropología, la economía, la educación, la psicología y la sociología se hallan, al menos, representados cada uno por dos autores (o coautores).

El resultado es que diferentes capítulos revelan fuertes preferencias por distintos métodos. La disensión presente resulta, sin embargo, menos extremada de lo que cabía esperar. Incluso en aquellos capítulos con las preferencias más acentuadas por *uno u otro* de los tipos de métodos, aún subsiste la impresión de que para llegar a una evaluación global se requieren *tanto* los métodos cualitativos como los cuantitativos. En otras palabras, existe coincidencia en admitir que ningún tipo de método es por sí solo generalmente suficiente para todas las diversas exigencias de la investigación evaluativa. Es posible que el debate *entre* los métodos esté empezando a experimentar una redefinición.

Los capítulos han sido dispuestos en este volumen conforme a un orden en el que se parte de los más tenaces y se concluye con los más precavidos en su apoyo a los métodos cualitativos. A este respecto, el capítulo de FILSTEAD ocupa merecidamente el primer lugar. FILSTEAD distingue las diferencias tradicionalmente sostenidas entre los paradigmas cualitativo y cuantitativo y afirma con vehemencia que el paradigma cualitativo (con su fe en la realidad social como construida por los participantes y acentuando la comprensión de los acontecimientos desde la perspectiva de los propios actores), es el que resulta más adecuado para la investigación evaluativa. FILSTEAD presenta también razones del hecho de que esté cambiando la tendencia entre los evaluadores educativos desde un excesivo énfasis en los métodos cuantitativos a una apreciación de las técnicas cualitativas. Para acelerar este cambio, FILSTEAD sugiere la forma en que cabe utilizar mejor los métodos cualitativos para modelar la investigación evaluativa.

Tal vez sorprendentemente para algunos evaluadores pero desde luego no para todos, la aportación de CAMPBELL proporciona una explicación teórica en pro del empleo de los métodos cualitativos en el diseño de estudio de casos. Revelando un cambio de sentimiento (y de supuestos de fondo) en relación con trabajos anteriores, CAMPBELL afirma que el estudio de casos puede poseer rigor suficiente (en razón de "grados de libertad procedente de múltiples implicaciones de cualquier teoría") tanto para confirmar como para invalidar hipótesis causales. CAMPBELL demuestra también la complementariedad inherente de los métodos cualitativos y cuantitativos al describir cómo el conocimiento cuantitativo sólo supera al cualitativo cuando se apoya en éste. Sin embargo, CAMPBELL sigue convencido de que el estudio de casos es muy proclive a los sesgos cuando se emplea para valorar el impacto de un programa. Señala también varias medidas que cabe tomar para reducir pero no eliminar este equívoco.

Del artículo de TREND podría decirse que es un relato policiaco. El autor da cuenta de sus experiencias en una evaluación sobre una gran operación de subvenciones para la vivienda en donde se emplearon tanto observadores participantes como cuestionarios. En un lugar concreto estas dos fuentes de datos produjeron hallazgos muy discrepantes que determinaron una considerable controversia entre los analistas. Trabajando con ambas fuentes, TREND resuelve el enigma y documenta la forma en que la síntesis resultante supera los informes originales, brindando un entendimiento de los datos. TREND afirma que en un principio deberían estimularse los hallazgos discrepantes para no cerrar prematuramente pistas significativas de la investigación.

La afirmación más sobresaliente de IANNI y ORR es aquella según la cual los evaluadores pueden emplear con provecho las técnicas etnográficas, sólo si estos métodos se hallan cuidadosamente adaptados para atender a las demandas específicas de la investigación evaluativa. IANNI y ORR advierten la existencia de cierto número de presiones que inducen a incrementar el uso de los métodos cualitativos en la evaluación educativa pero indican que, por el momento, tales métodos se emplean a menudo de una manera inapropiada. Afirman que el empleo de estos métodos debe ser orientado por la teoría y que la teoría de las disciplinas tradicionales de la ciencia social no resulta adecuada para los fines de la evaluación. Brindan sugerencias para el desarrollo de un marco conceptual apropiado de la evaluación.

Es evidente que la inclusión del artículo de BECKER puede parecer un tanto anómala. En este caso, empero, las apariencias son engañosas. Aunque el artículo se refiere ostensiblemente a la fotografía, las ideas de BECKER poseen también gran relevancia para el empleo de métodos etnográficos en evaluación. El hecho es que las fotografías son semejantes a cualquier grupo de datos y que, en especial, tienen mucho en común con los datos recogidos por procedimientos cualitativos. De la misma manera en que a BECKER le interesa la "verdad" de una fotografía, así también debería interesar a los evaluadores cualitativos la validez de sus datos. Reviste la mayor importancia el hecho de que BECKER emplee la lógica de CAMPBELL y STANLEY (1966), originariamente desarrollada con referencia a los métodos cuantitativos, para evaluar la validez de inferencias respecto de las fotografías. Así BECKER demuestra que la eliminación de las hipótesis rivales sigue la misma lógica tanto en el procedimiento cualitativo como en el cuantitativo. BECKER tiene también mucho que decir acerca de la posibilidad de generalizar, del sesgo del observador, de la censura y de la edición.

KNAPP proporciona un examen bien razonado y penetrante del empleo de la etnografía en la evaluación del Programa de Escuelas Experimentales. Al documentar las numerosas dificultades surgidas, KNAPP induce al lector a apreciar las presiones tanto sutiles como no sutiles que unas evaluaciones en gran escala ejercen sobre el trabajo etnográfico de campo. Quienes piensan que en las evaluaciones en gran escala se aplica fácilmente y con éxito la etnografía sufrirán una dura sorpresa y quienes emplean la etnografía harán bien en comprender los dilemas de que da cuenta KNAPP. De modo semejante, el lector se siente estimulado a considerar las recomendaciones de KNAPP respecto de los usos alternativos de la etnografía en la investigación evaluativa.

Finalmente HOLLISTER y otros ofrecen algunos nuevos atisbos respecto del uso de los métodos cuantitativos. El pensamiento actual en la investigación evaluativa indica que el análisis de proceso requiere procedimientos cualitativos, mientras que la valoración del resultado exige técnicas cuantitativas. HOLLISTER y otros derriban este mito demostrando no sólo que tanto el análisis de proceso como el de resultados pueden realizarse con métodos cuantitativos habituales sino, lo que es más importante, cómo es posible ligar los dos análisis. Aunque tales análisis ligados exigen datos de gran envergadura y calidad, HOLLISTER y otros revelan los beneficios potenciales que pueden ofrecer estos análisis.

BIBLIOGRAFIA

BARTON, A. H. y P. F. LAZARSFELD (1969) "Some functions of qualitative analysis in social research," en G. J. McCall y J. L. Simmons (eds.) *Issues in Participant Observation:* A Text and Reader. Reading, MA: Addison-Wesley.
BECKER, H. S. (1958) "Problems of inference and proof in participant observation." *American Sociological Review,* 169: 652-660.
——— y B. GEER (1957) "Participant observation and interviewing: a comparison." *Human Organization* 16:28-32.
BOGDAN, R. y S. TAYLOR (1975) *Introduction to Qualitative Research Methods.* Nueva York: John Wiley;
BORING, E. G. (1969) "Perspective: artifact and control," en R. Rosenthal y R. L. Rosnow (eds.) *Artifact in Behavioral Research.* Nueva York: Academic Press.
——— (1954) "The nature and history of experimental controi." *American Journal of Psychology,* 67: 573-589.
BORUCH, R. F. (1975) "On common contentions about randomized experiments for evaluating social programs," en R. F. Boruch y H. W. Riecken (eds.) *Experimental Testing of Public Policy.* Boulder: Westview.
BRICKELL, H. M. (1976) "Needed: instruments as good as our eyes." *Journal of Curriculum Evaluation,* 2: 56-66.
BRITAN, G. M. (1978) "Experimental and contextual models of program evaluation." *Evaluation and Program Planning,* 1: 229-234.

CAMPBELL, D. T. (1974) "Qualitative knowing in action research." Kurt Lewin Award Address, Society for the Psychological Study of Social Issues, reunión de la American Psychological Association, Nueva Orleans, Septiembre 1, Journal of Social Issues.
——— (1970) "Considering the case against experimental evaluations of social innovations." *Administrative Science Quarterly,* 15: 110-113.
——— (1969) "Artifact and control," en R. Rosenthal y R. L. Rosnow (eds.) *Artifact in Behavioral Research.* Nueva York: Academic Press.
——— y J. C. STANELY (1966) *Experimental and Quasi-Experimental Designs for Research.* Chicago: Rand McNally.
CHAPMAN, L. J. (1967) "Illusory correlation in observational report." *Journal of Verbal Learning and Verbal Behavior,* 6: 151-155.
——— y J. P. CHAPMAN (1967) "Genesis of popular but erroneous psychodiagnostic observations." *Journal of Abnormal Psychology,* 72: 193-204.
COOK, T. D. y D. T. CAMPBELL (1979) *Quasi-Experimentation: Design and Analysis Issues for Field Settings.* Chicago: Rand McNally.
COOK, T. D. y F. L. COOK (1977) "Comprehensive evaluation research and its dependence on both humanistic and empiricist perspectives," en R. S. French (ed.) *Humanists and Policy Studies: Relevance Revisited: Curriculum Development in the Humanities,* N.º 3. Washington, DC: George Washington University, Division of Experimental Programs.
CRONBACH, L. J. (1978) "Designing educational evaluations." Stanford: Stanford University.

DAVIS, F. (1961) "Comment on 'Initial interaction of newcomers in Alcoholics Anonymous." *Social Problems,* 8: 364-365.
DENZIN, N. (1970) *The Research Act.* Chicago: Aldine.

EISNER, E. W. (1977) "Critique." *Anthropology and Education Quarterly*, 8: 71-72.
ERICKSON, F. (1977) "Some approaches to inquiry in school-community ethnography." *Anthropology and Education Quarterly*, 8: 58-69.

FIENBERG, S. E. (1977) "The collection and analysis of ethnographic data in educational research." *Anthropology and Education Quarterly*, 8: 50-57.
FILSTEAD, W. J. [ed.] (1970) *Qualitative Methodology*. Chicago: Markham.

GARNER, W. R., H. W. HAKE, y C. W. ERICKSEN (1956) "Operationism and the concept of perception." *Psychological Review*, 63: 149-159.
GLASER, B. y A. L. STRAUSS (1967) *The Discovery of Grounded Theory*. Chicago: Aldine.
――― (1965) "Discovery of substantive theory: a basic strategy underlying qualitative research." *American Behavioral Scientist*, 8: 5-12.
GUBA, E. G. (1978) *Toward a Methodology of Naturalistic Inquiry in Educational Evaluation*. Los Angeles: Universidad de California, Los Angeles, Center for the Study of Evaluation.

KELMAN, H. C. (1972) "The rights of the subject in social research: an analysis in terms of relative power and legitimacy." *American Psychologist*, 27: 989-1016.
KUHN, T. S. (1970) *The Structure of Scientific Revolutions*. Chicago: University of Chicago Press.
――― (1962) *The Structure of Scientific Revolutions*. Chicago: University of Chicago Press.

LIGHT, R. (1979) "Integrating multiple empirical studies." Presentado en el congreso anual de la American Educational Research Association, San Francisco.
LOFLAND, J. (1961) "Reply to Davis' comment on 'Initial interaction.'" *Social Problems*, 8: 365-367.
――― y R. A. LEJEUNE (1960) "Initial interaction of newcomers in Alcoholics Anonymous: a field experiment in class symbols and socialization." *Social Problems*, 8: 102-11.

McCALL, G. J. (1969) "The problem of indicators in participant observation research," en G. J. McCall y J. L. Simmons (eds.) *Issues in Participant Observation: A Text and Reader*. Reading, MA: Addison-Wesley.

NISBETT, R. E. y T. D. WILSON (1977) "Telling more than we can know: verbal reports on mental processes." *Psychological Review*, 84: 231-259.

OVERHOLT, G. E. y W. M. STALLINGS (1979) "Ethnography in evaluation: dangers of methodological transplant." Presentado al congreso anual de la American Educational Research Association, San Francisco.

PARLETT, M. y D. HAMILTON (1976) "Evaluation as illumination: a new approach to the study of innovatory programs," en G. V Glass (ed.) *Evaluation Studies: Review Annual*, Vol. 1. Beverly Hills: Sage.
PATTON, M. Q. (1978) *Utilization-Focused Evaluation*. Beverly Hills: Sage.
――― (1975) *Alternative Evaluation Research Paradigm*. Grand Forks: University of North Dakota Press.

RIECKEN, W. R., R. F. BORUCH, D. T. CAMPBELL, N. CAPLAN, T. K. GLENAN, Jr., J. W. PRATT, A. REES, y W. WILLIAMS (1974) *Social Experimentation: A Method for Planning and Evaluating Social Intervention*. Nueva York: Academic Press.
RIST, R. C. (1979) "On the utility of ethnographic case studies for federal policy." Presentado en el congreso anual de la *American Educational Research Association*, San Francisco.
––– (1977) "On the relations among educational research paradigms: from disdain to detente." *Anthropology and Education Quarterly*, 8: 42-49.
ROSSI, P. H. y S. R. WRIGHT (1977) "Evaluation research: an assessment of theory, practice, and politics." *Evaluation Quarterly*, 1: 5-52.
ROTH, J. A. (1962) "Comments on 'Secret observation' ". *Social Problems*, 9:283-284.

SCHEIRER, M. A. (1978) "Program participants' positive perceptions: psychological conflict of interest in social program evaluation." *Evalution Quarterly*, 2: 53-70.
SCRIVEN, M. (1972) "Objectivity and subjectivity in educational research," en L. G. Thomas (ed.) *Philosophical Redirection of Educational Research: The Seventy-first Yearbook of the National Society for the Study of Education*. Chicago: University of Chicago Press.
SHAPIRO, E. (1973) "Educational evaluation: rethinking the criterion of competence." *School Review*, 81: 523-549.
SIEBER, S. (1973) "The integration of field work and survey methods." *American Journal of Sociology*, 28: 1335-1359.
STAKE, R. E. (1978) "Should educational evaluation be more objective or more subjective? More subjective!" Debate del congreso anual de la American Educational Research Association.

TROW, M. (1957) "Comment on 'Participant observation and interviewing: a comparison.'" *Human Organization*, 16: 33-35.
TVERSKY, A. y D. KAHNEMAN (1974) "Judgments under uncertainty: heuristics and biases." *Science*, 185: 1124-1131.

VIDICH, A. J. y G. SHAPIRO (1955) "A comparison of participant observation and survey data." *American Sociological Review*, 20: 28-33.

WEBB, E. J., D. T. CAMPBELL, R. D. SCHAWARTZ, y L. SECHREST (1966) *Unobtrusive Measures: Nonreactive Research in the Social Sciences*. Chicago: Rand McNally.
WEISS, R. S. y M. REIN (1972) "The evaluation of broad-aim programs: difficulties in experimental design and an alternative," en C. H. Weiss (ed.) *Evaluating Action Programs: Readings in Social Action and Education*. Boston: Allyn and Bacon.
WILSON, S. (1977) "The use of ethnographic techniques in educational research." *Review of Educational Research*, 47: 245-265.

CAPITULO II

METODOS CUALITATIVOS

Una experiencia necesaria en la investigación evaluativa

Por William J. FILSTEAD
Northwestern University

El papel de los métodos cualitativos, bien solos o unidos con métodos cuantitativos, ha llamado la atención de públicos diversos relacionados con la administración y evaluación de programas de intervención social. La literatura en este sector tuvo sus comienzos a finales de los años sesenta cuando aparecieron por vez primera ejemplos del empleo de métodos cualitativos en la investigación evaluativa (cf. MECH, 1969; GLASER, 1969). Recientemente han surgido otras publicaciones que proporcionan marcos conceptuales (CAMPBELL, 1974; BRENNER y otros, 1978; BRITAN, 1978; PATTON, 1978 y HAMILTON y otros, 1977) y sugerencias de procedimiento (TIKUNOFF y WARD, 1977 y SOBEL, 1976) para el empleo de estos métodos en la investigación evaluativa. En contraste, el papel de los métodos cualitativos no ha sido examinado con un cierto detalle por los libros de texto y las antologías habituales (véanse CARO, 1971; ROSSI y WILLIAMS, 1972; ATTKISSON y otros, 1978; COURSEY y otros, 1977; STRUENING y GUTTENTAG, 1975 y RIECKEN y BORUCH, 1974).

El propósito de este capítulo es triple: 1) comparar y contrastar los estilos cualitativo y cuantitativo de investigación; 2) examinar qué factores han conducido a un incremento del interés por los métodos cualitativos para evaluar el impacto de los programas de intervención social y 3) indicar cómo pueden utilizarse en la investigación evaluativa los métodos cualitativos. Aunque se toman en consideración tanto el paradigma cualitativo como el cuantitativo, la presentación destaca el primero. Y se procede así, en parte, porque quienes lean este capítulo tendrán ya en muy buena medida un amplio adiestramiento en el paradigma cuantitativo. Sabrán lo que deben leer si desean ampliar las observaciones que se hacen respecto de ese marco. De igual modo, la mayoría de los científicos de la conducta no han recibido un adiestramiento comparable en los métodos cualitativos. Si algo han aprendido de este paradigma ha sido normalmente resultado de una o de dos conferencias en el curso de investigación del nivel de titulados aunque quizá algunos lectores poseerán un amplio adiestramiento en este sentido. Por añadidura, manifiestamente yo promuevo las ventajas del paradigma cualitativo con objeto de alterar el desequilibrio ahora existente en el campo de la evaluación. Cabe esperar que si se consideran como opuestos estos paradigmas, puedan realizarse esfuerzos productivos para concebir procedimientos que incorporen sus respectivas posibilidades a las tareas de la futura evaluación.

LOS PARADIGMAS CUALITATIVO Y CUANTITATIVO

Los términos *métodos cualitativos* y *métodos cuantitativos* significan mucho más que unas técnicas específicas para la recogida de datos. Resultan más adecuadamente conceptualizados como paradigmas. Un paradigma, tal como lo definió KUHN (1962) es un conjunto de suposiciones interrelacionadas respecto al mundo social que proporciona un marco filosófico para el estudio organizado de este mundo.

Según KUHN el trabajo cotidiano de la ciencia (en nuestro caso la investigación evaluativa) se halla organizado en torno de un paradigma.[1] En su sentido más amplio, un paradigma representa una "matriz disciplinaria" que abarca generalizaciones, supuestos, valores, creencias y ejemplos corrientemente

---

[1] MASTERMAN (1970) brinda un estudio de 21 modos distintos pero no mutuamente excluyentes en los que KUHN emplea el término *paradigma*. Esta autora señala que se hallan implicadas tres nociones generales cuando KUHN emplea el término: "paradigmas metafísicos", que proporcionan principios de organización; "paradigmas sociológicos", que describen logros universalmente reconocidos y "paradigmas de constructos" que describen herramientas e instrumentos metodológicos. En la mayor parte de los casos parece que KUHN se refiere a "paradigmas metodológicos" cuando emplea la palabra.

compartidos de lo que constituye el interés de la disciplina (KUHN, 1970: 181-187). Un paradigma 1) sirve como guía para los profesionales en una disciplina porque indica cuáles son los problemas y las cuestiones importantes con los que ésta se enfrenta; 2) se orienta hacia el desarrollo de un esquema aclaratorio (es decir, modelos y teorías) que puede situar a estas cuestiones y a estos problemas en un marco que permitirá a los profesionales tratar de resolverlos; 3) establece los criterios para el uso de "herramientas" apropiadas (es decir, metodologías, instrumentos y tipos y formas de recogida de datos) en la resolución de estos enigmas disciplinarios y 4) proporciona una epistemología en la que las tareas precedentes pueden ser consideradas como principios organizadores para la realización del "trabajo normal" de la disciplina. Los paradigmas no sólo permiten a una disciplina aclarar diferentes tipos de fenómenos, sino que proporcionan un marco en el que tales fenómenos pueden ser primeramente identificados como existentes. En un sentido muy real, para entender un paradigma hay que comprender los procesos por los que fue "descubierto", es decir cómo el paradigma llegó a ser *el* modo de considerar un determinado fenómeno.

En el punto central de la distinción entre los paradigmas cuantitativo y cualitativo radica el argumento clásico en filosofía entre las escuelas del realismo y del idealismo y sus subsiguientes reformulaciones (véanse AIKEN, 1957; COSER, 1971; BECKER y BARNES, 1952; POLANYI, 1958; POPPER, 1972; QUINE, 1969 y FEYERABEND, 1975). Las obras de HOBBES, LOCKE, BACON, KANT, BERKELEY, HUME y otros, se interesaron, entre diversas cuestiones, por la relación entre el mundo exterior y el proceso del conocimiento. El interrogante esencial que les preocupaba era éste: ¿Cómo conocemos lo que conocemos? El prolongado debate que ha envuelto a esta cuestión resalta la serie de supuestos subyacentes a nuestra concepción del mundo y que en grado considerable conforma el mundo que vemos.

El nacimiento de la ciencia en los siglos XV y XVI fue posible por obra de una concepción esencialmente estática del mundo que dominaba el pensamiento de los hombres de ideas. Existía una fe en la razón como medio de comprender el mundo y eventualmente llegó a cimentarse en una fe en la ciencia. Se creía que era posible llegar a comprender el mundo a través de los sentidos humanos. Como resultado se proclamó a la ciencia como el medio para comprender el mundo. La realidad baconiana de "veo porque lo experimento" resume la fuerza del pensamiento al que llegó a conocerse como realismo y positivismo lógico.

Los desórdenes y el rápido cambio social en las instituciones de la sociedad durante los siglos XVIII y XIX indujeron a los pensadores a poner en tela de juicio la lógica y el método de la ciencia tal como son aplicados para comprender a los seres humanos. Este fué especialmente el caso de los idealistas alemanes que reconocían la existencia de una realidad física pero sostenían que la mente era la fuente y la creadora del conocimiento. Creían que el mundo social no es dado sino creado por los individuos que en él viven.

El choque entre estas dos posiciones filosóficas básicas respecto de la naturaleza del orden social es lo que distingue a los paradigmas cuantitativo y cualitativo. El enfoque que de la vida social hace el paradigma cuantitativo emplea los supuestos mecanicistas y estáticos del modelo positivista de las ciencias naturales. Específicamente, el paradigma cuantitativo se halla basado en los siguientes supuestos:

> En primer lugar, los positivistas suponen que los científicos, y de un modo casi automático, pueden alcanzar un conocimiento objetivo gracias al estudio tanto del mundo social como del natural. En segundo lugar, afirman que las ciencias naturales y sociales comparten una metodología básica, que son semejantes, no por virtud de la materia de que se ocupan sino porque emplean la misma lógica de indagación y procedimientos similares de investigación... En tercer lugar, los positivistas, a diferencia de los autores de la tradición neoidealista, conciben por lo común un orden natural y social mecanicista (SJOBERG y NETT, 1966: 7).

Por otra parte, el paradigma cualitativo posee un fundamento decididamente humanista para entender la realidad social de la posición idealista que resalta una concepción evolutiva y negociada del orden social. El paradigma cualitativo percibe la vida social como la creatividad compartida de los individuos. El hecho de que sea compartida determina una realidad percibida como objetiva, viva y cognoscible para todos los participantes en la interacción social. Además, el mundo social no es fijo ni estático sino cambiante, mudable, dinámico. El paradigma cualitativo no concibe el mundo como una fuerza exterior, objetivamente identificable e independiente del hombre. Existen por el contrario múltiples realidades. En este paradigma los individuos son conceptuados como agentes activos en la construcción y determinación de las realidades que encuentran, en vez de responder a la manera de un robot según las expectativas de sus papeles que hayan establecido las estructuras sociales. No existen series de reacciones tajantes a las situaciones sino que, por el contrario, y a través de un proceso negociado e interpretativo, emerge una trama aceptada de interacción. El paradigma cualitativo incluye también un supuesto acerca de la importancia de comprender situaciones desde la perspectiva de los participantes en cada situación.

El punto básico de partida del paradigma cualitativo a la hora de concebir el mundo social es el desarrollo de conceptos y de teorías que se hallan basados en los datos (es decir, conceptos y teorías derivados de los datos e ilustrados por ejemplos característicos de los datos; GLASER y STRAUSS, 1967). Estos "conceptos de primer orden", como los llamó SCHUTZ (1967), resultan esenciales para el desarrollo de conceptos de segundo orden, que emergen cuando se trata de explicar un fenómeno.

Cualquier entendimiento científico de la acción humana, en cualquier nivel de ordenación o de generalidad, debe empezar y basarse en un entendimiento de la vida cotidiana de los miembros que realizan estas acciones. No llegar a advertir esto y no actuar al respecto de un modo consecuente, es cometer lo que podríamos denominar la falacia del abstraccionismo, es decir la falacia de creer que uno puede conocer en una forma más abstracta lo que no comprende de una forma particular (DOUGLAS, 1970: 11).

Precisamente, este interés por los significados sociales y la insistencia en que tales significados sólo pueden ser examinados en el contexto de la interacción de los individuos es lo que distingue a este paradigma del modelo de investigación de las ciencias naturales. Como ha señalado ERICKSON (1977:50):

Los investigadores de la tradición de MALINOWSKI en antropología (y "sociólogos de trabajo de campo", "interaccionistas simbólicos" y más recientemente "etnometodologistas", en sociología) se han mostrado interesados por el *hecho social* como *acción social;* por los *significados sociales* internos y constituidos por el *hacer* de las personas en la vida cotidiana. Estos significados se descubren con mayor frecuencia a través del trabajo de campo, deteniéndose y observando cuidadosamente a las personas y preguntándoles por qué hacen lo que hacen, interrogándolas a veces cuando se hallan en la plenitud de su tarea. En razón de esta orientación hacia lo social como inserta en el hacer concreto y particular de las personas —tareas que incluyen las intenciones y los puntos de vista de los individuos— los investigadores cualitativos se muestran remisos a apreciar atributos de quehaceres abstraídos del escenario de la acción social y tomados fuera de su contexto.

Erickson (1977:61) llega a describir así la estrategia analítica básica que existe tras los métodos cualitativos: "Lo que la investigación cualitativa hace mejor y más esencialmente es describir incidentes clave en términos descriptivos funcionalmente relevantes y situarlos en una cierta relación con el más amplio contexto social, empleando el incidente clave como un ejemplo concreto del funcionamiento de principios abstractos de organización social".

Debido a los supuestos que el paradigma cuantitativo elabora acerca de la vida social y al enfoque que adopta a través de la comprehensión de la vida social, ha sido incapaz de proporcionar el contexto dentro del cual "dar sentido", "comprender" y por tanto, incapaz de llegar al significado de las interacciones y de los procesos que ha estado examinando. No cabe inferir el significado de un acontecimiento de datos que no poseen esta dimensión de información. Una caracterización de la vida social desprovista del significado subjetivo de estos acontecimientos para los participantes violenta la imagen del hombre al que representa no sólo como modificador sino como creador de su mundo.

Cada paradigma pretende transmitir la información que obtiene a través de un sistema de anotaciones escritas. Los investigadores cuantitativos tienden a traducir en números sus observaciones. Se asignan valores numéricos a las observaciones, contando y "midiendo". Los investigadores de inclinación cualitativa rara vez asignan valores numéricos a sus observaciones sino que prefieren registrar sus datos en el lenguaje de sus sujetos. Consideran que las auténticas palabras de los sujetos resultan vitales en el proceso de transmisión de los sistemas significativos de los participantes, que eventualmente se convierten en los resultados o descubrimientos de la investigación.

Con mucha frecuencia, el investigador que sigue el paradigma cuantitativo se interesa por descubrir, verificar o identificar relaciones causales entre conceptos que proceden de un esquema teórico previo. Le atañe la asignación de los sujetos y, por lo general, se esfuerza por emplear la asignación aleatoria u otras técnicas de muestreo con objeto de minimizar el efecto de las variables presentes que podrían influir en los resultados de la investigación. Con frecuencia se emplea un "grupo de control" con el fin de evaluar el "impacto" de la no intervención. Los datos son recogidos a través de procedimientos aceptados tales como cuestionarios y entrevistas estructuradas y concebidas para captar las respuestas de los sujetos a preguntas prefijadas con opciones establecidas de respuesta. Para analizar la información se emplean procedimientos estadísticos de diversa complejidad. BLUMER (1969: 24) caracterizó estos enfoques metodológicos habituales haciendo la siguiente observación (que es también aplicable a la tendencia general de la investigación evaluativa contemporánea):

> Con una frecuencia desalentadora, la metodología en las ciencias sociales se considera actualmente como sinónimo del estudio de procedimientos cuantitativos avanzados y el "metodologista" como alguien muy experto en el conocimiento y empleo de tales procedimientos. Se le ve como quien efectúa un estudio en términos de variables cuantificables, el que pretende establecer relaciones entre tales variables mediante el empleo de técnicas estadísticas y matemáticas complejas y el que orienta semejante estudio a través de elegantes modelos lógicos que se adaptan a "cánones especiales" de "diseño de la investigación". Tales concepciones constituyen una parodia de la metodología como estudio lógico de los principios subyacentes a la conducta de la indagación científica.

A modo de contraste, y siendo consciente de los marcos teóricos existentes o de los esquemas de explicación de los fenómenos sometidos a estudio, un investigador cualitativo prefiere que la "teoría" emerja de los propios datos. Esta cimentación de la teoría en los datos, como se examinó antes, incrementa la capacidad del investigador para comprender y quizá para concebir en definitiva una explicación del fenómeno que sea consecuente con su aparición en el mundo social. Al tratar de proporcionar una base a la teoría, el investigador intenta averiguar qué esquemas de explicación son empleados por las materias sometidas a estudio para proporcionar un sentido a las realidades sociales con las que se encuentran; qué teorías, conceptos y categorías sugieren los propios datos. La insistencia en la proximidad a los mundos cotidianos de los participantes y en captar *in situ* sus acciones proporciona un refuerzo sólido a las explicaciones que finalmente desarrolle la investigación. En realidad tales aclaraciones se explican o tienen sentido en razón del hecho mismo de que fueron generadas a través de un proceso que tomó en cuenta las perspectivas de los participantes.

Al desarrollar las "explicaciones" del fenómeno, el investigador cualitativo tiende a emplear "conceptos sensibles" (es decir, conceptos que captan el significado de los acontecimientos y emplean descripciones de los mismos para aclarar las facetas múltiples del concepto, BLUMER, 1969) más que definiciones operacionales. Aquel que se selecciona para ser estudiado, guiado por la pregunta inicial de la investigación, sufre cambios basados en aquellos datos que se van recogiendo y la dirección que tal información sugiere con respecto a quien pueda proporcionar información adicional para responder a los nuevos interrogantes generados por este proceso de investigación. Este estilo de selección de la materia ha sido denominado "muestreo teórico" (GLASER y STRAUSS, 1967). Las técnicas de obtención de datos típicamente empleadas para estos fines son la observación participante, la entrevista en profundidad y la entrevista no estructurada o semiestructurada. Existe un cuerpo sustancial de textos, sobre todo en antropología y sociología, que proporcionan descripciones de los supuestos subyacentes, las técnicas específicas, las estrategias para el empleo de tales métodos y otros perfeccionamientos y matices en el enfoque y utilización de los métodos cualitativos (v.g., BRUYN, 1966; LOFLAND, 1973, 1976; MCCALL y SIMMONS, 1969; BECKER, 1970; FILSTEAD, 1970, 1973, 1975, 1976, 1978; BOGDAN y TAYLOR, 1975; BOGDAN, 1972; JUNKER, 1960 y SCHWARTZ y JACOBS, 1979).

En suma, el paradigma cuantitativo emplea un modelo cerrado, de razonamiento lógicodeductivo desde la teoría a las proposiciones, la formación de concepto, la definición operacional, la medición de las definiciones operacionales, la recogida de datos, la comprobación de hipótesis y el análisis. El paradigma cualitativo constituye un intercambio dinámico entre la teoría, los conceptos y los datos con retroinformación y modificaciones constantes de la teoría y de los conceptos, basándose en los datos obtenidos. Este nuevo y perfeccionado "marco de explicación" proporciona una orientación respecto del lugar en donde han de ser obtenidos los datos adicionales. Se halla caracterizado por una preocupación por el descubrimiento de la teoría más que por el de su comprobación.

EL CAMBIANTE CLIMA DE LA INVESTIGACION EVALUATIVA

La aceptación absoluta del paradigma cuantitativo como *el* modelo para la investigación evaluativa está siendo seriamente puesta en tela de juicio por la comunidad de los investigadores evaluativos. Estas dudas han suscitado un clima cambiante; el volumen presente es una indicación de esta alteración de sentimientos. Tres factores han contribuido al menos a esta reconsideración de la naturaleza de la investigación evaluativa.

El primer factor, aunque no emane directamente de la investigación evaluativa *per se*, creó el clima que ha permitido volver a preguntarse: "¿Por qué se hacen las cosas de esa manera?" Sólo en la última década ha sido posible estudiar las ciencias como son estudiados otros aspectos de nuestra sociedad. La ciencia ha perdido su aura de elitismo y de sacralidad que antes impidió a los investigadores poner en tela de juicio sus supuestos. Ningún conocimiento, sea científico o correspondiente al sentido común está o puede estar completamente al margen del interés humano, es decir, desprovisto de relevancia. Creyéndolo así uno se ve impulsado a tratar de comprender qué intereses y acontecimientos humanos interactúan para dar forma al conocimiento (HABERMAS, 1971). Representa un cambio desde una concepción de la ciencia y del conocimiento que ésta proporciona como algo que nos es revelado a la perspectiva que ve la ciencia y su conocimiento como algo socialmente creado por individuos y los acontecimientos que han conformado los tipos de interrogantes que la ciencia formula y los procedimientos para llegar a la información que responderá a tales preguntas (véanse BARNES y SHAPIN, 1979, y MITROFF, 1974).

El segundo factor es que el beneficio de las evaluaciones cuantitativas de programas obtenido por administradores de programas y por burócratas ha sido muy inferior al esperado. Los administradores confiaban en que estos tipos de evaluaciones identificaran "qué funciona", "quién lo hace mejor", "qué sectores hay que cambiar", etc. Por lo general tales esperanzas no se han visto colmadas.

Es posible que las expectativas de los administradores respecto de unas respuestas definitivas al impacto de las intervenciones sociales no hubieran sido realistas, pero se hallaban alentadas y apoyadas por quienes postulaban el modelo cuantitativo de evaluación y los supuestos asumidos como ciertos acerca de la adecuación del marco de las ciencias naturales a las actividades de evaluación de programas. Por ejemplo, CAMPBELL y STANLEY (1966: 2), en su análisis del papel vital desempeñado por la experimentación en la comprobación y la acumulación de conocimiento, declaran que la experimentación representa "el único medio de zanjar las disputas acerca de la práctica educativa, la única manera de comprobar las mejoras educativas y el único modo de establecer una tradición acumulativa en la que quepa introducir perfeccionamientos sin el peligro de ceder a la moda de desechar antiguos conocimientos en favor de novedades inferiores".

Tras la introducción de los "Grandes Programas Sociales" en la década de los sesenta y el comienzo de los setenta y sus derivaciones, surgió la necesidad de valorar el impacto de estos programas. La gestión evaluadora llegó a ser una tarea respetada (aunque por lo general no en los ambientes académicos) y se convirtió en un empeño idealmente adecuado para científicos sociales y del comportamiento. Se aplicaron rigurosamente las herramientas del método científico porque se había creado el clima político en el que se daba por supuesto el impacto positivo de estos programas pero tenía que quedar empíricamente demostrado. No resultaba accesible la opción de consagrarse a determinar el impacto relativo de diferentes intervenciones (CAMPBELL, 1969, 1971). Las herramientas del método científico más sus principios de rigor, objetividad, su carácter definitivo, etc., representaban algo necesario para los administradores de programas y para los burócratas. El modelo cuantitativo era considerado como el único medio de conocer definitivamente el impacto positivo (ya dado por supuesto) de tales programas.

Habida cuenta de este clima, no es extraño que se prestara tanta adhesión a este enfoque de la evaluación de programas. En consecuencia, allí en donde los resultados de estas evaluaciones fueron ambiguos o, peor aún, negativos y difícil el modo y estilo de la retroinformación y a veces imposible de comprender, comenzó a desarrollarse una sensación de desencanto respecto de estos enfoques. Como ya indiqué en otro lugar (FILSTEAD, 1978), las evaluaciones determinan sólo tres tipos de repercusiones: una positiva, una confusa o ambigua y una negativa. Cuando muchas de las intervenciones sociales comenzaron a señalar repercusiones confusas o negativas, los burócratas empezaron a desconfiar de estos enfoques de la evaluación porque no presentaban un beneficio potencial para sus organizaciones. Además, a estas preocupaciones subyacía la cada vez más fuerte opinión de que estos tipos de evaluaciones cuantitativas no captaban la "experiencia" o la "esencia" del programa de intervención sometido a estudio; es decir, los administradores de programas consideraban con frecuencia que el esfuerzo de evaluación sólo lograba una comprensión incompleta de la intervención social.

La tercera razón para este cambio de clima en la investigación evaluativa es que muchos evaluadores están poniendo en tela de juicio el modelo conceptual de evaluaciones cuantitativas estandarizadas de programas y buscan un modelo o unos modelos alternativos que incorporen múltiples métodos.

En el centro del conflicto acerca de modelos conceptuales apropiados para la investigación evaluativa existe un desacuerdo fundamental respecto de la posición de "resolución del problema causal" del método científico. Los evaluadores que emplean este modelo de resolución del problema causal al estudiar un programa de intervención social se adhieren a la siguiente línea de pensamiento que describió PATTON (1975: 29) en un contexto de investigación educativa:

> En investigación educativa los tratamientos consisten normalmente, en algún nuevo tipo de material o en una innovación del plan de estudios específico, una variación en el tamaño de la clase o en algún tipo específico de estilo de enseñanza. Uno de los problemas principales en la investigación educativa experimental estriba en una especificación clara de aquello en que consiste realmente el tratamiento, que se deduce del control de todas las demás variables causales posibles y del problema correspondiente de la interferencia de tratamiento múltiple y de los efectos interactivos. Las limitaciones impuestas por el control del tratamiento específico sometido a estudio son las que requieren una simplificación y un desmenuzamiento de la totalidad de la realidad en sus ínfimas partes componentes. En torno de este proceso de simplificación de la realidad gira un considerable empeño científico.

Pero precisamente esta fragmentación o estilo desmenuzador de la evaluación es lo que según los evaluadores cualitativamente orientados conduce a tergiversaciones de la realidad y, en consecuencia, precisa de un modelo estructurado o contextual de evaluación (véanse BRITAN, 1978; WEISS y REIN, 1972).

Al concentrarse en un estrecho haz de variables se establece necesariamente una pantalla de filtración entre el investigador y los fenómenos que trata de entender. Tales barreras, desde el punto de vista de quienes emplean un análisis estructurado, inhiben al observador y le impiden comprender lo que es singular así como lo que resulta generalizable a partir de los datos y percibir los procesos implicados en contraste para simplificar los resultados (RIST, 1977: 47).

Se han brindado diversas alternativas al paradigma cuantitativo. Algunos han sugerido que el más apropiado es un modelo de sistemas sociales concentrado en el contexto estructural dentro del cual se enfocan los problemas sociales (ETZIONI, 1960; SCHULBERG y BAKER, 1968; SUCHMAN, 1970 y RYAN, 1971). El campo educativo proporciona abundantes recursos a los nuevos modelos conceptuales que subrayan el clima social dentro del cual son influidos el aprendizaje y otros hechos y que a su vez influyen en otras dimensiones de organización y de interacción del proceso educativo (SMITH y BROCK, 1970; *Center for New Schools,* 1974 y WILSON, 1977). Como resultado de estos marcos conceptuales alternativos, otros escritores han destacado aspectos específicos de la tarea de evaluación que atañen considerablemente al proceso de realizar semejantes valoraciones. Por ejemplo, KRAUSE y HOWARD (1976) subrayan el clima político dentro del cual diferentes públicos han de señalar cómo debe ser formulada la cuestión de la evaluación, cómo se proyecta el diseño de la investigación, cómo se realiza y cómo cabe mejorar la retroinformación y la utilización de estos resultados. Tanto GUTTENTAG (1973) como SCRIVEN (1972) han examinado el papel y el significado de la subjetividad en el proceso de evaluación mientras otros, como BECKER (1967) y KOURILSKY (1973) han destacado un modelo contrario.

Incluso entre quienes se han identificado de modo prominente con el modelo científico cuantitativo de evaluación, existen claros indicios de que semejante marco tiene menos relevancia para unos esfuerzos efectivos de evaluación que el marco cualitativo. Por ejemplo, CAMPBELL (1974: 200) ha declarado: "Si hubiera que organizar en los mismos programas evaluaciones cualitativas y cuantitativas, yo esperaría que coincidieran. En caso de que no fuera así me parecería posible que la equivocada fuese la cuantitativa". De un modo semejante, CRONBACH (1975: 127) ofrece un sorprendente comentario sobre la manera en que los medios del método científico se han tomado equivocadamente en fines en sí mismos.

Ha llegado el momento de exorcizar la hipótesis nula. No podemos permitirnos tirar por la borda datos costosos cada vez que los efectos presentes en una muestra "carezcan de significado"... que el autor guarde una información descriptiva, al menos para un archivo, en vez de dar sólo cuenta de aquellas diferencias y correlaciones seleccionadas que nominalmente son "superiores al azar". Las descripciones nos animan a pensar de un modo constructivo respecto a resultados de cuasi-réplicas mientras que la dicotomía significativo/no significativo implica sólo una irremediable inconsistencia. La regla de la parsimonia, mal interpretada, ha conducido a la costumbre de aceptar en cada ocasión los errores del Tipo II con objeto de mantener controlados los errores del Tipo I. Hay más cosas en el cielo y en la tierra de las que soñamos en nuestras hipótesis, y nuestras observaciones deben quedar abiertas a todas ellas.

LO QUE PUEDEN OFRECER LOS METODOS CUALITATIVOS A LA INVESTIGACION EVALUATIVA

Antes de seguir adelante con algunas indicaciones respecto del papel de los métodos cualitativos en la investigación evaluativa, son necesarias algunas palabras de prevención para evitar una reacción excesiva respecto de los métodos cualitativos que representan un legítimo estilo de investigación. Estos métodos, por sí mismos, pueden evaluar adecuadamente un programa de intervención. Pueden incluso abordar la cuestión de la causalidad. Por añadidura, cabe obtener grandes ventajas de la combinación creativa de métodos cualitativos y cuantitativos en la investigación evaluativa. Lo que resulta inapropiado es situar a cualquiera de los métodos en una posición inferior. Ninguno tiene el monopolio de las "respuestas correctas" aunque el método cuantitativo haya ganado, gracias a sus promotores y defensores, una fama y un crédito que a menudo linda con el fanatismo.

Cada método refleja una postura en relación con el mundo social que encarna una perspectiva singular. Según KUHN, cada paradigma explica un volumen limitado de la realidad. Así, y hasta cierto punto, las áreas que interesan a una disciplina se hallan, en mayor o menor grado, adecuadamente cubiertas por un determinado paradigma. En palabras de KUHN (1962: 18, 23),

> Para ser aceptada como paradigma, una teoría debe parecer mejor que sus rivales, pero no es necesario que explique, y en realidad nunca lo hace, todos los hechos con los que puede enfrentarse... los paradigmas obtienen su rango porque tienen más éxito que sus competidores en resolver unos cuantos problemas que el grupo de los profesionales ha llegado a considerar como arduos.

Los cambios de paradigmas tienen lugar en razón del incremento de anomalías, es decir, de hallazgos que no se esperaban bajo ese determinado paradigma. Si una disciplina trata de explicar esas anomalías dentro del paradigma existente y fracasa en el empeño, la tarea de la ciencia normal se modifica, pasando de la "resolución de problemas" a la autorreflexión y el autoexamen. KUHN (1962: 90) señala: "La proliferación de pronunciamientos discordantes, la voluntad de ensayarlo todo, la expresión de un manifiesto descontento, el recurso a la filosofía y el debate sobre los fundamentos son todos síntomas de una transición de la investigación normal a la extraordinaria".

El resultado neto de este autoanálisis es una revolución en las formas básicas en las que la disciplina concibe sus fenómenos, en los supuestos que admite como evidentes, en la lógica de su desarrollo teórico y en los principios metodológicos subyacentes a su manera de abordar la materia correspondiente. Una vez más, KUHN (1970: 84-85) lo expresa del mejor modo:

> La transición de un paradigma en crisis a otro nuevo del que puede emerger una nueva tradición de ciencia normal dista de ser un proceso acumulativo, logrado mediante una articulación o prolongación del antiguo paradigma. Más bien se trata de una reconstrucción que cambia algunas generalizaciones teóricas más elementales del campo así como muchos de los métodos y aplicaciones del paradigma. Durante el período de transición se producirá una superposición amplia, pero nunca completa, entre los problemas que pueden ser resueltos por el antiguo paradigma y los que cabe resolver con el nuevo. Pero también existirá una diferencia decisiva entre los modos de solución. Cuando la transición se haya completado, la profesión cambiará su visión del campo, sus métodos y sus objetivos.

Este es el clima actual de la investigación evaluativa. Aunque el péndulo está comenzando a apartarse del modelo de evaluación cuantitativa, no debe permitirse que se desplace demasiado lejos hacia la evaluación de concepción cualitativa. El término medio de combinar las ventajas de ambos enfoques a través de una evaluación resulta óptimo (SIEDMAN, 1977; TREND, en este volumen) y será expuesto en el siguiente análisis.

Supongamos que un programa de salud mental necesita una "medición empírica" de su eficacia. El primer paso consistirá en hablar con los directores del programa y con una selección del personal y de los pacientes (algunos que estén iniciando la terapéutica, otros que se hallen en tratamiento, algunos que estén concluyendo; posiblemente también algunos alumnos) respecto a cuáles podrían ser medidas de eficacia, cómo medir ésta realmente, etc. Semejante proceso permitiría obtener los datos de estos públicos que podrían incorporarse al diseño de la evaluación. Por eso, la primera regla señala que se emplee en las valoraciones la base más amplia posible de información, incluyendo los significados y las implicaciones de la evaluación.

Tras esta amplia base de datos, es necesario proponer unos procedimientos para mantenerse en contacto con tales públicos durante el curso de la evaluación. Esta continuidad en el contacto resulta vital en el proceso de mantener la evaluación próxima a los mundos contextuales de los afectados por ésta. Al mismo tiempo, y a través de la aplicación de procedimientos cuantitativos, cabe tratar de ampliar la posibilidad de generalización de los hallazgos. Por ejemplo, si se consideraba la reducción de síntomas como una medida apropiada del impacto del programa, puede elegirse un cuestionario ya empleado en otros contextos de evaluación como medio no sólo de medir el concepto sino de considerar las posibilidades de aplicación de estos datos a otras poblaciones.

A lo largo del proceso de evaluación debe existir un interés por recoger múltiples perspectivas y por emplear métodos múltiples para captar la visión más global de la intervención social. Por eso la "triangulación de datos" se convierte en una estrategia operacional (DENZIN, 1970). La capacidad de llegar a conclusiones semejantes acerca del programa a través de diferentes fuentes de datos refuerza la validez de las observaciones realizadas en torno a un determinado aspecto de este programa.

La dirección y el curso de la evaluación, aunque orientados por los supuestos iniciales y las sugerencias recogidas en el proceso de definir los interrogantes para la evaluación, son corregidos y modificados basándose en el impacto del desarrollo de la evaluación y de la obtención de datos. Por eso puede cambiar el foco de la tarea cuando sean identificadas las implicaciones de los datos que se recogen.

El registro de la historia de la evaluación se convierte también en una importante tarea relacionada con la propia evaluación. Acontecimientos clave, cambios de personal, desplazamiento de los objetivos del programa, impactos de las coacciones organizativas y el significado de hechos exteriores para el funcionamiento del programa, se convierten en puntos de referencia de la existencia de éste y necesitan ser revisados para detectar su impacto sobre la evaluación. Este registro en marcha de la evolución del programa se torna en fuente de estímulo para entrevistas y observaciones. De modo típico, los informantes clave mantienen perspectivas diferentes o pueden resultar muy útiles desde los diversos niveles o posiciones en el seno de la organización para conseguir una comprensión de estos acontecimientos. Por ejemplo, si se definiera como objetivo de un programa la reducción de síntomas, sería importante identificar cualitativamente los síntomas que los pacientes y el personal perciben que se han reducido, el significado de tales hechos y la forma en que semejante condición afecta y es afectada por otros acontecimientos. Si se planean mediciones de síntomas a través de cuestionarios, resultaría útil preguntar a los pacientes qué "cosas les molestan más" y ver si tales hechos son identificados por el cuestionario de síntomas. Es necesario determinar la validez nominal de las medidas en beneficio de la credibilidad de los descubrimientos y de las conclusiones que puedan resultar de la evaluación. Por eso, cuanto más hayamos comprendido cualitativamente las medidas de impacto múltiple, ligándolas a las medidas cuantitativas de los públicos clave para un estudio de evaluación, mayor será la probabilidad de entender el impacto y el resultado del programa de intervención.

Es muy corriente obtener resultados que no se acomodan con lo que se esperaba. Acometer entonces especulaciones sobre explicaciones contrarias se convierte en una tarea frustrante por la falta de comprensión contextual que a menudo envuelve a la valoración. ¿Qué podría haber "causado" resultados tan sorprendentes? ¿Se hallaba bien el instrumento? ¿Sirvieron las preguntas para informarse acerca del área sometida a estudio? ¿Percibieron los sujetos estas preguntas de un modo diferente al que se había supuesto? ¿Sucedieron acontecimientos interiores o exteriores al programa de intervención social que pudieron haber afectado a la evaluación? La lista de interrogantes es interminable. Pero la intención de tales preguntas es la misma: ¿existen algunos datos cualitativos que puedan proporcionar el marco para entender esta evaluación dentro del contexto más amplio en cuyo seno tiene lugar? Tal vez la base de la integración de los métodos cualitativos con los métodos cuantitativos en unas actividades de evaluación de un programa resida en el hecho de que los métodos cualitativos proporcionen el contexto de los significados en que pueden ser entendidos los hallazgos cuantitativos.

BLUMER (1969: 22) proporciona una penetrante observación respecto de la compatibilidad esencial de estos dos paradigmas:

> La posición tradicional del idealismo señala que el "mundo de la realidad" existe sólo en la experiencia humana y solamente aparece en la forma en la que los seres humanos "ven" el mundo. Creo que esta posición es impugnable. Es imposible citar un solo ejemplo de una caracterización del "mundo de la realidad" que no se presente bajo la forma de imágenes humanas. Nada resulta conocido a los seres humanos excepto en la forma de algo a lo que puedan referirse o con lo que les sea posible relacionarse. Para indicar algo, los seres humanos deben verlo desde su perspectiva; deben describirlo tal como se les aparece... Pero esto no desplaza a la "realidad", como muchos deducen, del mundo empírico al mundo de las apariencias y de los conceptos... Semejante posición solipsista es isostenible en razón del hecho de que el mundo empírico puede "responder" a nuestra imagen de él o a afirmaciones acerca de él, responder en el sentido de desafío y de resistencia o de no acomodarse a nuestras imágenes y conceptos de él. Esta resistencia proporciona al mundo empírico un carácter obstinado que constituye el signo de la realidad.

En resumen, los métodos cualitativos proporcionan una base para entender el significado sustantivo de las relaciones estadísticas que se descubren. Esta base fenomenológica para el conocimiento resulta esencial al proceso de evaluación del impacto de los programas de intervención social.

CONCLUSION

En suma, el creciente interés por los métodos cualitativos en la investigación evaluativa procede de una insatisfacción con el estilo de las evaluaciones cuantitativas y de una nueva concepción de la adecuación del modelo científico cuantitativo a la evaluación de los programas de intervención. Los métodos cualitativos y cuantitativos constituyen algo más que simples diferencias entre estrategias de investigación y procedimientos de obtención de datos. Estos enfoques representan fundamentalmente diferentes marcos epistemológicos para conceptuar la naturaleza del conocimiento, la realidad social y los procedimientos para captar estos fenómenos. Los métodos cualitativos son apropiados por sí mismos como procedimientos de estimación de la evaluación del impacto de un programa. La evaluación de programas puede resultar fortalecida cuando ambos enfoques se hallan integrados en un diseño de evaluación. La investigación evaluativa y las ciencias del comportamiento en general padecen de una preocupación por la cuantificación y las estadísticas. Se requiere un equilibrio mejor entre la base cotidiana de significados en la acción social y la generabilidad de tales significados a un contexto más amplio. Este es el reto que brindan los métodos cualitativos y cuantitativos. Es un reto que ya no podemos ignorar.

BIBLIOGRAFIA

AIKEN, H. (1957) *The Age of Ideology: The Nineteenth Century Philosophers*. Nueva York: George Braziller.
ATTKISSON, D. y otros (1978) *Evaluation of Human Service Programs*. Nueva York: Academic Press.

BARNES, B. y S. SHAPIN (1979) *Natural Order: Historical Studies of Scientific Culture*. Beverly Hills: Sage.
BECKER, H. (1970) *Sociological Work: Method and Substance*. Chicago: Aldine.
——— (1967) "Whose side are we on?" *Social Problems*, 14: 239-249.
——— y H. BARNES (1952) *Social Thought From Lore to Science*, Vols. 1 y 2. Washington, DC: Harren.
BLUMER, H. (1969) *Symbolic Interactionism*. Englewood Cliffs, NJ: Prentice-Hall.
BOGDAN, R. (1972) *Participant Observation in Organizational Settings*. Siracusa, Syracuse University Press.
——— y S. TAYLOR (1975) *Introduction to Qualitative Research Methods*. Nueva York: John Wiley.
BRENNER, M., P. MARSH, y M. BRENNER [eds.] (1978) *The Social Context of Method*. Londres: Croom Helm.
BRITAN, G. (1978) "Experimental and contextual models of program evaluation." *Evaluation and Program Planning*, 1: 229-234.
BRUYN, S. (1966) *The Human Perspective*. Englewood Cliffs, NJ: Prentice-Hall.

CAMPBELL, D. (1974) "Qualitative knowing in action research." Kurt Lewin Award Address, Society for the Psychological Study of Social Issues, reunión de la American Psychological Association, Nueva Orleans, Septiembre 1, Journal of Social Issues.
——— (1971) "Methods for the experimenting society." Presentado en la reunión de la American Psychological Association, Washington, DC.
——— (1969) "Reforms as experiments." *American Psychologist*, 24: 409-429.
——— y J. STANLEY (1966) *Experimental and Quasi-Experimental Designs for Research*. Chicago: Rand McNally.
CARO, F. (1971) *Readings in Evaluation Research*. Nueva York: Russell Sage.
Center for New Schools (1974) *The CNS Evaluation Model*. Chicago: CNS (multicopiado).

COSER, L. (1971) *Masters of Social Thought: Ideas in Historical and Social Context.* Nueva York: Harcout Brace Jovanovich.

COURSEY, E. y otros (1977) *Program Evaluation for Mental Health: Method, Strategies and Participants.* Nueva York: Grune and Stratton.

CRONBACH, L. (1975) "Beyond the two disciplines of scientific psychology." *American Psychologist,* 30: 116-127.

DENZIN, N. (1970) *The Research Act.* Chicago: Aldine.

DOUGLAS, J. (1970) *Understanding Everyday Life.* Chicago: Aldine.

ERICKSON, F. (1977) "Some approaches to injury in school-community ethnography." *Anthropology and Education Quarterly,* 8: 58-69.

ETZIONI, A. (1960) "Two approaches to organizational analysis: a critique and suggestion." *Administrative Science Quarterly,* 5: 257-278.

FEYERABEND, P. (1975) *Against Method: Outline of an Anarchistic Theory of Knowledge.* Londres: Humanities Press.

FILSTEAD, W. (1978) *Evaluating the Evaluations of Alcohol Programs.* Ottawa, Canada: Non-Medical Use of Drugs, Directorate, National Health and Welfare.

――― (1976) "Sociological paradigms of reality," en H. R. Galvin (ed.) *Phenomenology, Structuralism and Semiology.* Lewisburg: Bucknell University Press.

――― (1975) "The promises and problems of qualitative methodology." Presentado al Social Science Symposium, Departamento de Sociología, American University.

――― (1973) "The natural history of a personal problem. Tesis Doctoral, Northwestern University.

――― [ed.] (1970) *Qualitative Methodology: Firsthand Involvement with the Social World.* Chicago: Markham.

GLASER, B. y A. STRAUSS (1967) *The Discovery of Grounded Theory.* Chicago: Aldine.

GLASER, E. (1969) *A Qualitative Evaluation of the Concentrated Employment Program (CEP) in Birmingham, Detroit, Los Angeles, San Antonio, Seattle, and South Bronx, by Means of the Participant Observation Method.* Informe final de la Office of Evaluation, Manpower Administration, U.S. Department of Labor. Los Angeles: Human Interaction Research Institute.

GUTTENTAG, M. (1973) "Subjectivity and its use in evaluation research." *Evaluation,* 1: 60-65.

HABERMAS, J. (1971) *Knowledge and Human Interests.* Boston: Beacon.

HAMILTON, D. y otros (1977) *Beyond the Numbers Game: A Reader in Educational Evaluation.* Berkeley: McCutchan.

JUNKER, G. (1960) *Field Work: An Introduction to the Social Sciences.* Chicago: University of Chicago Press.

KOURILSKY, M. (1973) "An adversary model for educational evaluation." *Education Comment,* 3: 3-6.

KRAUSE, M. y K. HOWARD (1976) "Program evaluation in the public interest: a new research methodology." *Community Mental Health Journal,* 12: 291-300.

KUHN, T. (1970) *The Structure of Scientific Revolutions.* Chicago: University of Chicago Press.

――― (1962) *The Structure of Scientific Revolutions.* Chicago: Phoenix.

LOFLAND, J. (1976) *Doing Social Life*. Nueva York: John Wiley.
––– (1973) *Analyzing Social Settings*. Belmont: Wadsworth.

MASTERMAN, M. (1970) "The nature of a paradigm," en I. Lasotos y M. Musgrave (eds.) *Criticism and Growth of Knowledge*. Cambridge: Cambridge University Press.

McCALL, G. y J. SIMMONS [eds.] (1969) *Issues in Participant Observation*. Reading, MA: Addison-Wesley.

MECH, E. (1969) *Participant Observation: Toward An Evaluative Methodology for Manpower Programs*. Informe final de la Office of Evaluation, Manpower Administration, U.S. Department of Labor. Tempe: Arizona State University.

MITROFF, I. (1974) *The Subjective Side of Science: A Philosophical Inquiry into the Psychology of Apollo Moon Scientists*. Amsterdam: Elsever.

PATTON, M. (1978) *Utilization-Focused Evaluation*. Beverly Hills: Sage.
––– (1975) *Alternative Evaluation Research Paradigm*. Grand Forks: University of North Dakota Press.

POLANYI, M. (1958) *Personal Knowledge*. Londres: Routledge and Kegan Paul.

POPPER, K. (1972) *Objective Knowledge: An Evolutionary Approach*. Oxford: Clarendon Press.

QUINE, W. (1969) *Ontological Relativity*. Nueva York: Columbia University Press.

RIECKEN, H. y R. F. BORUCH [eds.] (1974) *Social Experimentation: A Method For Planning and Evaluating Social Interventions*. Nueva York: Academic Press.

RIST, R. (1977) "On the relations among educational research paradigms: from disdain to detente." *Anthropology and Education Quarterly*, 8: 42-49.

ROSSI, P. y H. WILLIAMS (1972) *Evaluating Social Programs: Theory, Practice and Politics*. Nueva York: Seminar Press.

RYAN, W. (1971) *Blaming the Victims*. Nueva York: Pantheon.

SCHULBERG, H. y F. BAKER (1968) "Program evaluation models and the implementation of research findings." *American Journal of Public Health*, 58: 1248-1255.

SCHUTZ, A. (1967) *The Phenomenology of the Social World*. Evanston: Northwestern University Press.

SCHWART, H. y J. JACOBS (1979) *Qualitative Sociology*. Nueva York: Free Press.

SCRIVEN, M. (1972) "Objectivity and subjectivity in educational research," en H. B. Dunkel y otros (eds.) *Philosophical Redirectory of Educational Research*. Chicago: National Society for the Study of Education.

SIEDMAN, E. (1977) "Why not qualitative analysis." *Public Administration Review*, 37: 415-417.

SJOBERG, G. y R. NETT (1966) *A Methodology for Social Research*. Nueva York: Harper & Row.

SMITH, L. y J. BROCK (1970) "Go Bug Go! Methodological Issues in Classroom Observational Research." *Occasional Paper Series:* N.º 5 St. Ann, Missouri: Central Midwestern Regional Educational Laboratory.

SOBEL, L. (1976) "An assessment of the use of qualitative social science methods in program evaluation research." Seattle: Universidad de Washington.

STRUENING, E. y M. GUTTENTAG [eds.] (1975) *Handbook of Evaluation Research, Vols. 1 y 2*. Beverly Hills: Sage.

SUCHMAN, E. (1970) "Action for what? critique of evaluative research," en R.O'Toole (ed.) *The Organization, Management, and Tactics of Social Research.* Cambridge: Schennan.

TIKUNOFF, W. y B. WARD [ed.] (1977) "Exploring qualitative/quantitative research methodologies in education." *Anthropology and Educational Quarterly,* 8: 37-163.

WEISS, R. y M. REIN (1972) "The evaluation of broad aim programs: difficulties in experimental design and alternatives, en C.Weiss (ed.) *Evaluating Action Programs.* Boston: Allyn & Bacon.

WILSON, S. (1977) "The use of ethnographic techniques in educational research." *Review of Educational Research,* 47: 245-265.

CAPITULO III

"GRADOS DE LIBERTAD" Y EL ESTUDIO DE CASOS

Por Donald T. CAMPBELL*
Syracuse University

Metodología cuantitativa contra metodología cualitativa. Característica actual de la mayoría de las ciencias sociales en los Estados Unidos es la controversia entre modos de conocimiento "cualitativos" frente a "cuantitativos", entre enfoques *geiteswissenchaftlich* y *naturwissenschftlich*, entre enfoques "humanísticos" y "científicos". En campos tales como la Sociología y la Psicología Social, muchos de nuestros más capacitados y más entusiastas estudiantes graduados optan cada vez más por el modo cualitativo y humanista. En Ciencia Política ha existido una constante división en torno a estas líneas. Sólo

---

*La sección inicial de este artículo titulado "Quantitative vs. qualitative methodology" (Metodología cuantitativa contra metodología cualitativa) procede (con pequeñas alteraciones editoriales) de "Assessing the Impact of Planned Social Change" en G. M. Lyons (ed.) (1975) de Social Research and Public Policies, Hanover, New Hampshire: University Press of New England. Una versión completa de ese trabajo fue presentada en el Congreso sobre Psicología Social, celebrado del 5 al 10 de mayo de 1974 en Visegard, Hungría. La preparación del trabajo fue en parte posible gracias a ayudas de la Russell Sage Foundation y de la National Science Foundation, beca SOC-7103704-03. El resto del artículo procede (con pequeñas alteraciones editoriales) de "Degrees of Freedom and the Case Study", Comparative Political Studies, 1975, 8:178:193. Este trabajo estuvo basado en una presentación para la reunión del SSRC Workshop on Comparative Methodology que tuvo lugar en agosto de 1970 en la Universidad de Harvard. Su preparación en esta forma contó con la ayuda de la beca de la National Science Foundation SOC-7103704-03.

la Economía y la Geografía parecen relativamente inmunes a este debate. Inevitablemente, este cisma se ha extendido a la investigación evaluativa, adoptando la forma de una controversia acerca de la legitimidad del paradigma cuantitativo experimental en la evaluación de programas (v.g. WEISS y REIN, 1969, 1970; GUATTENTAG, 1971, 1973; CAMPBELL, 1970; SALASIN, 1973). La cuestión para ser exactos, no ha sido completamente formulada en tales términos. Los críticos que adoptan la que llamo posición humanista se hallan a menudo bien adiestrados en los métodos experimentales cuantitativos. Sus críticas específicas estan frecuentemente bien basadas en el propio marco experimentalista: experiencias que realizan un sólo tratamiento en un único entorno resultan profundamente ambiguas respecto del efecto y de la causa; existe una rigidez precaria en el sistema de medición, limitándose los resultados registrados a aquellas dimensiones previamente fijadas; a menudo se descuida el proceso en un programa experimental concentrado en el efecto general de un tratamiento complejo y de esta manera el conocimiento de tales efectos tiene sólo implicaciones equívocas para la repetición o el mejoramiento del programa; los programas de gran amplitud son con frecuencia irremediablemente ambiguos en lo que se refiere a objetivos e indicadores relevantes; los cambios en el programa de tratamiento durante el curso de una experiencia de perfeccionamiento, aunque prácticamente, esenciales, imposibilitan las comparaciones experimentales entre entrada-salida; los programas sociales se realizan a menudo de modos que resultan pobres desde el punto de vista del diseño experimental; incluso en situaciones bien controladas. la experimentación constituye un proceso profundamente tedioso y equívoco; la experimentación es demasiado lenta para resultar políticamente útil, etc. Todas estas verdades son más que suficientes para alentar una vigorosa búsqueda de alternativas. Hasta ahora no me han convencido las alternativas de conocimiento cualitativo presentadas (por ejemplo, WEISS y REIN, 1969, 1970; GUTTENTAG, 1971, 1973). Creo, desde luego, que la observación naturalista de los hechos es un terreno intrínsecamente equívoco para la inferencia causal por medios cualitativos o cuantitativos en razón de la omnipresente confusión entre selección y tratamiento. Todos los esfuerzos por reducir ese equívoco tendrán el efecto de hacer más "experimentales" las condiciones. Las "experiencias" son de hecho justamente ese tipo de entorno concebido para la observación, óptimo para la inferencia causal. Los problemas de inferencia que acompañan a la evaluación de programas son intrínsecos a los entornos de éstos en los procesos sociales en marcha. Los diseños experimentales no causan estos problemas y, en realidad, los alivian aunque con frecuencia sólo ligeramente.

En tales objeciones parece existir implícitamente un alegato en pro de la sustitución de la clarividencia cualitativa por los procesos indirectos y de presunción de la ciencia. Pero, aunque yo rechazo este aspecto de la objeción humanista, existen otros aspectos de ésta que han impulsado a tales críticas y a los que me uno de todo corazón. Cabe denominar a estas otras censuras "desdén por la prueba contextual cualitativa relevante" o "exceso de dependencia de unas cuantas abstracciones cuantificadas con desdén por la prueba cualitativa contradictoria y suplementaria".

También con harta frecuencia los científicos sociales cuantitativos, influídos por los misioneros del positivismo lógico, suponen que, en la verdadera ciencia, el conocimiento cuantitativo reemplaza al cualitativo y de sentido común. En realidad la situación resulta completamente distinta. La ciencia depende más bien del conocimiento cualitativo y de sentido común, aunque en el mejor de los casos incluso lo supere. La ciencia en definitiva contradice algunos elementos del sentido común, pero sólo procede así basándose en el gran conjunto del resto del conocimiento del sentido común. Semejante revisión del sentido común por parte de la ciencia es análoga a su revisión por parte del propio sentido común que, paradójicamente, sólo puede realizarse confiando más en él. Consideremos como un ejemplo la ilustración de MULLER—LYER (Fig. 1).

Si uno pregunta un miembro normal de una cultura "carpintera" (SEGALL y otros, 1966), cuál es la línea más larga, la a o la b, replicará que la b. Si se le proporciona una regla o se le permite usar el canto de otra hoja de papel, posteriormente se convencerá por sí mismo de que estaba equivocado y de que la línea a es más larga. Al decidirlo así, habrá rechazado como impreciso un producto de su percepción visual, confiando en una serie más amplia de otras percepciones visuales. También habrá realizado muchas suposiciones, no explícitas en su mayor parte, incluyendo la suposición de que, durante el proceso de medición, las longitudes de las líneas han permanecido relativamente constantes, que la regla era rígida y no elástica, que

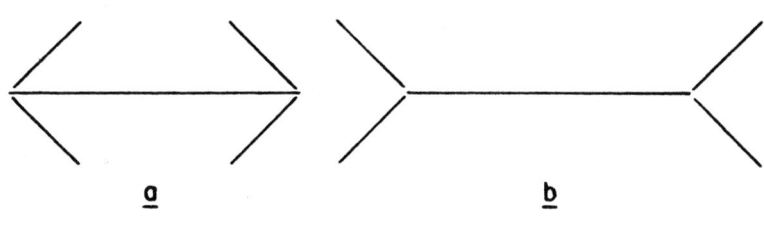

a　　　　　　　　b

Figura 1.

el calor y la humedad de su mano no han modificado la longitud de la regla, logrando así, por coincidencia, producir mediciones diferentes, prolongándose al acercarse a la línea b y contrayéndose al acercarse a la línea a, etc.

Consideremos también como ejemplo un trabajo científico que contenga una teoría y unos resultados experimentales reveladores de la específica naturaleza de la luz en contraste espectacular con lo que al respecto entiende el sentido común. O un trabajo científico que demuestre que lo que la percepción ordinaria define como "sólido" corresponde en realidad a un calado abierto. Si semejante trabajo se limitara a símbolos matemáticos y términos puramente científicos, prescindiendo del lenguaje corriente, no permitiría la comunicación con otro científico de modo que pudiera duplicar la experiencia y comprobar las observaciones. En vez de eso, los escasos términos científicos se incorporan a un discurso de lenguaje habitual, elíptico y precientífico que supone que comprenderá el lector (y éste también lo supone). Y en el trabajo de laboratorio realizado en la experiencia originaria y en la duplicada, con objeto de llegar a las conclusiones que revisaban así la creencia ordinaria, se empleó y se confió en un lenguaje precientífico y de sentido común y en la percepción de objetos, de sólidos y de luz. Para poner en tela de juicio y corregir en un solo detalle la comprensión del sentido común, hace falta confiar en el entendimiento general del sentido común.

Relacionado con lo expuesto está el énfasis epistemológico en la identificación de pautas cualitativas como previa a una identificación de partículas atómicas cuantificables al contrario de la intuición atomista, todavía muy extendida (CAMPBELL, 1966). Semejante epistemología es errónea, más que clarividente, y destaca la presunta inclinación al error de semejante pauta de identificación, más que la percepción como terreno seguro de certeza. Pero también reconoce como único camino a esta percepción ordinaria, falible, intuitiva y de presunción. Ello no significa hacer las percepciones libres de crítica (CAMPBELL, 1969) sino indicar que, como hemos visto, sólo resultan criticables basándose en muchas otras percepciones del mismo nivel epistemológico.

Si aplicamos semejante epistemología a la investigación evaluativa, ésta inmediatamente legitima la parte de "historia narrativa" de la mayoría de los informes e indica que a esta actividad debe otorgársele reconocimiento formal en la planificación y ejecución del estudio, en vez de recibir sólo atención como segunda intención. Los estudios de evaluación no son interpretables sin esa parte y la mayoría resultarían mejor interpretados si fuese más amplia. El hecho de que este contenido sea subjetivo y culpable de sesgos de perspectiva debería inducirnos a seleccionar mejor a aquellos a quienes se invita a registrar los hechos y a preparar procedimientos formales mediante los cuales todos los participantes interesados pueden aportar añadidos y correcciones al relato oficial. Ha de tomarse en consideración el empleo de historiadores, antropólogos y sociólogos cualitativos profesionalmente adiestrados. La historia narrativa es una parte indispensable del informe final y en su preparación deberían emplearse los mejores métodos cualitativos.

También debemos reconocer que participantes y observadores han estado evaluando durante siglos innovaciones de programas sin contar con la cuantificación o con un método científico. Este es el conocimiento de sentido común sobre el que debería basarse y al que debería superar la comprobación científica pero sin sustituirlo. Pero, normalmente, éste se desdeña en las evaluaciones cuantitativas a no ser que se incluyan unas cuantas anécdotas favorables, obtenidas al azar. De acuerdo con la epistemología que defiendo, es preciso recoger sistemáticamente todas las críticas y evaluaciones del programa, cualitativas y de sentido común, que se hayan generado entre el personal y los clientes del programa y sus familias y entre los observadores de la comunidad. Mientras que, por razones de conveniencia, en la recogida de datos y en el resumen se introducirán a menudo en esta etapa procedimientos cuantitativos como los cuestionarios y las escalas de clasificación, también será preciso tomar en consideración métodos no cuantitativos de recogida y compilación de datos, como los grupos de debate jerárquicamente organizados. Si tales evaluaciones son contrarias a los resultados cuantitativos, éstos deberán ser considerados con suspicacia hasta que queden bien entendidas las razones de la discrepancia. Nadie es desde luego infalible. Pero para muchos de nosotros lo que hay que subrayar es que los resultados cuantitativos pueden ser tan erróneos como los cualitativos. Al fin y al cabo, en los laboratorios de las ciencias físicas los instrumentos de medida a menudo funcionan mal y es, por lo común, el conocimiento cualitativo más los supuestos acerca de lo que debería señalar el instrumento, lo que revela ese fallo de funcionamiento. (Cúan alejada se halla tal aseveración del mito según el cual las indicaciones de los medidores definen operacionalmente parámetros teóricos.)

He de admitir con pesar que en las evaluaciones de programas en Estados Unidos aún no se practica este empleo conjunto y oportuno de ambos modos de conocimiento. En vez de eso, parece existir un intermitente o todo o nada. En donde se han empleado antropólogos como observadores, como en las evaluaciones de las Ciudades Modelo, ha sido generalmente en sustitución, más que como complemento de indicadores cuantitativos, pretests, postests y comparaciones con grupos de control. Un ejemplo actual del empleo de antropólogos es el del programa de las Escuelas Experimentales, iniciado en la Oficina de Educación de los Estados Unidos y ahora en el Instituto Nacional de Educación. En este programa se estimula la iniciativa del sistema escolar y los programas ganadores obtienen incrementos sustanciales en sus presupuestos (por ejemplo, del 25%) para emplearlos en la puesta en práctica de innovaciones. Con el fin de evaluar algunos de estos programas se han establecido contratos muy caros para las evaluaciones de proceso antropológico de cada programa. En un caso, el contrato suponía contar durante 5 años con un equipo de 5 antropólogos para el estudio del sistema escolar de una sola ciudad de 100.000 habitantes. Los antropólogos carecían de experiencia previa en cualquier otro sistema escolar de los Estados Unidos. No se les permitió realizar un período inicial de estudio antes de comenzar el programa sino que, por el contrario, llegaron después de haber empezado. No se previó que estudiaran cualquier otro sistema escolar comparable que no estuviese sufriendo el cambio en cuestión. Creer que, bajo estas desventajosas condiciones de observación, estos observadores cualitativos podrían inferir qué aspectos de los procesos observados eran debidos a la innovación del nuevo programa, requiere más fé de la que yo tengo, aunque debo abstenerme de formular juicio alguno hasta que vea los resultados. Además en el estudio se presta más importancia a las observaciones primarias de los propios antropólogos que a su papel en el empleo de participantes como informadores. Cabe considerar posible que se desdeñen las apreciaciones de otros observadores cualitativos mejor situados que los antropólogos. Entre esos observadores figuran los padres que tuvieron a otros hijos en la escuela antes del cambio; los profesores que observaron este sistema antes, durante y después del cambio; los profesores que fueron trasladados a ese sistema con experiencia previa en otros sistemas comparables y los propios alumnos. Resultaría conveniente quizá que tales observaciones se reunieran bajo la forma de cuestionarios. En ese caso, uno desearía que también se hubieran formulado preguntas adecuadas antes del programa experimental y que se hiciera otro tanto en algún sistema social comparable que no estuviera siendo sometido a semejante reforma, reestableciendo así los compendios cuantitativos de juicios cualitativos. (Para un estudio más completo de estas cuestiones cualitativas-cuantitativas, véase CAMPBELL, 1974.)

EL ESTUDIO DE CASOS

El modo dominante de estudio en antropología, ciencia política comparada y sociología comparada sigue siendo el estudio intensivo de un solo entorno extranjero por parte de alguien ajeno, para quien ésta sea la única cultura extranjera intensivamente experimentada. Tales estudios pueden ser escritos por científicos sociales "adiestrados" o por observadores "aficionados" (como misioneros, diplomáticos, periodistas, hombres de negocios, mercenarios o turistas) cuyas observaciones y horas libres pueden inducirles a escribir sobre esa cultura para ellos extraña. Incluso cuando estos observadores aficionados no escriben, participan considerablemente en la tarea de informar al científico social sobre esta cultura extraña o en la acomodación a esa cultura por parte de quien es ajeno a ésta (KIDDER, 1971). Otro género semejante es el de las descripciones del propio país mientras se reside o después de haber vivido en otro, como KENYATTA (1938) describiendo a los kikuyos mientras en Inglaterra estudiaba con MALINOWSKI. Emplearé semejante conocimiento, escrito o no escrito, para exponer el "conocimiento de sentido común" en la ciencia social comparada. Si logramos una correlación cuantitativa y significativa de 100 naciones es basándonos en este tipo de conocimiento en cada punto, no reemplazando semejante conocimiento con una metodología cuantitativa "científica". La generalización multinacional cuantitativa impugnará en algunos puntos semejante observación naturalista y anecdótica de un solo caso, pero sólo procederá basándose en un cuerpo mucho mayor de tales observaciones naturalistas y anecdóticas de un solo caso.

Esto no significa decir que semejante observación naturalista y de sentido común sea objetiva, segura o imparcial. Pero es todo lo que tenemos. Es el único camino hacia el conocimiento, por imperfecto, falible y parcial que pueda resultar. Debemos ser conscientes de sus debilidades, pero también tenemos que confiar en esa vía si hemos de emprender el proceso de la ciencia social comparativa (o monocultural). Me referiré de nuevo a los sesgos, pero primeramente voy a tratar de corregir algunos de mis propios excesos anteriores al describir el enfoque del estudio de casos. La caricatura del enfoque del estudio de un caso único que concibo es la de un observador que anota una característica sorprendente de una cultura y luego dispone de todas las demás diferencias en todas las otras variables para tratar de hallar una explicación. Es posible que tenga que recurrir a casi todos los conceptos causales en su propia lengua. Es casi inevitable que la encuentre, por obra de su total falta de "grados de libertad". (Es como si tratara de acomodar dos puntos de observación con una fórmula en la que existiera un millar de términos regulables, mientras que en buena ciencia hemos de contar con menos términos en nuestra fórmula que en los puntos de observación.)

Esta orientación fue expresada en CAMPBELL y STANLEY (1966: 6,7) de la siguiente manera (cita legítima puesto que muchos han advertido que las comparaciones interculturales constituyen una forma pobre del diseño cuasi-experimental; v.g. LIJPHART, 1971: 683-685; BOESCH y ECKENSBERGER, 1969):

Diseños preexperimentales
1. El estudio de un único caso

Gran parte de la investigación actual ... se acomoda a un diseño según el cual un solo grupo es estudiado una sola vez, posterior a la intervención de algún agente o tratamiento que se supone haya causado algún cambio. Cabe diagramar tales estudios de la siguiente manera:

X O

Como se ha señalado (v.g. BORING, 1954; STOUFFER, 1949) esos estudios adolecen de tan total ausencia de control que casi no poseen valor científico. Aquí se introduce el diseño como mínimo punto de referencia. Sin embargo, requieren algún comentario en razón del empleo constante que se hace de tales estudios y de la obtención de inferencias causales de sus resultados. En la comprobación científica posee un carácter básico (y en todos los procesos de diagnóstico de un conocimiento, incluyendo el de la retina del ojo) el proceso de comparación o registro de diferencias o de contraste. Toda apariencia de conocimiento absoluto o de conocimiento intrínseco acerca de objetos aislados y singulares resulta ilusoria tras el análisis. El logro de una confirmación científica implica al menos el establecimiento de una comparación. Para que semejante comparación resulte útil ambas partes han de realizarse con el mismo cuidado y precisión.

En los estudios de casos del Diseño 1, un ejemplo singular y cuidadosamente estudiado es comparado de modo implícito con otros hechos casualmente observados y recordados. Las inferencias se hallan basadas en las expectativas generales sobre cuáles habrían sido los datos de no haber tenido lugar X, etc. Tales estudios con frecuencia implican una tediosa obtención de detalles específicos, una observación y comprobación cuidadosas, etc, y en esos ejemplos surge el error de la *precisión desviada*. Cuánto más valioso resultaría el estudio si se redujera a la mitad la serie única de observaciones, y el esfuerzo así ahorrado se concentrara en estudiar con el mismo detalle un ejemplo apropiado de comparación. Parece desde luego poco ético permitir, como tesis o disertaciones en educación, estudios de casos de esta naturaleza (es decir, aquellos que implican la observación de un solo grupo en una sola vez). En tales estudios de casos los tests "estandarizados" sólo proporcionan una ayuda limitada puesto que las fuentes rivales de diferencias distintas de X son tan numerosas como para hacer que el grupo estandarizado de referencia resulte casi tan inútil como un "grupo de control". Sobre la misma base, las numerosas fuentes incontroladas de diferencias entre un estudio actual de casos y los potenciales con los que pueda comparar en el futuro son tantas como para que sea inútil la justificación de que proporcionará un punto de referencia a estudios futuros. En general, sería mejor distribuir el esfuerzo descriptivo entre ambas partes de una comparación interesante.

Mi fuerte rechazo del estudio de un caso único, y desde luego de la comparación bilateral, quedó también expresado del siguiente modo en mi capítulo del libro de Hsu, (1961):

La imposibilidad de interpretar entre sólo dos ejemplos naturales. En razón de la importancia del reto que plantea MALINOWSKI a la interpretación de amor-celos del conflicto de Edipo, es imperdonable que sus observaciones no hayan sido repetidas. Por meticuloso que sea su trabajo de campo en otros puntos, las confirmaciones publicadas acerca de éste son desde luego muy débiles. Aunque alude a pruebas de manifiesto contenido onírico, lo que necesitamos son muestras sustanciales de descripciones detalladas de los sueños de chicos y de chicas y de hombres y mujeres.

Pero mientras que es urgente la necesidad de comprobar y de ampliar las pruebas de MALINOWSKI* sobre las actitudes intrafamiliares de los habitantes de las islas Trobriand, semejante repetición es de menor importancia en lo que se refiere a la comprobación de las hipótesis freudianas. Quienes nos hallamos interesados en el empleo de tales datos para trazar un proceso, más que para describir exhaustivamente ejemplos aislados, debemos aceptar esta regla:

Ninguna comparación entre sólo dos objetos naturales es interpretable. Entre las islas Trobriand y Viena existen muchas dimensiones de diferencias que podrían constituir potenciales explicaciones contrarias y que no tenemos medio de descartar. En comparaciones de este par, la exigencia del *ceteris paribus* es insostenible. Pero la necesidad de obtención de datos no se detiene aquí. Tanto las relaciones avunculares como las europeas se hallan tan ampliamente distribuidas por el mundo que si nuestro propósito estribara en la comprobación de las teorías de Edipo, podríamos seleccionar una docena de pares de tribus de áreas culturales totalmente distintas, en donde cada par difiriera respecto de la forma en que el hombre educa y disciplina al niño, pero que en los demás aspectos resultaran tan semejantes como fuese posible. Suponiendo que los sueños recogidos de los chicos revelaran las diferencias esperadas entre cada par, entonces cuantos más pares tuviésemos, menos hipótesis rivales admisibles resultarían accesibles y en consecuencia más segura sería nuestra confirmación (CAMPBELL, 1961: 344—345).

Una tercera presentación:

Visto bajo esta luz, el problema del "laboratorio" de las relaciones internacionales reales estriba en que son demasiado pocos los actores,

---

*Véase MALINOWSKI, B.: *La vida sexual de los salvajes.* Madrid, Morata, 1975, 3ª edición (*N. del R.*)

demasiado pocas las ocasiones, demasiado escasas las "reposiciones" en las que grupos de actores, clasificables como comparables, comienzan a actuar desde puntos comparables de partida y harto numerosas las consideraciones en teoría obviamente importantes. Los grados de libertad para las declaraciones *ulteriores*, para probar la teoría en el cuerpo de datos que la señalaban son muy inferiores a los existentes para las *predic*ciones o declaraciones previas (un aspecto de este rasgo está inserto en la distinción entre el test de significación unilateral o bilateral). Tales problemas resultan tan reales como frustrantes para los estudios cualitativos del investigador en Ciencias Políticas o en Historia, lo mismo que para el analista estadístico. Para este último la comunicación del problema puede resultar más fácil (aunque a menudo será muy difícil cuando aspire a referirse a todo un universo) porque ha formulado claramente el número de variables, mientras que el científico político o el historiador cuentan con un gran número de "consideraciones" potenciales no explícitas a las que han de referirse, o pueden hacerlo, en un caso o en otro. (Esto, más que las características de reconocimiento del modelo, constituye el *quid* de los problemas del enfoque de la comprensión (*Verstehen*), una fuente de su adaptación espléndidamente satisfactoria a casos concretos y de su carácter insatisfactorio como proceso de comprobación de la realidad). (RASER y otros, 1970: 186-187.)

Aunque es probable que muchos estudios de casos que manifiesten o den a entender una interpretación o explicación o liguen el caso a la teoría, sean culpables de tales faltas, ahora me resulta claro que no son todos, o que no precisan serlo y que he pasado por alto una importante fuente de la disciplina (es decir, de grados de libertad, de persistir en el empleo de este concepto estadístico para el problema análogo en entornos no estadísticos). En un estudio de casos realizado por un atento científico social que esté muy familiarizado con el ambiente, la teoría que utiliza para explicar la diferencia focal genera también previsiones o expectativas en docenas de otros aspectos de la cultura y no retiene su teoría a menos que la mayor parte de éstas queden también confirmadas. En cierto sentido ha sometido a prueba la teoría con grados de libertad procedentes de las implicaciones múltiples de cualquier otra teoría. El proceso constituye un tipo de acomodación al modelo (CAMPBELL, 1966; RASER, 1969) en donde existen muchos aspectos del modelo exigido por la teoría, accesibles a la acomodación con observaciones en el entorno local.

Así lo confirman las experiencias de los científicos sociales. Incluso en un estudio cualitativo de un caso aislado, el científico social concienzudo con frecuencia no halla explicación que parezca satisfactoria. Semejante desenlace sería imposible si fuese correcta la caricatura del estudio del caso único, tal como ha sido presentada en estas tres citas; existiría, por el contrario, un exceso de explicaciones subjetivamente apremiantes. Aunque no dudo de la existencia de un sesgo estadísticamente significativo en favor de la extracción de conclusiones en vez de suspender el juicio a la expectativa ante unas pruebas esencialmente aleatorias (CAMPBELL, 1959; demostración con animales por TOLMAN y KRECHEVSKY, 1933; e investigación de B.F. SKINNER acerca de errores causales en las palomas), éste no puede ser un sesgo dominante, ya que tanto la evolución biológica como la social habrían eliminado semejante credulidad en favor de mutantes más discriminantes. Es decir, nuestros mecanismos cognoscitivos del sentido común deben poseer un claro valor de adaptación, al menos para la ecología en la que evolucionaron.

BECKER (comunicación personal; véase también BECKER, 1970: 39-62, 25-38) asegura que, casi invariablemente, el científico social que emprende un estudio intensivo de casos por medio de la observación participante y de otros accesos cualitativos del sentido común al conocimiento, acaba averiguando que sus creencias y teorías previas se hallaban equivocadas. Si esto es así, se trata de un hecho importante y que merece una documentación sistemática. Si esto es así, revela que el estudio intensivo intercultural de casos posee una disciplina y una capacidad para rechazar teorías que son desdeñadas en mi caricatura del método.

NAROLL (1962), uno de los que más han destacado en la cuantificación de la antropología, logra una poderosa herramienta para el control de calidad de los datos al clasificar la "calidad" del etnógrafo. Vale la pena advertir que los criterios de calidad no proceden del hecho de que el etnógrafo emplee alguna herramienta especial de la ciencia social cualitativa (como procedimientos de muestreo aleatorio, entrevistas estructuradas y programadas, tets psicológicos, etc.) sino más bien de una familiaridad cualitativa superior con la cultura descrita, por ejemplo, a través de una residencia más prolongada y de un mejor conocimiento de la lengua local.

Tal vez ayude a ilustrar el principio de disciplina y de grados de libertad de múltiples implicaciones teóricas el hecho de dar cuenta en algunas observaciones de primera mano durante las primeras etapas de un famoso estudio de casos. En el otoño de 1940, en Berkeley, yo era estudiante de un seminario sobre cultura y personalidad dirigido por A.L. KROEBER y E.H.ERICKSON y consagrado a los indios yuroks de la California septentrional entre los cuales acababa de vivir ERICKSON para estudiarlos. A partir de esos materiales ERICKSON llegaría a realizar su clásica obra *Observations of the Yurok* (1943). KROEBER había estudiado a tales pueblos unos 20 años atrás y animó a ERICKSON a que los estudiara. KROEBER llevó a ERICKSON hasta los yurok y le presentó a amigos e informantes supervivientes de su época. De forma apropiada KROEBER inició el seminario con una descripción de los yuroks en la que figuraban no solamente su situación geográfica, su economía, su pertenencia a un área cultural, su organización social, los artefactos físicos, etc., sino también la afirmación de que constituían una encarnación clásica de la estructura de carácter anal freudiana. Recuerdo cómo describía aquella estructura y a los yuroks, con una larga lista de adjetivos que empezaban con "p", posiblemente algo así como "parsimonioso, pedante, pudibundo, petulante, paranoide", aunque se me escapan los detalles. KROEBER dispuso la escena para un ejercicio confirmatorio y ortodoxo en antropología psicoanalítica. KROEBER había sido analizado y practicó el psicoanálisis en San Francisco, de 1918 a 1922 (T. KROEBER, 1970). Su lealtad a la antropología positiva era claramente más intensa que su lealtad a la teoría freudiana, como revelaron sus famosas revisiones de *Totem y Tabú* (KROEBER, 1920, 1939), pero en esta ocasión su orientación era freudiana ortodoxa. indudablemente había alentado a ERICKSON a visitar a los yuroks en la creencia de que constituían un tipo ideal en la tipología freudiana de caracter cultural.

ERICKSON era por entonces un freudiano profundamente ortodoxo. Había realizado una etnografía psicoanalítica de los sioux (1939) cuya prolongada lactancia natural, con la prohibición concomitante de morder el seno materno, había conducido a una fijación oral-dental compensatoria, revelada en un humor mordiente y en los hábitos nerviosos de morderse las uñas y morder palos y pajas. Avanzó creativamente en la teoría freudiana del desarrollo del niño con su compleja tipología de modos y zonas de fijación en la niñez (1950: 44-92), pero la suya fue una tarea ortodoxa si bien original. Si el estudio de casos cualitativos de un solo entorno cultural se hallase tan desprovisto de disciplina de grados de libertad como estaban mis caricaturas, es seguro que en este caso habría quedado confirmado un síndrome anal freudiano ortodoxo. Pero no sucedió así. ERICKSON no pudo encontrar en el adistramiento para la higiene personal de los niños de entonces o del pasado nada que hubiese producido una fijación anal de cualquier tipo. Esto proporciona un ejemplo espectacular de un *estudio de casos invalidador de teoría* en los términos del excelente análisis de LIJPHART (1971), pero con un impacto considerablemente más refutador del que él permite puesto que también desdeña la disciplina emanada de una riqueza de datos relevantes.

Pero ERICKSON no se limitó a abandonar, al menor por lo que se refiere a los yuroks, la hipótesis del caracter anal, sino que formuló otra hipótesis y la sometió a prueba con los yuroks. De las innumerables soluciones alternativas que se le ocurrieron para resolver los enigmas de los datos, *la mayoría era insostenible por una u otra razón*. Subrayo esta frase porque me parece compendiar el empleo de implicaciones múltiples, múltiples observaciones ("por una u otra razón") en una población conceptual, una población de implicaciones múltiples de cualquier teoría específica: grados de libertad de implicaciones múltiples. La única teoría que al final retuvo fue confirmada por múltiples y diversas observaciones del mismo género que las que habían descartado sus otros ensayos de solución. Carezco aquí de espacio para expresar convincentemente su solución, y su apariencia inicial de inaceptabilidad empeora aún más con la siguiente información excesivamente simplificada: en vez de tener una fijación oral o anal, los yuroks se concentraban en todo el canal alimentario. Esta tesis proporcionó una organización a numerosos rasgos inhabituales de tal cultura, como su preocupación por el río Klamath que atraviesa su pequeño valle, sus casas con entradas y salidas diferentes, sus relatos docentes para niños, incluyendo el del colibrí que penetraba volando por la boca del oso y salía por el ano, etc. La lectura de la monografía original resulta mucho más convincente. Mi propio trabajo del seminario, realizado conjuntamente con Frederick M. GEIER, constituía un intento de proporcionar un sentido psicológico a una colección de 30 o 40 mitos de los yuroks a través de métodos de test proyectivo. Por lo que recuerdo, en el seminario no pudimos disponer de la nueva teoría de ERICKSON. El esfuerzo resultó tan frustrante que recobramos el talante de alumnos aún no graduados y en la página del título colocamos un proverbio atribuído a Confuncio: "Sólo quien tartamudea habla verdaderamente de la interpretación de los mitos".

Este aspecto corrector de los estudios de casos escrupulosos, sensibles y autocríticos, que he tratado de relacionar aquí con el concepto estadístico de posesión de grados suficientes de libertad para comprobar la adecuación de hipótesis, es sin duda un aspecto de los principios de acomodación al modelo y de dependencia del contexto (CAMPBELL, 1966). Por lo demás, estoy formulando probablemente, y con retraso, la misma argumentación que expusieron LASSWELL (1968) y otros (p. ej., RASER, 1969) al insistir en un enfoque configuracional. Aún queda por realizar un profundo análisis epistemológico-estadístico de la situación. Esta retractación parcial no es nada más que un comienzo y, con el fin de reabrir el problema, probablemente estoy presentando aquí una defensa exagerada. Porque desde luego la mentalidad teórica es capaz de una racionalización *post hoc* considerablemente flexible de cualquier resultado y en tales racionalizaciones a menudo tienen lugar una interpretación excesiva, una capitalización del azar y un agotamiento de los grados de libertad. Para encontrar un ejemplo en el área de problemas de ERIKSON, cabe observar el contraste entre la presentación que hace KARDINER (1939) del material de DU BOIS sobre la población de Alor y su propia presentación (1944). En su tema de la privación oral, KARDINER presta gran atención a un niño que, habiendo recibido para jugar un globo con orejas, trataba de chupar una de éstas y fué fotografiado así. Pasa por alto contraindicaciones más revelantes, incluyendo la ausencia de succión del pulgar. En general, allí en donde un cuidadoso estudio cuantitativo no logra confirmar una creencia ampliamente extendida, por lo común habrá que confiar más en el estudio cuantitativo. Pero éste, a su vez, ha rechazado la creencia del sentido común sólo a través de su dependencia de muchas otras creencias. Por supuesto, el conocimiento social ordinario se halla sometido a muchos sesgos específicos, a algunos de los cuales me referiré ahora. Pero sigue siendo el único camino. Incluso cuando logramos un perfeccionamiento debemos seguir por allí y basarnos en ese terreno.

El testimonio de BECKER y el trabajo de ERIKSON operan en contra del bien conocido sesgo general en favor de hallar las cosas como uno espera que sean. Para Francis BACON era el primero de los "Idolos (falsas imágenes) de la tribu". "Por su naturaleza peculiar, el entendimiento humano supone en las cosas un grado mayor de orden y de igualdad que el que realmente encuentra. Cuando ha quedado establecida una proposición, el entendimiento humano fuerza todo lo demás para lograr apoyos y confirmaciones nuevos. Error peculiar y perpetuo del entendimiento humano es el sentirse más movido e impulsado por las afirmaciones que por las negaciones" (BACON, 1853: la cita procede de *Aphorisms,* Bk. 1,XLVI). Yo he participado en una clara confirmación al respecto en lo que se refiere a los juicios perceptuales de las imágenes desenfocadas (WYATT y CAMPBELL, 1951) y existen muchas otras en los textos (revisados por CAMPBELL, 1959). Pero aunque universal en cierto grado, sigue siendo un sesgo marginal. En nuestro experimento, el sesgo reducía aproximadamente en un 15% la precisión que habría existido sin la expectativa y desaparecía en cuanto las imágenes pasaban a quedar enfocadas (WYATT y CAMPBELL, 1951). Este es, desde luego, un sesgo que comparten la percepción física y la percepción social. A menudo choca con un sesgo ligado a los niveles fluctuantes de adaptación (HELSON, 1964) que impulsa a un observador a advertir nuevos contrastes a expensas de la uniformidad CAMPBELL, 1961: 341-344; 1959).

Ya que los estudios de casos de una sola cultura seguirán siendo la forma principal de la ciencia social comparativa, vale la pena brindar unas cuantas sugerencias para mejorar la instrucción que, como prueba la teoría, ofrecen tales estudios. Estas sugerencias se hallan basadas en analogías de los estudios cuantitativos. Como veremos, los estudios cuantitativos ya publicados no son en manera alguna inmunes a estos problemas, pero conducen a la realización de esfuerzos por obtener niveles significativos que a su vez llevan al conocimiento de aspectos sutiles del problema. En lo que sigue, la recomendación principal y general es que el investigador que realice un estudio de casos en un solo lugar mantenga un registro muy explícito de los aspectos analógicos de sus actividades de resolución de problemas.

El problema mejor conocido respecto de los grados de libertad en los tests de significación es el número de observaciones con las que se pone a prueba la hipótesis. Para réplicas similares dentro de un emplazamiento cultural, el trabajador de campo se encuentra ya por lo común alerta al respecto, por ejemplo, el número de aldeas observadas en el que se halla presente el modelo de jefatura y el número de aquellas en que no lo está. Lo que aquí se sugiere es que lleve un registro análogo para la totalidad de implicaciones de la teoría, aspirando a un registro completo de todos los razonamientos e investigaciones de contrastación de la teoría que adopten esta forma: Si la teoría A es cierta, entonces también lo serán B, C, y D. En donde estas implicaciones le hayan motivado a realizar una activa búsqueda, el registro resultará fácil. Cuando la comprobación se haya completado adecuadamente tan sólo en el proceso mental, se perderá gran parte del cálculo de implicaciones. Pero incluso en estos experimentos mentales una consciente atención al problema puede determinar un registro mucho más completo que el de las monografías de estudios de casos ya conocidos. Como señala POINCARE (1913), buena parte de esta preocupación por el enigma es sin duda literalmente inconsciente y/o durante el sueño. Así no se logrará un registro completo. Probablemente las omisiones más corrientes corresponderán a las implicaciones que no se acomoden, sobre todo en el caso de los observadores más atentos a la teoría. La literatura acumulada de otros estudios y de sus críticas proporciona al respecto un freno lento y parcial. Necesitamos una tradición de promoción deliberada de un proceso contrario que estimule a otros expertos a buscar otras implicaciones de la teoría y otros hechos que la impugnen o confirmen. Ya se hace algo a propósito pero no en una forma que genere una suma de aciertos y fallos. Freno ulterior al inevitable etnocentrismo residual de los científicos sociales sería la práctica de invitar a los científicos sociales locales a presentar, junto con la publicación original de las monografías regionales, observaciones y comentarios en contra y a favor. Esto ayudaría también a incrementar la relación de aciertos y fallos. Respecto de cada estudio de casos correspondiente a una teoría clásica, existen predicciones no empleadas sobre las que efectuar una intervalidación. (Tal vez los mitos de los yuroks sobre los que trabajamos GEIER y yo pudieran proporcionar un terreno para las hipótesis de ERIKSON.) Si éste es un estudio importante, merece la pena realizar un estudio de casos confirmatorio.

Vale asimismo tomar en consideración una segunda cuestión en los grados de libertad en los tests de significación y es la distinción entre tests unilaterales y bilaterales. Cabe quizá traducirla al entorno del estudio de casos como una distinción entre el valor confirmatorio de una coincidencia entre implicación y hechos cuando la teoría ha sido elegida a la luz de estos hechos, frente al valor confirmatorio superior cuando la teoría ha sido elegida sin el conocimiento de estas confirmaciones. Desde luego, en el conjunto han de mantenerse separados ambos tipos. Más aún, cuando la teoría pronostique correctamente un hecho que resultaría inesperado desde el punto de vista del sentido común o de otras teorías o culturas, por ejemplo, la confirmación es desde luego más convincente que cuando el pronóstico es banal. Este hecho no es reconocido con facilidad en la tradición de los tests de significación (MEEHL, 1967) pero se encuentra en la historia de la ciencia como en el empleo por parte de GALILEO de las fases de las lunas de Júpiter. Podría probablemente utilizarse una orientación bayesiana para concentrarse en la comparación de probabilidades previas, dada la teoría A frente a las probabilidades previas de otras teorías. Esto no parece típico de las aplicaciones bayesianas que resultan más adecuadas para abordar en cada teoría las probabilidades previas y las probabilidades después de la obtención de los datos. Sea como fuere, cabe llamar la atención del epistemólogo-estadístico bayesiano respecto del problema del estudio de casos de comprobación de una teoría. Tal problema debería ser además abordado separadamente para cada uno de los seis tipos de estudios de casos de LUPHART (1971) (p. ej., generación de hipótesis, confirmación de una teoría, rechazo de una teoría, etc.) con especial atención a la diferencia en grados de libertad cuando uno ha elegido, por ejemplo, el lugar que espera que sea confirmatorio tras una búsqueda implícita o explícita en muchas culturas para tal circunstancia, frente a un caminar a ciegas y la aparición de una confirmación. Un conocimiento previo de una o de dos variables relevantes, o de ambas o de ninguna afecta al problema de los grados de libertad, es decir a la capitalización sobre el azar. El análisis de LUPHART se muestra muy relevante aquí aunque, como en mis anteriores presentaciones, no llegue a comprobar las implicaciones múltiples con un solo caso.

Existe un último problema de grados de libertad, aún no bien expuesto en los estudios estadísticos publicados, pero que cada vez interesa más. Se trata de la cuestión de realizar comprobaciones de hipótesis múltiples y luego anotar aquellas que sean "estadísticamente significativas" mediante un test de significación que da por supuesto que la indagación se inició exclusivamente con esta hipótesis. De este modo, si los datos propios proceden en realidad exclusivamente de números aleatorios, si uno estudia todas las interrelaciones entre 15 variables que generen 105 relaciones hipotéticas entre dos variables, 1/20 de éstas ó 5+ resultarían significativas en el nivel del 5%. El problema aparece en la literatura como la "tasa experimental de error" (RYAN, 1960) y el " problema de las comparaciones múltiples" (SCHEFFÉ, 1953) o de "rastreo de datos" (SELVIN y STUART, 1966). Combinado con el problema del número de observaciones, cabe advertirlo en forma especialmente aguda en lo que se refiere a estudios de ciencias políticas que establecen correlaciones de dimensiones de naciones: si uno posee tantas variables como naciones, entonces la correlación múltiple que relacione a cualquier variable con las demás será 1,00, incluso aunque todos los datos sean números aleatorios. (Puede advertirse a partir de la fórmula de "contracción" para R, LORD y NOVICK, 1968: 286.) Las R calculadas en pequeñas muestras resultan regularmente más pequeñas al ser intervalidadas en nuevas muestras. Esta fórmula estima semejante contracción en ausencia de intervalidación. En estudios analíticos factoriales surge como verdad indiscutible el hecho de que con muestras más pequeñas de naciones aparecerán cargas factoriales mayores y más factores en razón de la mayor variabilidad de muestreo de coeficientes de correlación con pequeñas n. Esta es la auténtica explicación del repetido hallazgo de que las estructuras factoriales sean más claras y expliquen más cuando los datos son analizados por continentes en vez de reunidos para todo el mundo.

Para atender a este problema en el estudio de casos generador de hipótesis, como en la segunda fase del trabajo de ERIKSON sobre los yuroks, es preciso tener en cuenta todas las teorías consideradas en el proceso creativo de resolución del enigma. Para exponer los grados de libertad de las implicaciones múltiples, hay que tener en cuenta también las implicaciones contra las que cada una fue comprobada y la totalidad de los aciertos y fallos. Personalmente, estoy convencido de que la teoría del canal alimentario de ERIKSON es mejor que la correlación múltiple seudoperfecta extraída del agotamiento de los grados propios de libertad, al comprobar demasiadas hipótesis en excesivos casos o implicaciones. También estoy convencido de que, a este respecto, cabe mejorar los estudios de casos en su valor de comprobación de teorías. Cuando uno reconoce además la realidad de la interacción de orden superior entre variables (p. ej., la relación de variables A y B como diferente en distintos niveles de C, D, E, etc.), tiene que reconocer que la abundancia de hipótesis plausibles y la escasez o la carestía de los ejemplos crea auténticos límites a una ciencia social comparativa. Pero también alivia, al menos un poco, el problema el reconocimiento de ejemplos en implicación espacial para complementar los ejemplos de personas, aldeas, naciones, eras, etc.

Se brinda una sugerencia más para mejorar el estudio de casos. El estudio aislado de casos, como se ha presentado antes, constituye en realidad una comparación entre dos casos: la cultura original y la cultura extranjera. Pero esta es una comparación muy asimétrica y asimétrica en cierto número de parámetros importantes: una cultura es aprendida como lo hace un niño que no tiene otra alternativa y es aprendida concomitantemente con la adquisición de las presuposiciones locales, el lenguaje y el conocimiento social. La otra cultura es aprendida como la aprende un adulto extranjero. Los detalles de la nueva cultura sometidos a análisis son focales y se hallan especificados. Queda implícita la base de comparación de la cultura propia. Si los rasgos de la cultura propia hubiesen sido igualmente focales y explícitos, si hubieran sido "estudiados" directamente, la comparación implícita habría sido a menudo negada. Pero aunque esto sería un perfeccionamiento, los rasgos de la cultura propia aún resultarían más sensibles, razonables, intuitivamente comprensibles y morales. Los de la cultura extranjera tenderían a parecer arbitrarios, anómalos, reprendentes si no inmorales. Al efecto de corregir esto, formulé la siguiente sugerencia en un trabajo anterior:

Triangulación a través del sesgo de la propia cultura de los observadores. El logro de constructos útiles y "realistas" en una ciencia exige múltiples métodos concentrados en el diagnóstico del mismo constructo desde puntos de observación independientes, a través de un tipo de triangulación. Y ello en razón de que los datos de los sentidos y las lecturas de las mediciones son entendidos como el resultado de una transacción en la que tanto el observador (o medidor), como el objeto de investigación contribuyen a la forma de los datos. Si se dispone de una sola observación es imposible separar el elemento subjetivo y el objetivo. Sin embargo, cuando se pueden ajustar las observaciones por medio de instrumentos diferentes y desde emplazamientos distintos como referidas a "los mismos" objetos, entonces es posible distinguir los componentes en los datos debidos al observador (instrumento) y a lo observado. Resulta que este proceso de desenmarañamiento exige tanto observadores múltiples (métodos) como objetos de estudio múltiples y diferentes.

Aplicado al estudio de la filosofía de una cultura, esto supone que nuestro típico estudio de un observador y una cultura es inherentemente ambiguo. Porque cualquier característica determinada del informe resulta equívoca, tanto si es como si no es un rasgo del observador o un rasgo del objeto observado. Para corregir esta situación puede apreciarse el paradigma ideal tal como aparece en la Figura 2 (a).

En el modelo más general, dos antropólogos de diferentes culturas estudiarían cada uno una tercera y una cuarta cultura. De las cuatro etnografías, los atributos comunes en las etnografías 1 y 3 no compartidos por la 2 y la 4 podrían ser atribuidos al etnógrafo A; los atributos comunes en la 2 y en la 4 y no presentes en cualquier otro lugar podrían ser atribuidos al etnógrafo B. Examinando las consistencias alineadas en la figura, los atributos comunes a las etnografías 1 y 2 y no presentes en 3 y 4 podrían ser atribuidos a la cultura C como "objetivamente" conocida. Los atributos comunes a las cuatro etnografías son inherentemente ambiguos, interpretables como sesgos compartidos por los etnógrafos o como cultura compartida por las sociedades estudiadas. Adviértase al efecto la ventaja de comparar etnólogos de procedencias culturales tan diferentes como sea posible. En el grado en el que los etnólogos proceden de la misma cultura, la duplicación de los resultados se vuelve más una cuestión de fiabilidad que de validez, como son entendidos estos términos en los estudios de los tests psicológicos. Si para realizar semejante estudio se emplearan cuatro etnógrafos, dos de los cuales pertenecerían a la cultura A y dos a la B y estudiaran aldeas distintas de las culturas C y D para evitar interferencias y choques, entonces los atributos singulares de cada una de las etnografías serían adscribibles a un equívoco conjunto de especificidades de la aldea dentro de su cultura, a puntos específicos de la personalidad del etnógrafo y la interacción entre la cultura específica del etnógrafo y la cultura estudiada. (Si sólo se empleara un etnólogo de cada cultura y si cada uno de los dos estudiara a su vez la misma aldea en las culturas fijadas, entonces los rasgos singulares de cualquiera de las etnografías resultarían equívocamente debidos a las interacciones etnógrafo-cultura, los efectos de orden temporal por los que el etnógrafo reaccionaba diferentemente ante su segunda cultura, los efectos de orden temporal por los que la sociedad reaccionaba diferentemente ante la segunda persona que la estudiaba, las tendencias históricas y las interacciones entre éstas.) La presencia de estas indeterminaciones no debe ser eliminada ni tampoco debe permitirse que eclipse a los grandes beneficios en la comprensión que introducirían semejantes estudios de etnógrafos múltiples.

Aunque sea ideal la multiplicidad tanto de culturas de etnógrafos como de culturas estudiadas, también resultaría una gran ventaja lograr sólo la mitad superior de la Figura 2(a), es decir dos culturas de etnógrafos concentradas en el estudio de una sola y prefijada cultura. En todas estas triangulaciones, nos enfrentamos de nuevo con la paradoja de la incapaci-

"Grados de libertad" y el estudio de casos 101

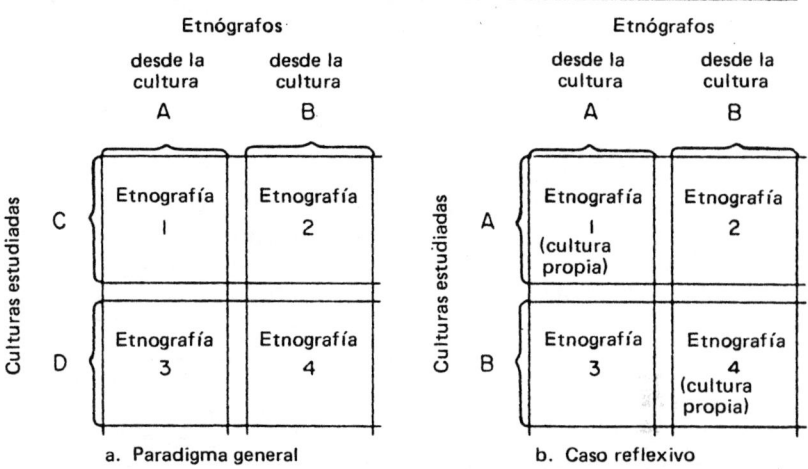

Figura 2: Esquema múltiple de etnografía para diferenciar el contenido aportado por el etnógrafo del contenido de la cultura estudiada.

dad de emplear diferencias cuando éstas son tan predominantes como para hacer imposible la acomodación de los aspectos correspondientes del informe que esté siendo comparado. La necesidad de este denominador común proporciona una justificación a la defensa que hace HOCKETT en favor de incluir detalles culturales materiales y comportamentales incluso en etnografías centradas en la determinación de la filosofía de las culturas.

Otra versión del diseño de etnógrafos y objetivos múltiples es aquella en la que dos culturas se estudian mutuamente, como aparece en el diagrama de la Figura 2(b). Por lo común el foco se fija en las etnografías 2 y 3, el informe de A sobre B y el informe de B sobre A. Implícitamente, sin embargo, la descripción de A por parte de A y la descripción de B por parte de B están contenidas como bases de referencia. Cabe conseguir probablemente algún valor científico de tales informes, incluso en el nivel de la serie de estereotipos recíprocos o el consenso de reputación entre los pueblos próximos. Una vez eliminado el elemento evaluativo (considerándose cada tribu a sí misma como la mejor), tales series de estereotipos mutuos muestran una notable coincidencia en la confirmación de la dirección de las diferencias de grupo (CAMPBELL, 1964: 331-333).

En línea con la presente exposición, me gustaría ahora incrementar las exigencias, solicitando que en una segunda fase del trabajo de campo se pida a cada etnógrafo que intervalide e invalide la interpretación por parte de los otros de la cultura que han estudiado en común.

COMENTARIOS FINALES

Evidentemente este trabajo tiene un caracter exploratorio, representa el extremo contrario al que ocupa en el otro confín mi previo desdén dogmático por el estudio de casos. Aunque no alterará en forma notable mis enseñanzas acerca de los diseños cuasi-experimentales y los métodos de investigación, por el momento parece acertado. Al fin y al cabo el hombre es, conforme a su habitual estilo, un conocedor muy competente y el conocimiento cualitativo del sentido común no puede ser reemplazado por el conocimiento cuantitativo. Por el contrario, el conocimiento cuantitativo ha de basarse y alzarse sobre el cualitativo, incluyendo la percepción corriente (CAMPBELL, 1974). Los metodologistas hemos de elaborar una epistemología aplicada que integre a ambos.

BIBLIOGRAFIA

BACON, F. (1853) "Novum organum," en J. Devey (trad.) *The Physical and Metaphysical Works of Lord Bacon.* Londres: H. G. Bohn. (publicado originalmente en 1620.)
BECKER, H. (1970) *Sociological Work.* Chicago: Aldine.
BOESCH, E. E. y L. H. ECKENSBERGER (1969) "Methodische Probleme des interkulterellen Vergleichs," pp. 515-566 en C. F. Graumann (ed.) *Sozialpsychologie.* Gottingen: Verlag fur Psychologie.
BORING, E. G. (1954) "The nature and history of experimental control." *American Journal of Psychology,* 67: 573-589.
CAMPBELL, D. T. (1974) "Qualitative knowing in action research." Kurt Lewin Award Address, Society for the Psychological Study of Social Issues, reunión de la American Psychological Association, Nueva Orleans, Septiembre 1. Journal of Social Issues.
——— (1970) "Considering the case against experimental evaluations of social innovations." *Administrative Science Quarterly,* 15: 110-113.
——— (1969) "A phenomenology of the other one: corrigible, hypothetical and critical," pp. 41-69 en T. Mischel (ed.) *Human Action: Conceptual and Empirical Issues.* Nueva York: Academic Press.
——— (1966) "Pattern matching as an essential in distal knowing," págs. 81-106 en K. R. Hammond (ed.) *The Psychology of Egon Brunswik.* Nueva York: Holt, Rinehart & Winston.

___ (1964) "Distinguishing differences of perception from failures of communication in cross-cultural studies," págs. 308-336 en F.S.C. Northrop y H. H. Livingston (eds.) *Cross-Cultural Understanding. Epistemology in Anthropology.* Nueva York: Harper & Row.
___ (1961) "The mutual methodological relevance of anthropology and psychology," págs. 333-352 en F.L.K. Hsu (ed.) *Psychological Anthropology: Approaches to Culture and Personality.* Homewood, IL: Dorsey.
___ (1959) "Systematic error on the part of human links in communications systems." *Information and Control,* 1: 334-369.
___ y J. C. STANLEY (1966) *Experimental and Quasi-Experimental Designs for Research.* Chicago: Rand McNally.

DuBOIS, C. A. (1944) *The People of Alor.* Minneapolis: University of Minnesota Press.

ERIKSON, E. H. (1950) *Childhood and Society.* Nueva York: W.W. Norton.
___ (1943) *Observations on the Yurok.* Publications in American Archaeology and Ethnology, 35, N.º 10. Berkeley: University of California Press.
___ (1939) "Observations on Sioux education." *Journal of Psychology,* 7: 101-156.

GUTTENTAG, M. (1973) "Subjectivity and its use in evaluation research." *Evaluation,* 1: 60-65.
___ (1971) "Models and methods in evaluation research." *Journal for the Theory of Social Behavior,* 1: 75-95.

HELSON, H. (1964) *Adaptation-Level Theory.* Nueva York: Harper & Row.
HSU, F. L. K. [ed.] (1961) *Psychological Anthropology: Approaches to Culture and Personality.* Homewood, IL: Dorsey.

KARDINER, A. (1939) *The Individual and His Society.* Nueva York: Columbia University Press.
KENYATTA, J. (1938) *Facing Mount Kenya.* Londres: Secker & Warburg.
KIDDER, L. H. (1971) "Foreign visitors: a study of the changes in selves, skills, and attitudes of Westerners in India." Tesis doctoral, Northwestern University.
KROEBER, A. L. (1939) "Totem and taboo in retrospect." *American Journal of Sociology,* 45:446-451.
___ (1920) "Totem and taboo: an ethnological psychoanalysis." *American Anthropologist,* 22: 48-55.
KROEBER, T. (1970) *Alfred Kroeber: A Personal Configuration.* Berkeley: University of California Press.

LASSWELL, H. D. (1968) "The future of the comparative method." *Comparative Politics,* 1: 3-18.
LIJPHART, A. (1971) "Comparative politics and the comparative method." *American Political Science Review,* 65: 682-693.
LORD, F. M. y M. R. NOVICK (1968) *Statistical Theories of Mental Test Scores.* Reading, MA: Addison-Wesley.

MEEHL, P. E. (1967) "Theory-testing in psychology and physics: a methodological paradox." *Philosophy of Science,* 34: 103-115.

NAROLL, R. (1962) *Data Quality Control: A New Research Technique.* Nueva York: Free Press.

POINCARE, H. (1913) "Mathematical creation." en H. Poincare, *The Foundations of Science.* Nueva York: Science Press.

RASER, J. R. (1969) *Simulation and Society.* Boston: Allyn & Bacon.

———, D. T. CAMPBELL, y R.W. CHADWICK (1970) "Gaming and simulation for developing theory relevant to international relations." *General Systems,* 15: 183-204.

RYAN, T. A. (1960) "Significance tests for multiple comparisons of proportions, variances and other statistics." *Psychological Bulletin,* 57: 318-328.

SALASIN, S. (1973) "Experimentation revisited: A conversation with Donald T. Campbell." *Evaluation,* 1: 7-13.

SCHEFFE, H. (1953) "A method for judging all contrasts in analysis of variance." *Biometrika,* 40: 87-104.

SEGALL, M. H., D. T. CAMPBELL, y M. J. HERSKOVITS (1966) *The Influence of Culture on Visual Perception.* Indianapolis: Bobbs-Merrill.

SELVIN, H. C. y A. STUART (1966) "Data-dredging procedures in survey analysis." *American Statistician,* 20: 20-23.

STOUFFER, S. A. [ed.] (1949) *The American Soldier.* Princeton: Princeton University Press.

TOLMAN, E. C. e I. KRECHEVSKY (1933) "Means-end-readiness and hypothesis." *Psychological Review,* 40: 60-70.

WEISS, R. S. y M. REIN (1970) "The evaluation of broad-aim programs: experimental design, its difficulties and an alternative." *Administrative Science Quarterly,* 15: 97-109.

——— (1969) "The evaluation of broad-aim programs: a cautionary case and a moral." *Annals of the American Academy of Political and Social Science,* 385: 133-142.

WYATT, D. F. y D. T. CAMPBELL (1951) "On the liability of stereotype or hypothesis." *Journal of Abnormal and Social Psychology,* 46: 496-500.

CAPITULO IV

SOBRE LA RECONCILIACION DE LOS ANALISIS CUALITATIVOS Y CUANTITATIVOS*

Un estudio de casos

Por M. G. TREND
Abt. Associates Inc.

INTRODUCCION

Este trabajo examina un ejemplo en donde el análisis de los datos cualitativos procedentes de un observador participante dieron lugar a una explicación que no cabía reconciliar inmediatamente con la basada en los datos cuantitativos que habían sido extraídos de la misma experiencia social. Tres son los propósitos que animan a esta presentación.

En primer lugar, los detalles del caso pueden proporcionar al lector alguna idea sobre la psicología social que interviene en las tareas de investigación en gran escala, en las que el trabajo analítico corre a cargo de personas procedentes de disciplinas muy diversas.

En segundo lugar, el caso puede contribuir a disipar la noción de que el empleo de múltiples métodos conducirá a explicaciones más sólidas de un modo fácil y acumulativo. Desde luego el perfecto ensamblaje de las piezas del rompecabezas de una investigación debe ser causa de sospecha. La unanimidad puede constituir la característica del trabajo en el que se hayan cerrado prematuramente los caminos a otras explicaciones.

En tercer lugar, la confrontación entre dos explicaciones di-

---

*Reproducido con permiso de la Society for Applied Anthropology de *Human Organization*, 37: 345-354, 1978.

ferentes de los mismos acontecimientos y la resolución eventual de este conflicto sugiere un modo de proceder con otra investigación que emplee una perspectiva de métodos múltiples.

Creo que es preciso estimular la proliferación de explicaciones divergentes. Los distintos análisis, basado cada uno en una forma diferente de información, han de mantenerse separados hasta una fase posterior en el juego analítico. Debe permitirse que "maduren" las explicaciones alternativas y que consigan adeptos o defensores. Luego habrán de compararse los relatos. Si encajan, se obtiene así una prueba independiente de la validez de la investigación. En caso negativo, las áreas de disensión proporcionarán unos puntos sobre los que podrá ejercerse una posterior acción analítica. Debe tratar de acometerse una síntesis. El resultado deseado es una tercera explicación que proceda por deducción y que justifique todos los hechos accesibles.

EL CONTEXTO

Durante 1972 el Departamento de la Vivienda y del Desarrollo Urbano de los Estados Unidos (HUD), emprendió tres experiencias sociales destinadas a poner a prueba el concepto del empleo de asignaciones financieras directas para ayudar a las familias económicamente débiles a obtener en el mercado un alojamiento digno. Proporcionando dinero a quienes lo precisaban, con la condición de que la asignación fuera invertida en una vivienda, el HUD esperaba asignar de modo más eficiente las casas disponibles. En el proceso, los beneficiarios de la ayuda eran libres de escoger, conforme a sus preferencias personales, aquellas viviendas que más les interesaran.

Dos de los experimentos fueron econométricos. Uno estaba concebido para medir los efectos que, en el mercado local de la vivienda de un área urbana, tendría un programa de asignaciones en gran escala. El otro se concentraba en la forma en que utilizaran la ayuda los beneficiarios.

El tercer estudio, conocido como Experimento de Agencia Administrativa (AAE) trataba de identificar los problemas de gestión relacionados con el sistema de ayuda económica directa. Ocho organismos públicos, localizados en diferentes regiones del país, habían de concebir y poner en marcha sus propias versiones de un programa de asignaciones para la vivienda. En función del volumen de la población correspondiente, cada proyecto local fue autorizado para atender hasta 900 familias durante dos años. El HUD seleccionó a *Abt Associates Inc.,* una empresa investigadora de Cambridge, para realizar y evaluar el experimento. Su tarea consistía en determinar qué proyectos funcionaron mejor tanto referidos a los costes como a los efectos de las diferentes estrategias, y las experiencias del personal de los organismos públicos y de los participantes en el programa.

DISEÑO DE LA INVESTIGACION

El AAE era un experimento naturalista; no empleó grupos de control o tratamiento. Sin embargo se organizó una planificación del proyecto, una información y una recogida de datos en torno a una serie de doce "funciones". Estas eran constructos analíticos. Cada una de ellas describía una actividad que debía realizar un organismo. Se estimularon las variaciones si bien dentro de ciertos límites.

Las funciones analíticas, que cobraron realidad por la práctica del programa, definían lo que se esperaba de todos los implicados. Algunas de las funciones como "Revisión de Cuentas y Control" correspondían a responsabilidades puramente administrativas. Otras, como "Inspección" podían implicar directamente a los participantes. Por ejemplo, aunque el HUD había exigido que se realizaran inspecciones en todas las unidades del programa, los planificadores locales resolverían quiénes efectuarían tales inspecciones. Por eso la variación en esta sola función abarcó, desde el empleo de los policías locales, hasta la utilización de consejeros en cuestiones de vivienda del organismo, para permitir que los propios participantes determinaran si las viviendas poseían los niveles mínimos.

Los diseños propuestos del programa fueron sometidos al HUD, criticados y revisados. Las negociaciones concluyeron con la firma de los contratos de asignación. Después, las *agencias contratantes,* como fueron denominadas, habían de crear unas *agencias administrativas* separadas para la realización del programa. *Abt Associates* observarían, instruirían y evaluarían a estas últimas entidades.

La información recogida por la evaluación constaba de datos tanto cuantitativos como cualitativos. Se empleó una serie común de 6 impresos para registrar el progreso de las familias participantes. Los empleados, en términos cotidianos, asignaban su tiempo a las funciones apropiadas. Los contables mantenían de la misma forma un registro de los gastos. Esta y otras informaciones eran remitidas a *Abt Associates* en donde se pasaban a tarjetas perforadas y a discos de ordenador.

Equipos de investigadores interrogaban a unas muestras de participantes a intervalos apropiados. Antes y después de su incorporación al programa, *Abt Associates* evaluaba la vivienda que ocupaban en ese momento para determinar si quienes habían recibido las asignaciones se trasladaban a residencias mejores. Con el tiempo los datos cuantitativos llegarían a comprender más de 55 millones de *caracteres*.

Durante el primer año del experimento se asignó un observador a cada emplazamiento. Las agencias administrativas proporcionaron a esos observadores un espacio en sus sedes y les permitieron examinar diariamente las operaciones del programa. La mayoría de los observadores eran antropólogos. Su tarea consistía en proporcionar los datos cualitativos para el estudio. Una vez concluidos, las notas y los registros de campo, los remitían por correo a Cambridge a intervalos regulares; con el tiempo llegarían a sumar más de 25.000 páginas.

El HUD y *Abt Associates* concibieron tres tipos de informes. El primero consistía en un análisis comparativo en función de la situación en el emplazamiento. Los informes de este tipo estaban basados principalmente en el análisis cuantitativo y habían de evaluar los *resultados* del programa. Como segundo género del producto se proyectaron 8 estudios de casos sobre 8 emplazamientos. Se concibieron como documentos narrativos, de base cualitativa que enriquecerían los informes de función, proporcionando una imagen orgánica del *tratamiento* del programa en las agencias administrativas. Un informe final clasificaría los descubrimientos de todos los análisis y los convertiría en recomendaciones políticas para un programa nacional de asignaciones con destino a la vivienda.

EL CASO

Cada emplazamiento del AAE y su programa planificado era singular en cierto aspecto. El emplazamiento B resultaba interesante por muchas razones. En primer lugar, la agencia contratante se hallaba situada a 130 kilómetros del núcleo del área del programa. Esto indicaba que era probable que la agencia administrativa operara con bastante independencia.

En segundo lugar, la jurisdicción del programa consistía en tres áreas no contiguas. Dos eran condados rurales y la otra una ciudad de tamaño mediano. Para atender mejor a los participantes previstos se establecieron tres oficinas y la urbana fue designada como sede. La existencia de las oficinas sucursales suscitaba la posibilidad de problemas de cooordinación.

En tercer lugar, la agencia contratante nunca había sido responsable de un programa de carácter rural. Algunos de los investigadores de Cambridge se preguntaban si la transición resultaría difícil aunque la agencia contratante dio muestras de energía y deseos de triunfar.

En cuarto lugar, la filosofía del plan redactado reflejaba una mezcla de independencia de los participantes y de control de la agencia. Se brindaban pocos servicios de asistencia. Tras una breve explicación respecto al modo de buscar una vivienda, cada familia afiliada debía responsabilizarse de hallar el tipo de residencia que quería. Entonces —al menos en la ciudad— se realizaría una inspección siguiendo una rigurosa lista de comprobaciones. El plan redactado preveía que un 20% de las viviendas no reuniría los requisitos exigidos.

El programa del emplazamiento B fue concebido atendiendo a su eficacia. Se fijaron objetivos de rendimiento y la agencia contratante exigió a la oficina central que observara cuidadosamente el progreso del programa. No deseaba que éste se desviara del curso fijado. Se hizo hincapié en la gestión económica. La agencia contratante pretendía que el suyo fuese el *mejor* programa de demostración del AAE. En palabras de un funcionario del HUD, los planificadores pretendían llevar a cabo un programa "estricto y eficaz".

OBSERVACIONES DE CAMPO Y EXPLICACIONES

Desde el punto de vista del observador local el programa social que funcionara normalmente y que concibieron los planificadores jamás se materializó. Las demoras en la firma del contrato del HUD determinaron que las oficinas locales se abrieran con un mes de retraso. Sin embargo se exigió que se atuvieran al calendario anteriormente fijado. Las solicitudes sólo podían ser admitidas en los 8 primeros meses del programa, que así se convirtieron en siete. El emplazamiento B tenía que esforzarse por compensar la demora si quería cumplir con las previsiones del programa y con los objetivos de participación.

La reacción inicial al programa fue lenta. Como la preocupación principal de la agencia contratante era atender a la totalidad de 900 familias, dispuso que se realizaran esfuerzos para que fuesen más los solicitantes. Sin embargo transcurrieron 3 ó 4 meses antes de que las familias acudieran al programa en número considerable.

Las primeras observaciones de la agencia contratante revelaron que la tarea iba más retrasada en la parte urbana del área del programa. Valoraron fundamentalmente el "avance" por el número de familias que recibían asignaciones económicas en cualquier momento dado. Las regulaciones permitían a una familia recibir asignaciones sólo si había cumplido con determinados requisitos en los 90 días siguientes a su afiliación. Dentro de este período, la familia tenía que localizar una residencia aceptable —podía ser aquélla en la que ya estaba viviendo— y disponerla para una inspección. Sólo comenzaban los pagos si la vivienda cumplía las normas mínimas y si el propietario aceptaba firmar un contrato de arrendamiento por un año.

En el área rural, la mayoría de los afiliados parecían estar cumpliendo con bastante facilidad las exigencias del programa. En contraste, los de la ciudad estaban abandonándolo en una proporción elevada, sin llegar siquiera a calificarse para la obtención de la asignación. El programa experimental se hallaba ya retrasado con respecto a las previsiones y la agencia contratante decidió buscar una nueva solución.

La solución por la que optaron consistió en incrementar el número de afiliaciones tan rápidamente como fuese posible, con objeto de compensar los abandonos. Impusieron cuotas diarias de tratamiento a cada agente. Con el fin de cumplirlas los consejeros empezaron a seleccionar a los solicitantes en grupos en vez de proceder individualmente. Los gestores de la agencia contratante visitaban frecuentemente la agencia administrativa para asegurarse de que estaban llevándose a la práctica sus deseos de incrementar la actividad.

Los consejeros de viviendas se quejaban de que se habían convertido en simples burócratas y de que las afiliaciones en grupo no les permitían establecer relaciones profesionales con sus clientes. Sin embargo, los consejeros también eliminaron todo rastro de servicios de asesoramiento o asistencia. Hast

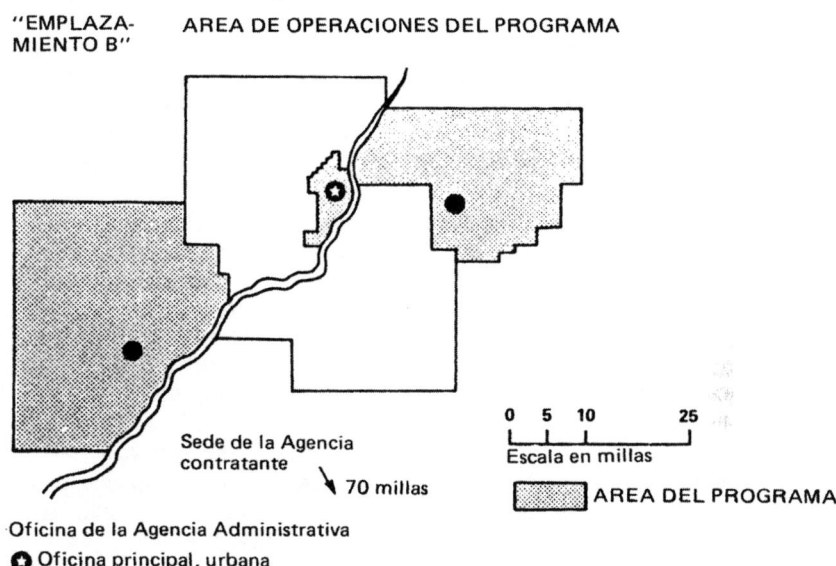

Figura 1: Emplazamiento B. Area de operaciones del programa.

entonces los afiliados habían de asistir a una reunión en donde se debatía la manera de hallar una buena vivienda. Después se les informaba tan sólo de los requisitos técnicos que habían de cumplir para recibir una asignación.

El personal de la agencia administrativa empezó a lamentarse de exceso de trabajo. El consejero de la vivienda encargado de las inspecciones en el área urbana estimó que se le estaba acuciando a dar el visto bueno a viviendas marginales con objeto de que el programa pudiera cumplir con su objetivo de alcanzar a 900 beneficiarios. El plan exigía que de éstos, 650 procedieran del casco urbano, en donde eran peores las condiciones de las viviendas. Por añadidura, cuando las masas de admitidos empezaron a encontrar residencia, las inspecciones procedieron en grupos. El consejero de la vivienda a cargo de las inspecciones estimó que esta circunstancia podría haberse evitado si las admisiones en el programa se hubieran realizado a un ritmo controlado.

El personal de la oficina principal estaba seguro de que los beneficiarios habían dado con residencias detestables. Al fin y al cabo la mayoría de aquellas personas económicamente débiles habían vivido durante toda su vida en casas ruinosas. Ni siquiera sabrían qué buscar a la hora de optar por una nueva vivienda.

Surgieron conflictos personales entre quienes trabajaban en la oficina principal de la agencia administrativa. Consideraban que tenían que competir entre sí para cumplir con sus cuotas y mantener sus empleos. En privado, algunos de los consejeros reconocieron que se habían vuelto negligentes en la comprobación de los ingresos de los solicitantes. A muchos les preocupaba que después se descubrieran fraudes entre los participantes.

En buena parte, la hostilidad se orientaba hacia el exterior, hacia el personal de la agencia contratante que había impuesto las cuotas de tratamiento y hacia el director del programa que exigía tales medidas. Los consejeros de la vivienda se quejaban de que la forma de proceder que estaban adoptando era inhumana y advirtieron que muchos de los solicitantes necesitados no recibían asignaciones simplemente porque no eran capaces de hallar casa. Uno de los planificadores del programa replicó: "En este programa no se toleran sensiblerías".

La atmósfera de las oficinas rurales era completamente distinta. Aunque el personal trabajaba mucho, nadie se quejaba de la tarea que le había sido asignada. El personal rural había encontrado incluso tiempo para realizar visitas a domicilio e inspeccionar todas las residencias conseguidas por los beneficiarios. No se les exigía en el plan pero sencillamente querían asegurarse de que todo iba bien. Y así era. El personal de la oficina principal y el observador envidiaban las relaciones cordiales que existían entre los empleados de las sucursales. Por lo general se atribuyeron a la ausencia de intromisión de la agencia contratante y a la distancia geográfica y emocional entre el personal rural y el conflicto de la oficina central. Si alguna queja llegaba del personal de las zonas exteriores del programa era la de que se sentía aislado.

Las notas de campo y los registros del observador del emplazamiento B dieron cuenta del conflicto que estaba desarrollándose entre la agencia contratante y la oficina principal del emplazamiento. Los analistas del personal de *Abt Associates* los leyeron con avidez. Siempre que los ocho observadores eran requeridos en Cambridge para informar, se debatía durante largo tiempo el caso del emplazamiento B.

El personal analista de Cambridge no se mostraba de modo unánime acerca de la importancia del conflicto. Algunos afirmaban que correspondía a la idiosincrasia del lugar y que por eso tenía escasa relevancia política. Otros consideraban que la fricción podía responder a causas estructurales. Se aludió a la posibilidad de dificultades en la gestión a larga distancia. El observador estimaba que la falta de armonía era un caso de gestión incompetente a la que se unía la existencia de fuertes personalidades en ambas agencias.

Sólo uno de los analistas superiores se mostró suspicaz ante las explicaciones del observador. Consideró que las operaciones en el emplazamiento B parecían "caóticas" y ello le confundía. Señaló que el programa llevaba trazas de atender a las 900 familias, aunque fuese deficientemente, y que esa misma tarea debía exigir una cierta capacidad y una determinada coordinación.

Las demoras en la clasificación y cribado de datos brutos impidieron que se arrojara nueva luz sobre la calidad de las viviendas que obtenían los beneficiarios, sobre la demografía de los que abandonaban el programa o sobre el coste de realización de éste. El observador fue enviado de nuevo al emplazamiento con instrucciones de averiguar más acerca de la discordia. Y así lo hizo, próximo ya a concluir el plazo de solicitud. Informó que los conflictos personales en el emplazamiento habían adquirido entonces matices raciales.

Como en la mayoría de los programas de asistencia pública, las minorías habían acudido masivamente al proyecto de asignaciones en el emplazamiento B. La agencia contratante pretendía realizar un proyecto demográficamente equilibrado que atendiera a diferentes tipos de familias, conforme a su representación en la población elegible. El HUD había exigido que cada agencia realizara una estimación de la población de las minorías en el área del programa para asegurarse de que éstas no estuvieran mínimamente representadas en el experimento. La agencia contratante consideraba que la conservación de estos perfiles demográficos serviría como medida de la eficacia de sus esfuerzos. Por eso se dio orden de reducir el ingreso de familias negras que ya estaban muy representadas entre los admitidos.

El personal de color y cierto número de consejeros de viviendas, blancos de ideología liberal, se sintieron agraviados. Consideraban que el programa debería funcionar sobre la base de atender al que primero llegara. Además deseaban prestar más asistencia a los afiliados —en especial a los negros— de quienes sabían que estaban tropezando con serias dificultades en su búsqueda de alojamientos. Los empleados, irritados, afirmaron que si sólo se beneficiaran del programa unas 500 familias, la atención adicional de carácter más personalizado que se prestaría a éstas aseguraría que todos los afiliados al programa consiguiesen una vivienda decente. De esta forma el programa podría ser calificado de "éxito" aunque no se hubiera alcanzado toda la participación prevista.

La agencia contratante se mantuvo en sus trece e insistió en la primacía de los objetivos numéricos y demográficos. Sus rectores pidieron a la oficina urbana que siguiera admitiendo a más familias blancas y que procediera con mayor rapidez.

Finalmente, 900 familias recibieron asignaciones. Pero los decepcionados consejeros de viviendas estimaron tanto que el programa era de facto racista como que se les había dado una tarea superior a sus posibilidades habiendo tenido que abordar el programa como si estuvieran trabajando en una cadena de montaje. Muchos de estos empleados dimitieron concluido el período de afiliación, bastante antes de que concluyeran sus contratos laborales.

REDACCION

Lo expuesto corresponde al punto de vista del observador del emplazamiento B y al de muchos de los empleados de la oficina urbana. Constituyó la base de un extracto de 35 páginas. Redactado como prólogo al auténtico estudio de casos, su finalidad era la de proporcionar una visión panorámica del emplazamiento, captar lo esencial de la agencia administrativa local. Como director de los estudios de casos —y anteriormente observador en otro emplazamiento— solicité de cada observador que redactara este trabajo con objeto de aclarar sus ideas. Los trabajos quedaron concluidos 6 meses después de que los observadores hubiesen abandonado los emplazamientos.

Quienes revisaron el extracto del emplazamiento B se mostraron un tanto decepcionados del hecho de que el trabajo hubiese utilizado los conflictos personales y la incompetencia de la gestión para explicar lo sucedido en el lugar. Aunque fuese interesante, el trabajo constituía simplemente una crónica de las disensiones entre el personal y preveía que, de ser juzgado por criterios distintos al de alcanzar el tope de asistencia de las 900 familias, el programa del emplazamiento B constituiría un fracaso. Un primer análisis de la mejoría en la calidad de las viviendas de los beneficiarios parecía corroborar esta afirmación.

Se sugirió al observador que iniciara su estudio de casos y que tratara de abarcar más ampliamente los procedimientos de la agencia. La insistencia en las disensiones personales había enturbiado la explicación sobre el modo real de funcionamiento del programa función por función. Los analistas de Cambridge consideraron que la información sobre el rendimiento de las funciones contribuiría de manera óptima al trazado de un programa nacional de viviendas. Para quienes habían de elaborar la política correspondiente, carecía de relevancia el hecho de que el conflicto entre los empleados fuese de carácter personal o idiosincrásico. También se encargó al observador que volviera a redactar el extracto, puesto que serviría como informe oficioso al HUD acerca de la investigación en marcha. Finalmente, aunque el personal de Cambridge reconoció que los miembros de la agencia contratante habían permanecido mudos e inaccesibles, sugirió encarecidamente al observador que tratara de entender su punto de vista orientado hacia el rendimiento y que, de alguna manera, lo tuviese en cuenta.

EXPLICACIONES OPUESTAS

Transcurrieron 5 meses más hasta que quedaron completados el estudio de casos y el extracto sobre el emplazamiento B. Fueron presentados, revisados y rechazados. Esta vez el problema era más grave. Los datos cuantitativos habían sido depurados y "congelados". Basándose en nuevas operaciones del ordenador, las *mediciones de los resultados* parecían mostrar ahora que el rendimiento del emplazamiento B había sido muy bueno en comparación con los demás emplazamientos. Una revisión de los cálculos de la demografía del emplazamiento reveló que las minorías se hallaban adecuadamente representadas en la población beneficiada. Además, pese a todos los informes sobre rencillas entre el personal, no pudo apreciarse ningún efecto sobre los beneficiarios. La imagen del programa del emplazamiento B, que estaba formándose en las mentes de los analistas profesionales, era la de un programa social bien llevado que había cubierto los objetivos propuestos. Sólo quedaba en duda el mejoramiento en la calidad de las viviendas. "¿Y si fuera éste nuestro mejor emplazamiento?" preguntó alguien.

El nuevo extracto ya no se concentraba en las disensiones personales, sino que describía el exceso de trabajo de los empleados y la pesada intromisión de una agencia contratante que quería triunfar a cualquier precio. Pero, basándose en los resultados del análisis cuantitativo, no cabía rechazar como incompetentes o inapropiadas las acciones de los gestores de la agencia contratante aunque sirvieran a sus propios intereses. Habían logrado resultados. En el peor de los casos cabía imputar a los gestores su aspereza y su insensibilidad pero ni una ni otra constituían un delito.

El problema del extracto era ahora doble. En primer lugar, el documento aún contenía referencias a las discordias, ninguna de las cuales —en ausencia de efecto alguno sobre el programa— poseía una relevancia política. En segundo lugar, el análisis cuantitativo decía algo muy diferente de lo que señalaba el extracto. Como los datos cuantitativos habían sido obtenidos bajo las condiciones prescritas y se hallaron sujetos a "estímulos" u operaciones uniformes, se consideraba fiable el análisis basado en tales datos. Los analistas de Cambridge estimaron que no era fácil comprobar la fiabilidad de los datos cualitativos. No eran explícitos los modos en los que los agentes de campo habían extraído sus inferencias y sus normas de decisión parecían individualistas y ocultas. Entonces, frente a las explicaciones en conflicto, comenzó a ponerse en tela de juicio la credibilidad del observador del emplazamiento B.

Un creciente número de empleados de Cambridge estimaban que el observador no era imparcial. Se creía que se había dejado arrastrar por las políticas de la oficina y que había perdido su objetividad científica. Su ligera apariencia reformista le tornaba aún más sospechoso y los directivos lamentaron haberle otorgado la libertad que le había sido conferida. Los analistas estaban seguros de que había tenido lugar el equivalente cualitativo de un "sesgo de medición". El observador era un "instrumento" que estaba midiendo lo que no debiera, un conflicto en el seno del personal. Yo tuve acceso a las notas de campo y mostré mi disconformidad. Estimé que el problema era el "error de medición"; el observador no había explorado con profundidad suficiente.[1] Por eso accedí a ayudarle a escribir de nuevo el extracto.

El observador y yo hicimos lo que hacen la mayoría de los investigadores cuando se enfrentan con pruebas crecientes de que sus tan queridas interpretaciones son falsas: capitulamos y tratamos de recobrar tantos jirones de la explicación original como nos fuera posible. Se redactaron tres borradores. El primero soslayó la cuestión de conflicto y trató de concentrarse en una descripción del contexto local y la forma en que se realizaban las funciones en el emplazamiento B. Esta versión fue rechazada con una observación imprecisa: "¿qué queremos hacer? ¿Lograr un informe o 'hacer un viaje'?". Otro intento dio lugar a un texto que decía que los planificadores del programa se hallaban mentalmente determinados "por las cifras". Pero perdimos los hilos de la trama cuando nos enfrentamos con un análisis cada vez más riguroso que no mostraba efectos nocivos por esa banda. El análisis riguroso se imponía al borroso. Lo seguimos, tratando de mantenernos al tanto de los nuevos hallazgos.

La quinta y última versión describía la forma en que la agencia contratante había destacado legítimamente los aspectos de mantenimiento de los ingresos del sistema de ayuda directa en metálico a expensas de un mejoramiento en la calidad de las viviendas de los beneficiarios. La falta de armonía en el emplazamiento B se explicaba como resultado de dos diferentes opiniones sobre lo que debería realizar el programa. La concepción sostenida por la agencia contratante se interesaba por los fines programáticos, de resultados. La otra, sostenida por el personal de la agencia administrativa, era más humana y se interesaba por las condiciones de vida de los participantes. *Desgraciadamente, y cuando habíamos concluido esta versión del extracto, nuevos análisis cuantitativos revelaron que los beneficiarios del emplazamiento B disfrutaban de un mejoramiento en la calidad de sus viviendas que ocupaba el segundo puesto en el AAE.*

Empezaron a tomarse posiciones. El observador del emplazamiento B insistió en que su interpretación era básicamente

---

[1] Doy las gracias al Dr. Robert HERRIOTT, quien me informó sobre los términos técnicos correctos (es decir "error de medición" y "sesgo de medición") para describir las dos opiniones diferentes sobre lo que había sucedido con los datos observacionales del emplazamiento B.

correcta. Sabía lo que había visto. Los otros antiguos observadores oyeron rumores acerca de las dificultades con el extracto del emplazamiento B y defendieron a su colega. Uno de ellos consideró que el problema era político y opinó que el extracto original "dice las cosas como son pero *Abt Associates* tiene miedo de imprimirlo". Otro afirmó que las medidas de resultados no decían toda la verdad, que las técnicas cuantitativas eran "basura" y que no cabía reducir a "simples números" la conducta humana.[2]

Para entonces, el observador se hallaba profundamente desacreditado a los ojos del personal de Cambridge. Aunque había restado dureza a sus opiniones acerca de la agencia contratante, aún se le consideraba parcial y testarudo. El observador quedó libre de sus responsabilidades. Si bien todavía me ayudaría, yo sería el encargado de hacer de lo restante otro extracto.

Me consideré en parte responsable del descrédito del observador y así lo dije. Los otros analistas de Cambridge me aseguraron que me sentiría mejor "una vez que hubieran cambiado las cosas".

LA SINTESIS[3]

Lo curioso, pensé, era que ninguno de los dos bandos dudaba seriamente de "los hechos" descubiertos por uno u otro método de indagación. El problema parecía estribar en las diferentes interpretaciones de aquellos hechos, que sólo coincidían en parte. En realidad los analistas cuantitativos insistían más en las medidas de los resultados. Por otro lado, el observador había permanecido 18 meses en el emplazamiento obteniendo informaciones. El mismo campo social, considerado desde diferentes perspectivas, parecía producir unas explicaciones que muy bien pudieron haber estado basadas en dos realidades di-

---

[2] En el campo de la psicología, los profesionales clínicos expresan a menudo opiniones semejantes; son aquellos que gustan de prescribir terapia individualizada a cada paciente. Un estudio realizado por MEEHL (1954) descubrió que los métodos estadísticos eran superiores a las intuiciones de los profesionales clínicos en la previsión de la eficacia y de la adecuación de los tratamientos asignados.

[3] La síntesis se refería a más puntos que los aquí presentados. Por razones de economía, me he limitado a abordar los relativos a las áreas más importantes de las interpretaciones en conflicto.

ferentes. Me recordaba la película japonesa "Rashomon". El observador y yo denominamos a este embrollo el "efecto Rashomon".

Teníamos que responder a la pregunta de cómo era posible que un programa pudiera producir resultados tan admirables en muchos de sus aspectos cuando todos los datos observacionales indicaban que el programa sería un fracaso. ¿Qué había sucedido y cómo había pasado?

Aunque ambas bases de datos —rigurosos y borrosos— estaban ya terminadas, yo no sabía por dónde empezar. Un enfrentamiento con uno de los principales analistas, que había sido el más expresivo en sus críticas, me condujo a un descubrimiento. Tras el rechazo del último extracto, le pregunté qué le había hecho dudar sobre las interpretaciones del observador y al margen de las medidas de la calidad de las viviendas. Me dijo que desconfiaba ante las protestas formuladas por exceso de trabajo: "no hicieron trabajar a nadie horas extraordinarias ni solicitaron una ayuda adicional. Se limitaron a quejarse". Y después añadió: "creo que ese 'exceso de trabajo' es una cortina de humo. Parecen alienados".

Me brindé a comprobar si el volumen de trabajo en el emplazamiento B era extraordinariamente elevado. La base de datos rigurosos nos permitiría registrar la afluencia mensual de participantes. Podríamos calcular entonces cuál tenía que ser el tratamiento de las operaciones por parte del personal. Lo mismo podría hacerse en todos los demás emplazamientos y cabría así efectuar comparaciones.

Mencioné varias otras áreas en donde divergían las explicaciones cualitativas y las cuantitativas. Sospechaba muy especialmente de la afirmación según la cual la inspección en el emplazamiento B era un modelo de precisión. Las notas de campo del observador habían descrito la forma descuidada en que habían sido seleccionados los aspirantes a beneficiarios y la obsesión de la agencia por el número de participantes, que bordeaba el misticismo. Sin embargo, las medidas de los resultados parecían indicar que en el emplazamiento la inspección había sido clara, precisa y racional. Me pregunté si no sería posible que un programa alcanzara el "éxito" y quise comprobar esa idea.

Durante seis semanas el observador y yo trabajamos juntos en un nuevo análisis. Tardamos otro mes en redactar los resultados. Medio en broma, formulamos cuatro normas ostentosas que orientaran nuestra indagación:

1) No cabe ignorar hecho alguno en beneficio de una explicación más nítida.
2) Todas las hipótesis han de ser expresadas en una forma refutable.
3) En la medida de lo posible, especificaremos previamente las condiciones bajo las que abandonaremos una opinión.
4) Las hipótesis falsas han de ser reemplazadas por otras explicaciones alternativas que a su vez serán comprobadas.

El trabajo del personal de comprobación exigió mucho tiempo pero no fue oneroso. Con la ayuda de un ordenador, fuimos capaces de reproducir en el papel el flujo de solicitantes, de admitidos y de beneficiarios en todos los emplazamientos. Los niveles del emplazamiento B eran un tanto más altos aunque sólo durante un mes o dos. Sin embargo las características de producción en masa que reveló el emplazamiento B indicaban que cada caso allí tratado exigió probablemente mucho menos tiempo que en cualquier otra agencia del AAE. Por añadidura, las quejas acerca de "exceso de trabajo" se iniciaron muy pronto en la oficina principal, mucho antes de que hubiese que atender a la gran masa de los admitidos.

Como el carácter de las oficinas rurales había parecido tan diferente al observador, separamos el emplazamiento B en tres componentes. Las cosas empezaron a parecer más interesantes. Averiguamos que, sobre la base individual, una de las oficinas rurales del emplazamiento había atendido casi a tantas familias como la oficina principal. Sin embargo, los empleados de la oficina rural no se habían quejado de tener que trabajar demasiado e incluso habían ampliado sus tareas, prestando cada vez más atención a cada familia en su parte del programa.

La "alienación" empezó a parecer más atrayente como explicación del descontento en la oficina principal. La mayoría de los empleados en las operaciones tenían antecedentes en el servicio social: querían ayudar a las personas necesitadas. Con pocas explicaciones, la agencia contratante les había instado a introducir cada vez más gente en el programa. No se recomendaba a los consejeros de viviendas que proporcionaran servicios, tarea para la que se imaginaban que habían sido contratados. Los empleados de las áreas rurales no habían sufrido tales apremios. Allí se alcanzaban las previsiones del programa y la agencia contratante no consideraba necesario entrometerse.

Examinamos aún más la alienación del personal. Como la recepción de la totalidad de las subvenciones del HUD dependía de contar con 900 familias como beneficiarias, la insistencia del personal en que el programa funcionaría igualmente tan bien aunque sólo atendiera a 500 familias indicaba una falta de comprensión de los aspectos fiscales del experimento. Las notas y los registros de campo confirmaban esta reivindicación y el observador estaba seguro de que la agencia contratante jamás había explicado la necesidad de equilibrar un presupuesto y la forma de hacerlo. En realidad ni siquiera él mismo lo había entendido claramente. Así en la oficina principal —que empezó a funcionar con retraso— se exigía a los consejeros de viviendas que admitieran a muchas personas con objeto de lograr, al final del período de admisión, los 900 beneficiarios sin saber *por qué* resultaba tan importante la participación plena.

Se examinaron los procedimientos de inspección del emplazamiento. Sabíamos que era posible que un programa local se quedara sin fondos si el promedio de la asignación por vivienda se elevaba por encima de los niveles proyectados porque por cada familia beneficiaria, de acuerdo solamente con su volumen, se justificaba el pago a la agencia de una cierta cantidad de dinero. Los fondos para abonar los salarios del personal y los gastos de la oficina procedían de esta "hucha". Sin embargo la asignación por vivienda se establecía conforme a una fórmula matemática en cuyos términos se incluía tanto el volumen de la familia como sus ingresos.[4] Por eso aunque una agencia hubiese logrado una participación plena, todavía podía quedarse sin fondos. La forma más fácil de que una agencia fuese a la quiebra consistía en atender *sólo* a familias de ingresos muy bajos. Si esto sucedía, todo el dinero se destinaría al abono de las subvenciones y no quedaría nada para los gastos administrativos.

En el área urbana, en donde vivían la mayor parte de los beneficiarios, la agencia no había conseguido mantener las asignaciones para vivienda dentro de límites tolerables. Esto sucedió en parte porque muchos de los beneficiarios eran miembros de grupos minoritarios cuyo volumen familiar e ingresos les ha-

---

[4] La fórmula de asignación era:
$$HAP = C^* - 0{,}25\, Y_{ag}$$
en donde
    HAP = asignación mensual para vivienda.
    C^* = estimación del promedio de renta bruta de una residencia modesta para una familia de un determinado volumen.
    Y_{ag} = ingresos totales mensuales de la familia, menos ciertas deducciones.

cían acreedores a recibir considerables asignaciones. La decisión de suspender los ingresos de negros, unido al elevado porcentaje de negros que abandonaron en la etapa de admisión porque no pudieron hallar viviendas, impidió que empeorara la situación económica de la oficina principal. Pero esta decisión de interrumpir la admisión de las minorías obedeció a una razón *improcedente*, la de lograr que el programa fuese "racialmente equilibrado".

En contraste, los admitidos en las áreas rurales eran blancos. Nada menos que el 80% de ellos alcanzaron la categoría de beneficiarios en comparación con el 51% de los negros urbanos. Las familias blancas eran de volumen más reducido, tenían ingresos más elevados y obtuvieron así asignaciones inferiores al promedio. La inclusión de estas familias tuvo el efecto de reducir el promedio de asignación abonada y consiguientemente quedaron más fondos disponibles para fines administrativos. Al tratar al emplazamiento B en su conjunto, los analistas cuantitativos habían pasado por alto casi todo lo que luego llegamos a descubrir nosotros.[5]

También averiguamos que los ficheros de la oficina principal no habían sido atendidos cuidadosamente. Se limitaban a excluir del programa a las familias que habían superado el período de 90 días para la búsqueda de una vivienda. Esto determinó que ni la agencia contratante ni la administrativa pudieran saber, en un momento dado, cuántas personas estaban buscando vivienda o qué tal se desenvolvían. Cuando no se cumplían en su momento las previsiones sobre asignaciones, la agencia contratante ordenaba a la oficina principal que admitiera a más familias con mayor rapidez. Las selecciones fueron de hecho realizadas mediante el atento examen de una lista de solicitantes, pero la información sobre los ingresos y el volumen de la familia que guió este proceso no había sido comprobada y, a menudo, resultó inexacta.

Estamos ahora seguros de que la aparente eficiencia de las

---

[5] Carezco de explicación sólida respecto a la razón de que el emplazamiento B fuera considerado en conjunto en los análisis cuantitativos. Una explicación plausible es que la mayoría de los demás emplazamientos contaban con áreas de programa homogéneo que, por lo general, sólo contenían una ciudad. Los investigadores quizá no pensaron en examinar separadamente cada subárea del emplazamiento B. Otra explicación plausible es que en gran parte del trabajo analítico sólo se empleó en cada emplazamiento una muestra de los participantes. Al dividir el emplazamiento en tres partes es posible que la muestra no alcanzara niveles aceptables.

operaciones del emplazamiento B era en parte ilusoria. De nada vale señalar los resultados ejemplares del esfuerzo local. Pero el mercado de la vivienda actuó en favor de la agencia, al menos en lo que se refiere al presupuesto. En un ambiente diferente, las mismas técnicas de inspección y control del programa podrían haber resultado desastrosas. Aun así la tasa de abandonos entre los admitidos negros del área urbana fue la segunda más alta del AAE.

Irónicamente, la alienación del personal de la oficina principal, engendrada por la escasez de comunicaciones con la agencia contratante, contribuyó a reducir aún más los costes. Como los desanimados empleados abandonaron sus puestos antes de la expiración de los contratos, el dinero destinado al pago de esos salarios pudo destinarse a abonar otros costes.

Tras examinar más a fondo la estrategia de admisión de la agencia contratante comprendimos que los "bajos costes unitarios" contaban una verdad a medias a los analistas de Cambridge. Algunas de las medidas de eficiencia se hallaban basadas en el coste por inscripción. La agencia contratante había admitido deliberadamente a cuantas familias pudo. Las mediciones ignoraban y no podían cuantificar el despilfarro que tenía lugar cuando una familia abandonaba el programa porque no era capaz de hallar una vivienda en el plazo de 90 días.[6] Además los métodos de producción en masa que empleaba la agencia significaban que un personal relativamente reducido podía atender a mayor número de familias, creando así la ilusión de "eficiencia". Ahora estimamos que los analistas de Cambridge abordaron la evaluación con sus propios sesgos.

En un cierto punto de nuestro esfuerzo analítico llegamos a una etapa de "despegue". Ni el observador ni yo nos sentíamos ya limitados por cualquiera de las anteriores interpretaciones opuestas acerca de lo sucedido en el emplazamiento B. Aunque todavía nos referíamos ocasionalmente a nuestro anterior trabajo, nuestras hipótesis comprobadas parecían sugerir la investigación en otras áreas. Tan sólo nos sentíamos ligeramente constreñidos por la decisión de que todo lo que tuviéramos que decir debía tener una relevancia política inmediata y obvia.

Nos sorprendía el hecho de que la proporción de admitidos

---

[6] Para un examen detallado de los costes administrativos en un programa de subvenciones de residencia, véase MALOY y otros (1977).

que llegaban al rango de beneficiarios variaba en las tres subáreas de la jurisdicción del programa, incluso después de haber controlado la raza. La tasa de éxito para los blancos admitidos no era la misma en las tres oficinas del emplazamiento.

Las cifras del Censo de 1970 revelaban que la proporción de viviendas vacías en alquiler era uniformemente baja en toda el área del programa. Descartamos por eso las condiciones del mercado como una explicación del hecho de que difiera la tasa de éxito entre las familias blancas. El condado rural que contaba con el mayor porcentaje de familias deseosas de permanecer en sus unidades originarias tenía también la mayor proporción de admitidos que lograban reunir los requisitos para ser beneficiarios. La ciudad poseía la proporción más baja en ambos capítulos. El otro condado rural se situaba entre los dos extremos.

El descubrimiento era ajeno a la argumentación del extracto y jamás fue incluido. Sin embargo un análisis posterior confirmó que las personas que pretendían mudarse y que presumiblemente buscaban una vivienda figuraban en la categoría de "con riesgo" en todos los emplazamientos del AAE en donde el mercado de la vivienda resultaba poco propicio. El trabajo analítico efectuado para otro informe reveló que los servicios asistenciales ayudaron a los blancos admitidos en tales mercados a alcanzar la categoría de beneficiarios. Más aún, servicios de calidad notable contribuyeron a que familias de las minorías pudieran calificarse para el programa al margen de sus propósitos de mudarse o de las condiciones del mercado local (véase WILD, 1977). Retrospectivamente, estos datos refuerzan la afirmación de los consejeros de viviendas del emplazamiento B según la cual el otorgamiento de una mayor asistencia personal a los admitidos podría haber reducido el porcentaje de deserción y permitido lograr un programa más humano.

Después de que nuestro trabajo hubiera quedado concluido en muy amplia medida, descubrimos que no poseíamos información suficiente para comprobar de forma adecuada determinados sectores de desacuerdo entre los análisis cualitativos y cuantitativos. Subsistía un pequeño residuo de hallazgos inexplicados. La elevada calidad de las viviendas de los beneficiarios del emplazamiento B era un dato que no podíamos refutar con los datos cualitativos. Pero aún nos mostrábamos suspicaces ante semejante resultado e insistimos en el asunto. Escribimos que, fueran cuales fuesen las viviendas en las que estaban residiendo los beneficiarios del emplazamiento B, habían encontrado por sí mismos tales residencias, con ayuda o intervención escasa de la agencia administrativa. Esta resultó ser una conclusión prudente; más tarde, mucho más tarde, las mediciones de calidad empleadas por los analistas de Cambridge revelarían que tales viviendas eran deficientes.[7]

En la versión aceptable del extracto, no existían ni auténticos héroes ni villanos. Realmente, la agencia contratante había recurrido a medidas draconianas para asegurarse de que se cumplirían determinados objetivos del proyecto. Algunos resultaban apropiados, otros eran discutibles y varios más eran simplemente erróneos o absurdos. Pese a su insistencia en la precisión, los gestores de la agencia contratante habían inspeccionado deficientemente el programa y en realidad en ningún momento controlaron los resultados.

Por otro lado el personal de la agencia administrativa carecía de imaginación y había capitulado muy al principio del programa. Al enfrentarse con la necesidad de pagar unas asignaciones a 900 familias, no fueron capaces de concebir otro modo razonable de proceder. Por el contrario sugirieron que se prestaran servicios amplios a sólo unas 500 familias, rechazando así a las 400 restantes.

Por su parte, a las familias beneficiarias pareció gustarles el programa. Aunque no fuese por otra razón, el dinero adicional contribuyó a aliviar sus apremios económicos, al margen de las condiciones físicas de las viviendas. Los analistas de *Abt Associates* fueron quienes obtuvieron más ventajas de los esfuerzos desarrollados en el emplazamiento B. Empezaron a pensar en diversas maneras de emplear unas interpretaciones opuestas para obtener una comprensión más clara.

CONCLUSIONES

El experimento de la Agencia Administrativa implicó al menos a 5 grupos de actores o entidades: las agencias, los participantes, los observadores, los analistas al servicio de *Abt Associates* y el HUD. Cada uno representa un nivel diferente desde

---

[7] Los analistas de Cambridge fueron incapaces de concebir una medida satisfactoria de la calidad de las viviendas. El informe sobre el área correspondiente se centró, por el contrario, en la adecuación de las inspecciones de las viviendas (cf. BUDDING 1977).

el que puede considerarse el experimento.[8] En beneficio de la simplicidad me he concentrado en un emplazamiento, un observador y los analistas de Cambridge. He prescindido también de números y ecuaciones así como de la riqueza contextual de los datos de la observación. Sin embargo, es preciso recalcar algunos puntos.

Quizá resulte tentador afirmar que el "efecto Rashomon" experimentado con los análisis del emplazamiento B, fue obra de unas *bases de datos* diferentes y en desacuerdo. Pero no resultó así. La dificultad radicaba en las explicaciones o justificaciones opuestas, cada una de éstas en buena medida basada en diferentes *tipos* de datos. Los problemas con los que nos enfrentamos implicaban no solamente la naturaleza de inferencias observacionales frente a inferencias estadísticas, sino dos grupos de preferencias y sesgos dentro de todo el grupo de investigación. La solución consistía en acabar con las explicaciones existentes, brindando una tercera. Para ello no se requería gran lucidez pero hacía falta cierta destreza y una buena dosis de tenacidad.

Aunque la tensión cualitativa/cuantitativa no es el único problema que puede surgir en una investigación, me parece que resulta probable. Pocos investigadores se sienten igualmente cómodos con ambos tipos de datos y no se hallan bien desarrollados los procedimientos para el empleo conjunto de los dos. La tendencia consiste en relegar un tipo u otro de análisis a un papel secundario, según sean la naturaleza de la investigación y las predilecciones de los investigadores. Dejo a los metodologistas la cuestión de determinar qué tipo de información es útil para qué tipo de problemas.[9] Corrientemente, sin embargo, los datos observacionales son empleados para "generar hipótesis" o "describir *procesos*". Los datos cuantitativos son utilizados para "analizar *resultados*" o "comprobar hipótesis". Me parece que esta división del trabajo es rígida y limitadora.

El conflicto en el seno de un equipo investigador resulta doloroso. Como la finalidad buscada en el trabajo analítico estriba en lograr una explicación integrada o al menos una constituida por piezas perfectamente encajadas, los enfrentamientos

---

[8] Agradezco al profesor M. PENN, University College, Universidad de Minnesota, que me señalara este punto.

[9] Abundan los textos sobre metodología; para un buen resumen de los empleos tradicionales de datos cualitativos y cuantitativos, cf. WHYTE y ALBERTI (1976).

son rehuídos casi deliberadamente. La forma más fácil de proceder honestamente consiste en no permitir que exista nunca la oportunidad de que surjan puntos de vista diferentes.

Una "teoría establecida" (véase GLASER y STRAUSS, 1967) ahoga el diálogo analítico en interés de la "ciencia" cuando se la lleva a sus extremos lógicos. Los partidarios de esta doctrina creen que la teoría y la explicación pueden ser formuladas inductiva mejor que deductivamente. El método implica una constante referencia a los acontecimientos que ocurren en el campo social sometido a observación. Fragmentos y piezas del marco explicatorio son modificados hasta que finalmente se tornan congruentes con "los hechos".

Un peligro que cabe esperar del enfoque de la teoría establecida es el de que las explicaciones que emerjan sean tan *ad hoc* y tan congénitas que puedan negar cualquier ventaja susceptible de obtenerse por el empleo de métodos y perspectivas múltiples. Las explicaciones inductivamente originadas serán probablemente más abigarradas y toscas que elegantes o refutables. También se pierde su cualidad generalizable.

Pero, aunque no se opte precipitadamente por la teoría establecida, se encontrarán trampas adicionales relacionadas con la investigación por métodos múltiples. Está ahora bien considerado afirmar que diferentes métodos de indagación pueden resultar complementarios (véase BENNETT y THAIS, 1970). El caso aquí presentado ha mostrado que la complementariedad no siempre es patente. El simple empleo de diferentes perspectivas con la esperanza de que se confirmen entre sí no nos explica qué es lo que hay que hacer cuando las piezas no encajan.

Este trabajo ha defendido la noción de *triangulación*, una idea avanzada por DENZIN (1970). La triangulación *implica reunir una variedad de datos* y métodos para referirlos al mismo problema. De este modo cabe lograr explicaciones más sólidas. Sugiero contar con la oportunidad de que surjan diferentes puntos de vista y que demoremos el rechazo inmediato de informaciones o hipótesis que parezcan desviarse del punto de vista de la mayoría.

Las explicaciones derivadas de la observación resultan especialmente vulnerables al rechazo sin un juicio justo. Y ello es así porque resulta difícil comprobar la fiabilidad de los datos en que están basadas. Si las discrepancias relativas a los informes sobre el programa del emplazamiento B hubiesen sido descubiertas mientras el observador aún seguía en el campo, éste habría advertido que debía alinear sus observaciones y conclusiones con las del resto del equipo de investigación. No habría existido coacción de ningún género. El observador se hubiera sentido abrumado por el análisis basado en datos "rigurosos" eminentemente creibles.

Por un afortunado accidente (pero que cabría regular) los informes contradictorios sobre el programa del emplazamiento B se mantuvieron separados y cobraron fuerza. En realidad, el observador y yo "cedimos" un tanto durante la redacción de los borradores tercero, cuarto y quinto del extracto. Sin embargo, cada parte se atuvo tan estrictamente a sus propias opiniones que fue imposible obviar la falta de congruencia, sobre todo después de que el punto de vista aparentemente más débil había quedado transcrito en un informe. Nos vimos obligados a profundizar aun más para averiguar en dónde radicaba el problema. Una armonía previa hubiera impedido cualquier búsqueda adicional dado que nada hubiese requerido una explicación.

La explicación resultante justificó casi todos los hechos conocidos y tuvo implicaciones políticas en el diseño de un programa de asignaciones para viviendas (aunque no sea nada más que por eso, la instalación adecuada de puntos de inspección es materia que cabe incluir por escrito en las regulaciones y explicar en los manuales de los operadores del programa). Al mismo tiempo no me cabe duda de que es posible efectuar interpretaciones mejores de "lo que sucedió en el emplazamiento B", en especial si sale a la luz nueva información.

La versión final del extracto del emplazamiento B fue un logro modesto.[10] Sin embargo, el proceso por el que se llegó hasta allí se aproxima al procedimiento científico en un aspecto muy importante. La parte de resolución del enigma en nuestro empeño no constituyó su característica más importante. Esta parte había sido desarrollada en todos los análisis anteriores, tanto cualitativos como cuantitativos. La yuxtaposición de esquemas explicativos contradictorios dio el impulso para

---

[10] Es adecuado advertir que el AAE era una investigación orientada hacia un problema. Los esquemas "teóricos" de los investigadores no fueron tan explícitos como podrían haber resultado con una investigación básica. Sin embargo, aunque las perspectivas teóricas diferentes e implícitas hubiesen sido la *única* causa de la divergencia entre las explicaciones, ello no nos habría eximido de intentar dar algún sentido a las dos explicaciones.

buscar una comprensión mejor y menos inductiva de las operaciones en el emplazamiento B; una que no estuviera ligada a anteriores concepciones previas. El valor de semejantes confrontaciones lo advirtió un filósofo de la ciencia, Paul FEYERABEND:

> Resulta entonces que la interacción entre tenacidad y proliferación (es) un rasgo esencial en el auténtico desarrollo de la ciencia. Parece que no es la actividad de resolución de enigmas la responsable del desarrollo de nuestro conocimiento sino la interacción activa de diversas concepciones tenazmente sostenidas (1970:209).

Estas opiniones han sido respaldadas por otro filósofo, alguien cuyas contribuciones principales radican fuera del campo de la filosofía de la ciencia. Este hombre recomendaba que se permitiera que "se abrieran cien flores y compitan cien escuelas del pensamiento..." (MAO 1967:302).

Y yo añado a tales alegatos en favor del hedonismo metodológico e interpretativo: "¡Sí, pero comprobar, comprobar y comprobar"!

BIBLIOGRAFIA

BENNETT, J. W. y G. THAIS (1970) "Survey research in anthropological field work," en R. Naroll y R. Cohen (eds.) *A Handbook of Method in Cultural Anthropology.* Nueva York: Columbia University Press.

BUDDING, D. (1977) *Inspection: Implementing Housing Quality Requirements in a Housing Allowance Program.* Cambridge, MA: Abt.

DENZIN, N. K. (1970) *The Research Act.* Chicago: Aldine.

FEYERABEND, P. (1970) "Consolations for the specialist," en I. Lakatos y A. E. Musgrave (eds.) *Criticism and the Growth of Knowledge.* Cambridge: Cambridge University Press.

GLASER, B. G. y A. L. STRAUSS (1967) *The Discovery of Grounded Theory: Strategies for Qualitative Research.* Chicago: Aldine.

MALOY, C. M., J. P. MADDEN, D. BUDDING, y W. L. HAMILTON (1977) *Administrative Costs in a Housing Program: Two Year Costs in the Administrative Agency Experiment.* Cambridge, MA: Abt.

MAO TSE-TUNG (1967) *Quotations from Chairman Mao Tse-Tung.* Peking: Foreign Language Press.

MEEHL, P. E. (1954) *Clinical Versus Statistical Prediction.* Minneapolis: University of Minnesota Press.

WHYTE, W. F. y G. ALBERTI (1976) *Power, Politics, and Progress.* Nueva York: Elsevier.

WILD, B. (1977) "The effects of agency services on enrollees' success in becoming recipients," en W. L. Holshouser (ed.) *Supportive Services in a Housing Allowance Program.* Cambridge: MA: Abt.

CAPITULO V

HACIA UN ACERCAMIENTO ENTRE LAS METODOLOGIAS CUANTITATIVAS Y CUALITATIVAS

Por Francis A. J. IANNI*
y Margaret Terry ORR

*Horace Mann—Lincoln Institute
Teachers College Columbia University*

A lo largo de la última década se ha registrado entre los educadores un interés continuo y creciente por la medición cualitativa y el empleo de los métodos de campo en la investigación educativa. En un grado considerable, este interés procede de la Ley de Derechos Civiles de 1964 que impulsó la educación y, consiguientemente, la investigación que la informa, hacia la preocupación por las diferencias tanto culturales como individuales. Hasta cierto punto éste es el resultado de la insatisfacción entre los clientes de la investigación educativa, que tienden a considerar los paradigmas de la investigación educativa tradicional como abstracciones de la realidad de la vida cotidiana de las escuelas. Hasta cierto punto este es también el resultado de la creciente complejidad de los propios investigadores educativos cuando comienzan a explorar metodologías diferentes de aquellas que se desarrollaron durante la larga e incestuosa relación con la psicología.

Este nuevo interés por los métodos cualitativos no deja de presentar problemas. Las exigencias que los educadores plantean a los métodos cualitativos son grandes; en muchos casos incluyen expectativas de solución de problemas y de utilidad educativa que superan las capacidades de los actuales métodos de investigación de campo. Al mismo tiempo, la larga

---

*Nota de los autores: *Partes de este capítulo fueron preparadas, en un principio, para un informe sobre antropología e investigación educativa con destino a la Academia Nacional de Educación.*

tradición de predominio que los psicólogos educativos han ejercido sobre la investigación educativa, ha producido un clima extraño al estilo y al ritmo de los estudios etnográficos de campo. Además los antropólogos, principales exponentes de la investigación etnográfica, han intervenido en la investigación educativa un período de tiempo demasiado escaso para haber desarrollado una teoría sistemática y unos métodos en la propia antropología educativa.

METODOS CUALITATIVOS EN EVALUACION

Actualmente la evaluación ha llegado a ser una actividad principal en los programas de servicios sociales. Dentro de la educación, desempeña un papel preponderante en las actividades de investigación y de desarrollo. Los organismos del Gobierno, el Congreso y el público se interesan por la actividad educativa y por su eficacia. Sin embargo, a medida que aumentan las demandas de una buena evaluación, se incrementa también el impacto de una evaluación deficiente. Nuevas exigencias tanto de los programas educativos como de los patrocinadores de la evaluación han dado lugar, asimismo, a la extendida insatisfacción actual con la metodología anterior. El empleo habitual de datos cuantitativos, por ejemplo, puede suministrar una información considerable y útil sobre los logros del estudiante. Pero son cada vez más numerosas las pruebas que indican que los datos cuantitativos no pueden proporcionar respuestas satisfactorias a muchos de los interrogantes cualitativos de la educación actual. Ya no basta con decir que un niño no sabe leer; lo que ahora se pregunta es por qué no sabe y qué es lo que le hará aprender. Ante esta creciente insatisfacción por los actuales métodos de evaluación han surgido dos nuevos intentos por reconsiderar los tipos más tradicionales de evaluación; ambos poseen importantes implicaciones en la estimación cualitativa.

Uno ha consistido en un desplazamiento en la unidad de análisis desde una concentración en el *individuo* como quien aprende, a una concentración en el *programa* como el que enseña. Los diseños de la evaluación primitiva ponían preponderantemente su énfasis —a veces de modo exclusivo— en la comprobación psicométrica de los estudiantes. Este tipo de diseño era simplista y racional: si el objetivo del programa consistía en familiarizar a los estudiantes con un cuerpo específico de información, entonces la mejor manera de determinar el éxito o el fracaso del programa consistía en examinar a esos estudiantes para averiguar si habían adquirido esa información. Mientras que la evaluación desempeñó en la educación un papel menor, en buena parte limitado a intereses de la investigación, este método no presentó problemas. Pero en la década de los sesenta el consumismo educativo llegó a ser un movimiento destacado y ya no bastaron los antiguos métodos de evaluación. Se vertieron miles de millones de dólares en programas educativos para los culturalmente desfavorecidos. Los padres de los *ghettos* afirmaron que los exámenes normativos tenían un sesgo cultural. Se puso en tela de juicio la eficacia de los exámenes para medir el éxito de un programa. Surgió un importante enfrentamiento cuando la *Westinghouse Learning Corporation* calificó de modo desfavorable el programa *Head Start* porque los tests de logros revelaban un escaso progreso significativo de los estudiantes. El programa *Head Start,* entonces popular tanto en el Congreso como en las comunidades urbanas, lo sigue siendo hoy. El reto de Westinghouse al programa desencadenó fuertes críticas públicas a las normas de evaluación de la empresa y lanzó las técnicas habituales de evaluación al terreno del debate público. Por primera vez la metodología de la evaluación fue seriamente puesta en tela de juicio por personas ajenas a la profesión. Los evaluadores se vieron obligados a desplazar el foco de su atención de los individuos a los programas. Al obrar así, los organismos comenzaron a recurrir a la antropología y a la sociología "blanda" en busca de técnicas con las que observar y valorar programas.

La segunda tentativa de reconcentrar el diseño de evaluación surgió también cuando los programas sociales empezaron a recibir grandes subvenciones. Cuando la aprobación del Título I de la Ley de Educación Elemental y Secundaria de 1965 determinó la súbita aportación de miles de millones de dólares a la educación en el interior de las ciudades, el Congreso se interesó por la forma en que se gastarían esos fondos. El componente de evaluación en la Ley de Educación Elemental y Secundaria condujo tanto al rápido crecimiento de la evaluación como a la exigencia habitual de un sistema de inspección financiera. Como buena parte de las nuevas asignaciones para educación y para investigación educativa iba destinada a zonas urbanas (principalmente *ghettos*), las cuestiones de los efectos de cultura, subcultura, raza, etnia y otros rasgos de la comunidad, se tornaron extremadamente importantes. Generalmente, cuando emergieron estas nuevas preocupaciones comenzaron a fallar los procedimientos establecidos de control experimental aislado, grupos de control y el proceso lógico-deductivo. Resultaba claro que el estilo de investigación orientado hacia el laboratorio, constituyente de la tradición de investigación educativa, no era satisfactorio, ni para la evaluación de programas de estudios étnicos, ni para la de programas efectivos de educación. Una vez más la antropología, que siempre se había interesado por las cuestiones subyacentes a tales programas, proporcionó una fuente potencial de metodología.

Pero no todas las presiones en pro de un cambio procedieron de la educación. Existía una creciente insatisfacción con los estudios de evaluación de todas las opiniones, porque la práctica habitual daba lugar a una estimación acumulativa que venía a decir: "Aquí está lo que usted ha hecho; aquí está lo que ha ido mal; si vuelve a hacerlo, he aquí algunas sugerencias que quizá desee seguir". En los nuevos empeños, los evaluadores exigían componentes de evaluación formativa añadida a la que había sido antes exclusivamente una evaluación sumativa. En vez de hallarse por encima y más allá del programa, el evaluador se veía empujado a formar parte de él.

La mayoría de los educadores y muchos investigadores educativos coinciden en admitir que la moderna tecnología de la evaluación se halla en un penoso estado. Aun tiende a situarse bajo la rúbrica de investigación y por eso impone los cánones de la ciencia que en muchos casos no resultan aplicables. La mayoría de las evaluaciones actuales *no* investigan sino que, por el contrario, tratan *ad hoc* de proporcionar alguna base para describir y valorar programas y justificar los gastos de fondos. Los métodos de comprobación proceden de la psicología; las técnicas de inspección de los programas corresponden a los procedimientos analíticos sistemáticos; los métodos de observación cualitativa son adoptados de la sociología y de la antropología y todos se reunen apresuradamente para cumplir los plazos previstos. Pese al hecho de que los evaluadores persisten en aludir a la evaluación como investigación, aquí no parecen operar ninguna de las exigencias de una investigación profunda. No existe teoría que informe a la metodología, no hay consistencia en el desarrollo metodológico, falta una aplicación sistemática de los métodos y, lo que quizá resulte más importante, no existe un sistema mediante el cual lo que se aprende en una evaluación informe al siguiente evaluador.

La razón primaria de la discrepancia entre medios y fines de la evaluación procede de la incapacidad de la educación en el desarrollo de una metodología consistente de la evaluación que únicamente se acomode a la educación. Las necesidades de la investigación educativa difieren considerablemente de las de otras disciplinas del comportamiento.

Los peligros del trasplante metodológico no resultan inmediatamente obvios a la mayoría de los educadores. Enfrentado con la exigencia de una evaluación, el educador se orienta hacia otros científicos del comportamiento en busca de un esquema de valoración. Y sin embargo, como estos científicos del comportamiento operan con unas condiciones especificadas, sus métodos sólo son habitualmente aplicables bajo ciertos supuestos de "sistemas cerrados" que sólo pueden actuar con un discreto número de variables seleccionadas. Aunque semejantes modelos son apropiados para el estudio de algunas cuestiones educativas, la mayoría de los programas concebidos para producir cambios exigen un marco analítico, más abierto y cualitativo. En otras palabras, la mayoría de los actuales métodos de recogida, registros y análisis de datos educativos están basados en modelos experimentales y requieren mediciones estadístico-cuantitativas y, sin embargo, la mayoría de las confrontaciones educativas son no experimentales (es decir tareas operacionales de campo con un objetivo específico), sobre las cuales la metodología existente proporciona una escasa penetración. El problema se complica aun más porque, si bien se les dice a los educadores que controlen ciertas variables para ver lo que les sucede a otras, su tarea sustantiva estriba en manipular tantas variables como sean necesarias para lograr objetivos múltiples que, a menudo, se hallan en conflicto y son de importancia diversa. Y no hay manera de disponer estos objetivos y de evaluar los efectos diferenciales mediante la manipulación de combinaciones limitadas de variables. Ni tampoco existen procedimientos sistemáticos para estimar los costes de la realización de diversos efectos. A estos fines, es cada vez mayor la tendencia a recurrir a la antropología en busca de orientación sobre el desarrollo de una sólida evaluación de programas.

LA EVALUACION COMO UNA INVESTIGACION DE CAMPO

Sería tentador señalar que la antropología, bien sola o en combinación con otras disciplinas, proporciona una serie coherente de métodos y una base teórica a partir de la cual puede desarrollar la evaluación educativa un marco conceptual y una metodología consistentes. Tal no es el caso. En primer lugar, la tarea de examinar, definir y redefinir el entorno institucional en educación debe ser responsabilidad principal del propio gremio y, en consecuencia, no debe asignarse a ninguna entidad o a ningún grupo exteriores, por dispuestos que estén a asumir la tarea y por poco inclinados que se sientan a acometerla los educadores. En segundo lugar, no *existen* métodos preordenados que surjan de teorías específicas, a través de los cuales puedan los evaluadores abordar la tarea de la evaluación con seguridad de éxito. No hay un esquema teórico para la observación y el análisis en cualquiera de las estrategias existentes de investigación de las ciencias del comportamiento o sociales que se corresponda con las necesidades de la evaluación. Nada emerge con tanta claridad de los empeños de la investigación "interdisciplinaria" como el hecho obvio de que cada disciplina de las ciencias del comportamiento y sociales ha elaborado su propio marco conceptual y su cultura correspondiente. Cada una se caracteriza por sus modos preferidos de escudriñar el mundo y entenderlo. Estas preferencias no son superficiales: caracterizan a los tipos de preguntas formuladas, a las maneras de plantearlas y al modo en que las preguntas son interpretadas y presentadas.

En cierto aspecto, los problemas del educador son comparables a aquellos con que se enfrenta el antropólogo. También él ha de observar, registrar y analizar la conducta en el campo, no en el ambiente de un laboratorio. A través del desarrollo de un modelo conceptual y de la correspondiente metodología, los antropólogos han logrado una considerable precisión en un entorno natural. A lo largo de los últimos años, esta semejanza en la estrategia de campo ha traido un incremento del interés por lo que ha llegado a denominarse el "método antropológico" o, más frecuentemente, "enfoques antropológicos" de la evaluación.

Aunque la expresión *enfoque antropológico* evoca una simpática imagen de los evaluadores como etnógrafos residentes describiendo la cultura del sistema que están estudiando, resulta no sólo imprecisa sino disfuncional porque perpetúa cierto número de crecientes malos usos. En primer lugar, el enfoque antropológico ha llegado a significar el empleo de observadores participantes, sin especificar nada del modo en que sean empleados los observadores participantes. La observación participante es un importante estilo de investigación en antropología (como lo es en cierto número de otras ciencias sociales), pero dentro de ese estilo resulta necesario desarrollar unas destrezas en el empleo de la técnica. La mayoría de las evaluaciones conocidas que proponen el empleo de la observación participante destacan, por lo general, la observación hasta la exclusión del papel de participante y, en muchos casos, no existe una definición clara de lo que está siendo observado o, más importante todavía, sobre cómo ha de ser observado, cómo ha de ser registrado y con qué fin se hace todo aquello.

El empleo de observadores participantes no adiestrados, que carecen de una base teórica y que no han aprendido la diferencia entre *mirar* y *buscar,* ha creado grandes problemas en el campo. Los profesores de las escuelas y los miembros de las comunidades han creado su propia teoría de la "conspiración" por lo que a la evaluación se refiere. Son cada vez más los profesores y los residentes en las comunidades que consideran la evaluación como un medio de mantener el sistema tal como ahora existe. Conforme a esta idea la evaluación se lleva a cabo para informar a quienes toman las decisiones educativas con objeto de que puedan impedir cualquier movimiento orientado al cambio. Cuando los profesores son evaluados, como le sucede a cualquiera que se vea en esa situación, empiezan a sentirse incómodos. Resulta fácil mitigar la incomodidad criticando al evaluador. Cuando surgen en escena los observadores participantes, que no parecen saber lo que están haciendo, la actitud de los profesores se exacerba y reciben nuevo aliento las críticas.

Aunque las técnicas antropológicas parezcan simplistas a primera vista (un especialista en planes de estudio nos dijo: "He utilizado durante años la técnica antropológica, siempre visité mis escuelas"), se hallan estrechamente ligadas al marco conceptual que informa la metodología y son mucho más difíciles de dominar que la investigación de encuesta o el sistema de cuestionarios *porque* resultan mucho menos estructuradas. Todo lo dicho tiene como objeto destacar nuestra principal afirmación, la de que las técnicas de investigación de campo representan un enorme potencial para su empleo en la evaluación pero que esto no debería confundirse con la antropología. Las técnicas de campo son considerablemente empleadas en la antropología así como en la sociología. En ambos casos están ligadas a la teoría y no cabe emplearlas al margen de ésta. Una de las razones fundamentales de que las técnicas de investigación de campo resulten tan atrayentes para los evaluadores educativos es que permiten recoger cantidades grandes de datos descriptivos acerca de las escuelas, el personal, los estudiantes y la comunidad. Por desgracia, esta misma riqueza a veces destruye la utilidad de los datos porque hay tantos —cuantitativa y cualitativamente— que no pueden ser empleados todos. Por esta razón, es en especial pertinente un marco conceptual dentro del cual se desarrolle una estrategia para la evaluación de campo.

COMBINACION DE LOS ENFOQUES CUANTITATIVO Y CUALITATIVO

Habida cuenta de la complejidad de los actuales programas educativos, en especial de los que intentan innovar o reformar, es necesario para la evaluación conseguir una variedad de datos del comportamiento, interactivos, económicos e incluso políticos. Cabe emplear distintos métodos para recoger y analizar estos diferentes tipos de datos. El problema metodológico implicado consiste, empero, en determinar cómo combinar mejor estos métodos.

Al seleccionar y combinar métodos de investigación para construir un diseño apropiado de evaluación es preciso responder a ciertas preguntas. En el mismo comienzo hay que determinar el objetivo de la evaluación. ¿Ha de proporcionar la evaluación información sobre el resultado del programa, sobre el proceso del programa o sobre el coste y los beneficios efectivos? Por añadidura el diseño de la evaluación debe reflejar el papel que ésta tiene que desempeñar en el proceso de elaboración de decisiones. Esto determinará el tipo de retroinformación que se precise, la clase de información que debe recogerse y las fases necesarias para la obtención de datos. El investigador tomará también en consideración ciertas limitaciones exteriores que le vienen impuestas al diseño de la investigación. El alcance de cualquier diseño de investigación o de evaluación se halla limitado por el tiempo y el dinero disponibles para ello y los problemas de comunicación e interacción entre el investigador y los participantes en el proyecto. Tales problemas suelen ser graves en la evaluación en razón de la naturaleza del empeño. Finalmente deben ser consideradas las cuestiones técnicas de diseño, análisis y medición. Entre éstas se incluye la identificación de cuestiones pertinentes acerca de la incidencia del problema y sobre lo que constituye una prueba sumaria adecuada en respuesta a estas cuestiones (BRYK, 1978).

El evaluador dispone de una gama de técnicas de investigación tanto del área cualitativa como de la cuantitativa. Las técnicas comprenden desde métodos que requieren una interacción mínima con un proyecto (como medidas discretas o revisión de los datos archivados) a las que implican una moderada interacción personal con la situación (como las que se realizan con el empleo de escalas, tests y encuestas) y a las que requieren una interacción activa con los participantes en el programa (como observación y entrevistas). Al aplicar estos métodos a la evaluación hay que considerar las limitaciones teóricas así como los puntos metodológicos fuertes o débiles de cada técnica. Es posible que una determinada técnica no se acomode a un proyeccto específico de evaluación porque no se puedan satisfacer todas las normas de investigación científica.

Como señalan WEISS y REIN (1972), los diseños experimentales tradicionales a menudo no resultan directamente aplicables a la evaluación aunque constituyan uno de los formatos más corrientemente empleados en la evaluación. Una de las razones del desajuste entre método y situación es la dificultad de seleccionar criterios satisfactorios para la valoración del impacto de un programa. Ya que los fines y objetivos pueden cambiar, sobre todo cuando resultan amplios sus propósitos. Además, es difícil desarrollar medidas operativas de cambio de sistema mientras sean sensibles a un cambio inesperado. Por añadidura un programa en marcha no puede ser controlado durante la evaluación como lo sería en una situación experimental de investigación. Finalmente, los "tratamientos" de un programa no suelen estar acomodados a unas normas. Esto hace difíciles las comparaciones sobre la eficacia de programas y la variabilidad y el alcance de los objetivos vuelven menos fácilmente identificables los logros de un programa. Como BRYK,

(1978:39-40) observó: "El programa muy estructurado cuyos objetivos primarios pueden ser medidos con cierto grado de precisión tiende a tener efectos más positivos que los programas "abiertos" cuya plena perspectiva de desarrollo ha eludido hasta ahora una medición cuantitativa con éxito".

SIEBER (1973) indica varios modos de emplear las observaciones de campo y las encuestas de forma compatible entre sí, complementándose recíprocamente el diseño o las debilidades metodológicas. Aunque SIEBER (1973) consideró explícitamente sólo las técnicas de observación de campo y de encuestas, su pensamiento puede extrapolarse a otros métodos de recogida de datos, tanto cualitativos como cuantitativos.

SIEBER (1973) explica primeramente cómo los métodos de campo pueden beneficiar a los métodos de encuesta. Los primeros pueden confirmar a los segundos así como proporcionar la explicación razonada para el diseño de una encuesta. Los métodos de campo pueden servir como antecedente a una encuesta, al proporcionar una familiaridad con el medio sobre el que se están llevando a cabo las encuestas, mediante el desarrollo de una relación con los que son objeto de la encuesta y a través de la realización de un trabajo exploratorio que resulta necesario para comprobarla previamente. La observación de campo puede ampliar la estructura teórica del análisis de encuesta y validar sus resultados. Por ejemplo, cabe emplear los métodos de campo para ilustrar hallazgos y para aclarar respuestas ambiguas o estimulantes. Los métodos de campo pueden complementar además un diseño experimental. Por ejemplo, BRYK (1978: 51) afirma que "para estudiar cuestiones de interacción... hemos de ligar los efectos del programa concreto que emergen a lo largo de su desarrollo con las características del contexto. En términos estadísticos describimos toda la distribución (del efecto del tratamiento), juntamente con datos multivariados sobre características del programa concreto. El paradigma básico de tratamiento/grupo de control no puede proporcionar esta información". Finalmente cabe emplear los métodos de campo para comprobar la fiabilidad de una encuesta o de otra técnica cuantitativa.

SIEBER (1973) describe también la forma en que contribuyen las encuestas al trabajo de campo. Las encuestas pueden ayudar a informar el diseño del trabajo de campo y a complementar la perspectiva para la recogida de datos así como, por ejemplo, ayudar al investigador a obtener una muestra representativa y un entendimiento estructurado de esa muestra. Los métodos de encuesta pueden ser utilizados también para comprobar las interpretaciones de campo y para arrojar nueva luz sobre sus observaciones, de la misma manera que los métodos de campo son empleados para ilustrar el análisis de los hallazgos de una encuesta. ERICKSON (1977) señala, sin embargo, que el mayor beneficio de los métodos cuantitativos estriba en que facilitan la generalización de los conocimientos derivados de los datos cualitativos.

DENZIN (1978: 292) indica unos medios más formales de combinar los métodos a través de la triangulación de las técnicas de investigación. Un investigador examina un problema (o unos problemas) desde tantas perspectivas metodológicas como le resulte posible; "cada método implica una línea de acción diferente hacia la realidad y, por eso, cada uno revelará diferentes aspectos de ésta, muy a la manera en que un caleidoscopio, según el ángulo en que se sostiene, revela al observador diferentes colores y configuraciones de los objetos".

Según DENZIN existen cuatro fuentes de triangulación accesibles al investigador o, en este caso, al evaluador: datos (incluyendo tiempo, espacio y persona); investigador (cuando se utilizan varios investigadores para la misma investigación); teórica (empleando sobre la misma serie de objetivos perspectivas múltiples en vez de una sola) y metodológica (bien dentro de una colección de instrumentos o entre métodos). Se obtiene la triangulación "dentro del método" cuando las unidades observacionales son multidimensionales o cuando una sola encuesta hace uso de diferentes estrategias. La triangulación "entre métodos" corresponde al empleo de varios métodos de recogida de datos para las mismas cuestiones referentes a estos datos; de forma tal que las deficiencias de un método puedan ser compensadas por los puntos fuertes de otros métodos.

DENZIN (1978) indica sólo una forma de triangulación teórica, en donde varias teorías son aplicadas simultáneamente a la misma serie de datos. En la evaluación educativa es posible una forma diferente de triangulación teórica porque los programas tienen frecuentemente más de un objetivo y cada objetivo representa una penetración especial para el logro del impacto del programa. Así, distintos modelos teóricos pueden concebiblemente ser aplicados a diferentes aspectos del mismo programa. Esto también puede conducir a estrategias diferentes o interrelacionadas de la recogida de datos.

Un medio último de combinar estos métodos en la evaluación consiste en operar a través del desarrollo de modelos causales basados en las observaciones de campo, tal como sugirió COOLEY (1978). Los primeros intentos de cuantificación de datos cualitativos se limitaron a estadísticas descriptivas (véase BECKER, 1969, para un examen de otro sistema de cuantificación de datos cualitativos). Pero tanto COOLEY (1978) como FIENBERG (1977) advierten que los descubrimientos de la investigación cualitativa pueden ser modelados por estadísticas inferenciales e indican que ésta es una manera de mejorar la generabilidad de los descubrimientos cualitativos.

Tal vez contribuirán a fijar estas ideas un par de ejemplos en donde se han combinado los métodos cualitativos y cuantitativos. Un estudio reciente y amplio sobre la violencia escolar hizo uso de lo que podría denominarse estratificación metodológica. El Estudio sobre Seguridad Escolar, realizado por el Instituto Nacional de Educación, fue concebido en tres fases. La Fase I era una encuesta por correo sobre 5.578 escuelas públicas de los Estados Unidos; la Fase II constituía un estudio sobre cuestonario en el emplazamiento referido a 851 de estas escuelas y que formaban una muestra representativa y la Fase III era una serie de estudios de casos en profundidad de 10 escuelas diseminadas por los Estados Unidos. El objetivo de la Fase III consistía en proporcionar ejemplos del "mundo real" para animar el estudio en buena parte estadístico de las otras dos fases. En este estudio podría haber sido más útil una estratificación inversa de los métodos. Los análisis comparativos de estos 10 estudios de casos resultaron tan eficaces en la identificación de variables clave que hubo que volver a examinar analíticamente los datos de la encuesta anterior, basándose en los hallazgos de la Fase III.

En general, la secuencia adecuada consistiría en empezar con el trabajo de campo etnográfico y clínico y luego utilizar los resultados de estos estudios iniciales para diseñar instrumentos de encuesta y para aclarar los análisis de sus descubrimientos. De esta forma cabe utilizar la investigación etnográfica para describir el campo social de interés y para identificar las variables importantes, sobre todo en el exámen exploratorio de los procesos sociales, que son deficientemente entendidos. Así se garantiza que los descubrimientos de la investigación estén "fundados", lo que les confiere una elevada validez específica para el emplazamiento aunque su naturaleza intensiva limite su generabilidad. La parte de encuesta del estudio se emplea luego para establecer la generabilidad de lo descubierto etnográficamente.

Una reciente evaluación de una clase abierta observó precisamente semejante procedimiento. Esta evaluación requería una estimación de las diferencias cognitivas, afectivas, de actitud y observacionales entre el programa de clase abierta y los programas de clase regular en el distrito y se examinaron los procesos y resultados de ambos programas. La observación de campo constituyó la primera etapa del proceso de recogida de datos. Luego se realizaron cuestionarios y entrevistas para que participantes relevantes en el programa prosiguieran con cuestiones especialmente referentes a los objetivos identificados del programa y la evaluación, que se desarrollaron durante la fase de observación. Tales entrevistas y cuestionarios se emplearon también para valorar los problemas y puntos sólidos del programa así como para recoger información acerca de las prácticas docentes y de las percepciones personales que pudieran generalizarse. Las entrevistas y las encuestas fueron seguidas por otra serie de observaciones de campo para apreciar los descubrimientos realizados gracias a estos esfuerzos.

RESUMEN Y CONCLUSIONES

Como se ha indicado antes, hay en la evaluación educativa una tendencia creciente a orientarse hacia las metodologías cualitativas. En todos los casos que hemos observado se espera que los sistemas cualitativos proporcionen un paradigma de investigación que atienda al contexto sociocultural de la educación y proporcione a los datos cuantitativos la calidad del mundo real.

Hemos señalado cierto número de razones para este nuevo interés por los métodos cualitativos, siendo una de las principales el hecho de que los que invierten en educación ponen cada vez más en tela de juicio la correspondencia entre los modelos analíticos formales tradicionalmente empleados por los evaluadores educativos y la realidad social de sus escuelas. Un resultado de ese creciente interés es el hecho de que los enfoques etnográficos de la evaluación estén siendo utilizados en una amplia variedad de programas escolares que emplean, por lo común, a menudo por períodos de tan sólo unos días, "investigadores de campo" con escaso adiestramiento. En contraste, la verdadera etnografía se caracteriza por años de estudio profundo. Creemos que la práctica corriente de emplear investigadores de campo ha prestado un mal servicio a la educación y actúa en detrimento del desarrollo productivo de las medidas cualitativas necesarias para la investigación evaluativa.

Las descripciones etnográficas de entornos naturales y la información corriente sobre lo que la gente dice y hace, en vez de lo que dice que hace, han incorporado un nuevo empirismo a la investigación evaluativa. Existen, sin embargo, ciertas cuestiones relativas a la oportunidad de la etnografía en evaluación. Aún queda por determinar si el estilo preferido en etnografía —agente de campo en solitario y la resistencia correspondiente a la investigación en equipo— resulta adecuado a la actual orientación de resolución de problemas en gran escala de buena parte de la investigación y de la evaluación educativas. Los administradores de investigaciones se ven a menudo en apuros por culpa del estilo individualista de los antropólogos ("Según nuestra experiencia los antropólogos no sólo prefieren trabajar solos, es que se muestran realmente negativos si se les mezcla con otros especialistas de ciencias sociales o con educadores") y del hecho de que resulte imposible en antropología la investigación en equipo ("Rara vez pedimos a más de un antropólogo que trabaje en un proyecto porque rara vez coinciden dos"). Desde luego algunas de las reservas de los administradores de investigaciones respecto al empleo de antropólogos en investigación educativa son realistas. Nuestra propia experiencia en investigación en equipo nos ha convencido de la verdad del antiguo axioma según el cual los problemas hallados en la investigación en equipo aumentan aritméticamente conforme al incremento de científicos implicados. Pero los problemas parecen crecer de forma geométrica cuando esos científicos son antropólogos y exponencialmente cuando se mezclan con otros científicos sociales.

Otro problema es el de que los etnógrafos tienden a establecer una empatía con quienes estudian y, en algunos casos, parecen casi "volverse indígenas". Su implicación personal y su inmersión en la vida de las personas estudiadas les lleva a convertirse en sus defensores (y hay cierto número de antropólogos que sostienen que ésta es la conducta apropiada). Así, de la misma manera que es difícil hallar etnografías que se muestren neutrales tanto respecto de las sociedades tribales como del colonialismo, quienes estudiamos la cultura urbana americana tendemos a menudo a identificarnos con los problemas de los pequeños traficantes de droga, los proxénetas, drogadictos y presos con los que trabajamos mientras que, conforme a su concepto, vemos a las "autoridades" como opresoras. La historia preliminar del estudio antropológico de las escuelas americanas muestra que los etnógrafos ven a los estudiantes como oprimidos y a profesores y administradores como individuos que, en cierto modo, actúan para degradar los estilos de aprendizaje naturales en los alumnos. Cuando estudiamos a los profesores son los administradores quienes parecen resultar culpables. Con el incremento del interés por los métodos etnográficos para la evaluación en educación hay también un aumento de la inquietud entre gestores y administradores de proyectos respecto a lo que consideran tendencia de los etnógrafos a imponer tales juicios ideológicos de valor sin entender plenamente el problema desde ambos lados. Existen, desde luego, otras razones para el examen holista de las escuelas y de los distritos escolares. El apoyo a la realización de un cambio social es más eficaz cuando se hallan relacionados todos los elementos de un sistema social (véase NADER, 1969).

Pese a todo esto, creemos que los enfoques cualitativos resultan esenciales para la evaluación, en especial una vez que comprendemos que la observación participante no es la única técnica cualitativa. Es esencial el desarrollo teórico y práctico de medidas cualitativas que puedan ser integradas con enfoques cuantitativos. La historia de la innovación educativa, y desde luego la de todos los programas recientes de servicios sociales, indica claramente que cuando unos programas de acción social no se derivan de un cuerpo teórico al que a la vez re-informan, raramente sobreviven largo tiempo para producir cambio institucional alguno.

BIBLIOGRAFIA

BECKER, H. S. (1969) "Problems of inference and proof in participant observation," en G, McCall y J. C. Simmons (eds.) Issues in Participant Observation. Reading, MA: Addison-Wesley.

BRYK, A. (1978) "Evaluating program impact: a time to cast a way stones, a time to gather stones together," en S. Anderson (ed.) Exploring Purposes and Dimensions. San Francisco: Jossey-Bass.

COOLEY, W. W. (1978) "Explanatory observational studies." Educational Researcher 7, 9.

DENZIN, N. K. (1978) The Research Act. Nueva York: McGraw-Hill.

ERICKSON, F. (1977) "Some approaches to inquiry in school-community ethnography." Anthropology and Education Quarterly 7, 2.

FIENBERG, S. E. (1977) "The collection and analysis of ethnographic data in educational research." Anthropology and Education Quarterly 7, 2.

NADER, L. (1969) "Up the anthropologist—perspectives gained from studying up," en D. Hymes (ed.) Reinventing Anthropology. Nueva York: Random House.

SIEBER, S. (1973) "The integration of fieldwork and survey methods." American Journal of Sociology 78: 133-159.

WEISS, R. y M. REIN (1972) "The evaluation of broad-aim programs: difficulties in experimental design and an alternative," págs. 236-249 en C. Weiss (ed.) Evaluating Action Programs. Boston: Allyn and Bacon.

NOTA DEL EDITOR

A algunos de los lectores podrá parecerles extraño que haya sido incluído en este volumen uno de los trabajos de Howard S. BECKER, sobre fotografía. Esta técnica no es habitual en evaluación y BECKER, autoridad notable en métodos de investigación cualitativa para las ciencias sociales, no ha destacado por su contribución a la evaluación. Desde luego la palabra *evaluación* no aparece en este trabajo en ninguno de los sentidos tradicionalmente empleados para caracterizar los esfuerzos de estimación de los cambios debidos a proyectos o programas.

Hemos incluído el trabajo de BECKER por dos razones. En primer lugar, la fotografía puede ser muy útil en la evaluación. Los periodistas investigadores han demostrado una y otra vez la eficacia de fotografías espectaculares para llamar la atención y, en cierto aspecto, "resumir" determinados problemas sociales y la adecuación de estrategas para mitigarlos. Baste sólo con pensar en las imágenes de conductores de ambulancias negándose a llevar a actores obesos que han fingido ataques cardíacos en el tercer piso de un edificio o en fotografías y películas de minusválidos tratando de salvar el bordillo de una acera demasiado alta o en las noticias filmadas de la guerra del Vietnam. Como medio de comunicación, la cámara posee un considerable potencial para determinar una acción y para dramatizar las tentativas de intervención.

Las fotografías (y las películas) pueden también proporcionar un registro más detallado y continuo de los procesos y transiciones que los clientes experimentan en determinados programas. De esta forma, pueden proporcionar un marco para entender y clasificar algunos de los acontecimientos importantes que trascienden en el curso de un programa. Desde luego semejante empleo se halla limitado por el gasto (aunque las técnicas de muestreo de tiempo y personas puedan reducir los costes) y por cualesquiera maneras en que la presencia de la cámara pueda afectar a la persona que está siendo fotografiada (aunque tales problemas no son exclusivos de semejante procedimiento).

La referencia a la posibilidad de obstrucción ilustra una segunda razón, quizá más importante, para incluir el trabajo de BECKER. Su estudio sobre la intepretación de las fotografías se basa considerablemente en una premisa epistemológica que trasciende la distinción entre métodos cualitativos y cuantitativos. BECKER afirma que, incluso con las fotografías, el investigador tiene que determinar cúales son las interpretaciones de la imagen que se hallan justificadas y luego tratar de emplear la fotografía, el conocimiento de las circunstancias que la rodean y cualquier otro conocimiento relevante para descartar interpretaciones alternativas de lo que la fotografía parece sugerir. Se trata de un marco de confirmación (es decir, determinar qué interpretaciones son confirmadas) y de no-confirmación (es decir, determinar qué interpretaciones plausibles quedan descartadas). Lo que nos parece importante es esta sucinta presentación de un marco epistemológico común a la investigación cuantitativa y a la cualitativa.

CAPITULO VI

¿DICEN LA VERDAD LAS FOTOGRAFIAS?*

Por Howard S. BECKER
Northwestern University

¿Dicen la verdad las fotografías? Los científicos sociales y los fotógrafos se interesan igualmente por la pregunta aunque lleguen hasta allí por caminos diferentes. La "sociología visual" y la "antropología visual" son movimientos pequeños pero en desarrollo dentro de esas disciplinas y hay historiadores (el ejemplo más obvio es el de Michael LESY) que juegan habitualmente con un empleo más imaginativo y amplio de las fotografías. Si vamos a utilizarlas como prueba de afirmaciones de las ciencias sociales, necesitamos saber si puede confiarse en las imágenes como prueba, si "dicen la verdad" y cómo la dicen.

Los fotógrafos sienten una preocupación mucho más ambivalente por la verdad de las fotografías y, a menudo, adoptan una estrategia para lograrla de las dos maneras, presentando las imágenes de un modo que diga indirectamente, sin expresarlo del todo, que transmiten una verdad importante o esencial acerca del asunto que fotografían. Pero los fotógrafos saben perfectamente bien que las imágenes representan una muestra muy pequeña y seleccionada del mundo real sobre el cual se presume que están transmitiendo alguna verdad. Saben que su selección de tiempos, lugares y personas, de distancia y ángulo, de enmarque y tonalidad, todo combinado, produce un efecto completamente distinto del que se lograría

---

*Reproducido de Afterimage, *febrero 1978, 9-13. Se han omitido algunas fotografías del original.*

de la misma realidad con una selección diferente. Y como otros podrían haber fotografiado el mismo asunto de modo distinto, les preocupa ser acusados de parcialidad. Con esa preocupación presente, están a la defensiva y afirman, antes de ser acusados al respecto, que sus imágenes son sólo una visión personal: "simplemente como me parecía", que cualquier otra visión personal sería igualmente "válida". Pero nunca piensan realmente en las rectificaciones, tanto de sus propias fotografías como de cualesquiera otras, que tengan alguna pretensión de verdad documental.

Usted mismo puede comprobar la inutilidad de la rectificación "sólo es personal". Tome alguna fotografía que posea un intenso elemento de algo parecido a un informe veraz sobre la sociedad o una parte de ésta; las fotografías de FSA son buenas a este fin aunque no sean clásicas (a menudo utilizo las fotografías que hacen mis alumnos). Ahora dígase o diga a sus amigos, o a quien le escuche, que acaba de descubrir que esta fotografía no ha sido tomada en donde parecía haberlo sido, o en donde dice el pie de foto, o que las personas en imagen no son quienes parecen ser o que no están haciendo "naturalmente" lo que la fotografía muestra que están haciendo. Yo trastorné una vez a una clase diciéndoles que las fotografías tomadas por un estudiante eran falsas por cuanto, aun tomadas en O'Hare Field, cada persona de las que aparecía era un "extra" contratado y cuyos movimientos había coreografiado. La respuesta a tal afirmación es intersante. Jamás he sabido de nadie que no respondiera diciendo: "¡Eso no es cierto!" incluso quienes unos momentos antes aseguraban vigorosamente que la imagen representaba una visión personal cuya verdad no importaba. Si nos negamos a creer que una fotografía carece de la patente de realidad que suponíamos que tenía, debemos ver que parte de nuestra respuesta a ella lo era, como prueba de algo acerca del mundo real y del fotógrafo.

Naturalmente no todas las fotografías producirán semejante respuesta. Géneros totales sencillamente no suscitan la cuestión de verdad. Nadie sabe ni le importa en donde se originó una construcción de UELSMANN y si Duane MICHALS emplea modelos, ¿y qué? Por otro lado resultaría muy diferente para nosotros si pensáramos que trabajos tan obviamente "personales" como los de Diane ARBUS o Robert FRANK no se realizaron donde dan a entender que fueron efectuados o que las personas que aparecen en esas imágenes eran modelos contratados; y el caso es más serio cuando pensamos en fotografías de W. Eugene Smith o en los fotógrafos de FSA. Aquél que no reaccione nunca de semejante modo ante las fotografías no necesita seguir leyendo.

De esta manera, la mayoría de nosotros nos preocupamos de si las fotografías que hacemos y las que observamos parecen "verdaderas" y pueden ser consideradas como tales por otros que las vean. Quiero señalar algunos modos de reflexionar esta cuestión que resulten más claros que los que habitualmente seguimos. Al proceder así me basaré en algunas ideas más o menos bien conocidas de los científicos sociales y probablemente violentaré algunas sensibilidades fotográficas pero éste es el precio por escapar a las trampas en que nosotros mismos nos hemos metido.

Lo que propondré no es necesariamente lo mejor y ni siquiera un modo extraordinariamente importante de evaluar las fotografías. Tampoco todas las fotografías deben ser evaluadas conforme a las normas que describiré. Pero si la verdad es un factor en nuestra respuesta a una fotografía, entonces estas normas tienen relevancia para nuestra comprensión y juicio al respecto y también para nuestra experiencia estética.

¿QUE ES LO VERDADERO?

Una primera aclaración nos obliga a renunciar a la pregunta "¿es esto verdad? En esa forma simplista carece de respuesta y de significado y por eso resulta estúpida. Toda fotografía, puesto que parte del hecho de que unos rayos luminosos que algo emite han llegado a una película, tiene que ser verdad en algún sentido obvio; y como siempre pudo haber sido diferente de lo que fue, no es posible que se trate de toda la verdad y en ese sentido obvio resulta falsa.

Para abordar la cuestión de una manera más sensible hemos de pulirla. Para empezar podemos preguntarnos "¿acerca de *qué* está diciendo la verdad esta fotografía?" Por lo general las imágenes pueden contener información suficiente que pueda utilizarse para aportarnos pruebas acerca de más de un asunto. ¿Nos dicen las imágenes de Brasai (en *The Secret of Paris of the 30's*) la verdad acerca de París, o acerca del París de los años treinta, o sobre la vida alegre parisiense, o sobre esa clase de vida alegre en general o... ? ¿Dicen la verdad las fotografías de Bill Owens (en *Suburbia*) respecto a las comunidades suburbiales, sobre Livermore, en California, en especial, de los papeles del sexo en la América moderna, de las prácticas domésticas, sobre los niños americanos o...? En consecuencia tenemos que especificar primeramente de qué verdad se trata.

Incluso eso no es suficiente. Aunque conozcamos el asunto aún no sabemos qué es lo que se afirma al respecto. Advertimos a veces que las afirmaciones que formula una fotografía —su "declaración"— son tan sutiles e inexplicables que no cabe reducirlas a palabras. Indudablemente no es posible traducir toda la formulación de este modo. En buena parte se expresa en un lenguaje visual respecto del cual carecemos de normas hábiles para reflejarlo en vocablos. Más aún, contiene tanto material que su traducción a palabras significaría más trabajo del que merece la pena el empeño. Aun así, y por lo general, no solemos considerarnos incapacitados para no decir nada sobre el contenido de la imagen. En consecuencia, precisamos de un modo de extraer de la imagen algunas formulaciones verbales que nos ayuden a decidir acerca de qué nos está diciendo la verdad, si éste es el caso y en qué consiste semejante verdad.

He aquí una manera de proceder. Respecto de cualquier imagen, pregúntese usted qué cuestión o cuestiones *puede* estar respondiendo. Como la imagen podría responder a muchas preguntas, nosotros podemos resolver cúal es la pregunta en la que estamos interesados. Desde luego, la imagen señalará la probabilidad de que allí se encuentren respuestas a algunos interrogantes. Por ejemplo, las fotografías de despensas y frigoríficos de Owens sugieren claramente que responderán a preguntas acerca del tipo de alimentos que almacenan y presumiblemente consumen, quienes habitan esas casas mientras que otras fotografías de *Suburbia* indican que responderán a otras preguntas respecto a sus disposiciones domésticas. Las fotografías de Walker Evans sobre las cocinas de aparceros no contienen una información tan detallada de los alimentos y no es posible emplearlas para responder a tales preguntas; su contenido sugiere que responderán a los interrogantes sobre el mobiliario de los aparceros. Del mismo modo, algunas de las fotografías de Brassai responden explícitamente respecto al modo en que operaban las prostitutas parisienses mientras que las imágenes de Danny Lyon (en *The Bikeriders*) contestan a algunas preguntas acerca de la manera en que invierten sus momentos de ocio las bandas motorizadas.

No es preciso que nos limitemos a las preguntas que sugieran las fotografías. También pueden emplearse para que nos informen de asuntos en los que no pensó el fotógrafo y que no sugieren de manera obvia las imágenes. Así Lesy emplea

Bill Owens, de *Suburbia*

Walker Evans, "Cocina y palangana en el pasillo de la cabaña de Floyd Burrough, aparcero del algodón, Hale Co, Alabama, 1935".

fotografías de un estudio comercial (en *Real Life*) para investigar la forma en que los participantes en la vida social de Louisville durante los años 20 alteraban deliberadamente la realidad, cuestión sobre la que puede presumirse que pretendían mantener ignorada las imágnes de Caulfield y Shook. Cabe sustraerse así a interrogantes interminables, inexplicables e irrelevantes acerca del propósito del fotógrafo porque, cualquiera que sea esa intención, podemos emplear las fotografías para responder a las preguntas que queremos plantear y proceder así sin violentar la tarea de los fotógrafos-artistas.

En cualquier caso elegimos una pregunta de la que pensamos que la fotografía nos permitirá responder. Quizá nos acercaremos a la fotografía con la pregunta ya decidida o tal vez se nos ocurrirá cuando observemos la imagen. De uno u otro modo tenemos que recurrir sistemáticamente a la imagen para ver qué tipo de respuesta puede darnos. Quizá descubramos que no contesta muy bien a la pregunta pero responderá a algún otro interrogante de modo más satisfactorio, dejando menos margen para la duda. La tarea consiste en hallar una pregunta y una respuesta que se acomoden, siendo la respuesta la que corresponde a tal pregunta y viceversa.

Las preguntas más obvias a las que pueden responder las fotografías son las más específicas ¿Qué tienen estas personas en las estanterías de su despensa? ¿Qué clase de chaquetas visten los miembros de la banda motorista de Lyon. Pero sólo nos interesamos por una información tan específica si los sujetos de la fotografía son celebridades de algún tipo, si son personas de nuestra intimidad o si las fotografías van a ser empleadas en un trámite legal. Normalmente las fotografías nos parecen interesantes porque responden a preguntas acerca de algo más amplio que el asunto inmediato y por lo común los fotógrafos nos dan a entender que sus imágenes tienen tal significado amplio. Así Owens no titula su libro *Livermore* sino *Suburbia* y al proceder de este modo da a entender (hay que suponer que deliberadamente) que las fotografías responden a preguntas acerca de las generalidades del estilo de vida suburbano y no tan sólo de un suburbio. Si sólo se refirieran a ese barrio, las fotografías nos parecían menos interesantes; son escasas las personas (al margen de las que allí viven) que sientan un profundo interés por Livermore, California. Los libros de fotografías documentales tienen muchas veces títulos que implican ese tipo de generalización interesante (pensemos en *The Americans, American Photographs* o *You Have Seen Their Faces*). Pero incluso sin semejante ayuda saltamos rápidamente a tales generalizaciones porque sin ellas las fotografías en manera alguna nos llamarían la atención.

En consecuencia, inspeccionamos por lo común este tipo de fotografía con la mirada atenta a la respuesta referente a alguna pregunta general acerca de las disposiciones o los procesos sociales. El género de preguntas que nos interesa corresponde a menudo al de las que formulan los científicos sociales. Por ejemplo: ¿cuáles son los principales temas de la cultura de esta sociedad? Este es el tipo de pregunta que suscitó Ruth BENEDICT en *Patterns of Culture* y en *The Crhrysanthemum and the Sword* y me parece que es un modo justo de caracterizar el libro de Robert FRANK afirmar que *The Americans* es una clase de respuesta a preguntas tales acerca de los Estados Unidos. En la lista de los temas que el libro proporciona como respuesta, si formuláramos la pregunta correspondiente, figuran (y no es exhaustiva mi relación) los siguientes:

1). El coche domina la soledad americana. Los americanos reverencian a sus coches y prácticamente viven en su interior.
2). Reverencian de modo semejante a la bandera o al menos la muestran en todas partes, en tantos lugares y tan variados que llegan a devaluarla y degradarla.
3). Del mismo modo resulta omnipresente el simbolismo religioso y, en consecuencia, aparece carente de significado y degradado. Sólo entre los negros constituye una fuerza viva.
4). Algunos varones —blancos, de la clase media alta, de mediana edad u occidentales— son poderosos e inspiran miedo y deferencia. Los ancianos parecen devaluados e ignorados. Son tratados muy mal, tal como les sucede a los pobres y a los miembros de las minorías étnicas.
5). Las mujeres carecen de poder y sólo obtienen algo gracias a su apariencia y a su relación con un varón poderoso.

No es éste lugar para un análisis completo de *The Americans*, pero la naturaleza de los temas culturales constituye al menos un orden de interrogantes al cual proporciona respuestas.

Otros trabajos fotográficos caracterizan el estilo de vida de algún estrato social, grupo profesional o área social, detallando formas principales de asociación entre los miembros del grupo y colocándolos en relación con una serie de fuerzas del entorno. Eso es lo que hace la obra de Danny Lyon. Otros fotógrafos responden a preguntas equivalentes a una versión de: ¿pueden existir tales cosas? Es decir, comprueban que ciertos fenómenos realmente han tenido lugar o han existido de modo que sabemos que las charlas y teorizaciones futuras tendrán que tener en cuenta su existencia. En el grado en que las fotografías publicadas de Dian Arbus nos dicen algo más allá de ella misma, sirven a ese propósito, indicando la existencia de una población de excéntricos y extravagantes por lo común convenientemente olvidados por los miembros más "normales" de la sociedad americana, una población ignorada por las teorías tanto profanas como profesionales acerca del modo en que opera la sociedad. O atendamos a esta pregunta: ¿realizarían en público las relaciones sexuales conocidas como *cunnilingus* y con mujeres que les fueran totalmente desconocidas, americanos de pequeñas ciudades, granjeros y trabajadores semejantes? A la mayoría de quienes han escrito sobre la sociedad americana les resultaría imposible esta situación pero unas pocas fotografías de *Carnival Strippers* de Susan Meiselas, más el texto de acompañamiento, nos muestran que lo han realizado, al menos en la mediad suficiente para que ella lo fotografíe; según testimonio de quienes informaron a la autora, el hecho es incluso corriente.

Son innecesarios ejemplos ulteriores. De estas fotografías pueden extraerse las respuestas a tales preguntas. Las respuestas, tanto específicas como generales, que hallamos en las fotografías pueden ser consideradas como las proposiciones cuya verdad afirma la imagen. Así ya no es necesario contestar a preguntas tan irreplicables como: "constituye el reportaje de Smith sobre la aldea española una imagen 'verdadera' de la vida allí?" En vez de eso podemos hacer preguntas específicas acerca de esa vida —¿se toman muy en serio los aldeanos los ritos religiosos?— y emplear el material de las imágenes para responderlas. El primer paso consiste en decidir si las imágenes dicen la verdad y luego resolver qué verdad afirman, viendo qué respuestas pueden extraerse de ellas a las preguntas sugeridas por nosotros o por ellas. (Este modo de examinar las cosas destaca el hecho de que las imágenes no realizan simplemente afirmaciones sino que más bien nosotros interactuamos con ellas con objeto de llegar a unas conclusiones, en suma, que nosotros desempeñamos un papel activo en el proceso, como DEWEY señaló hace ya tiempo y muchos otros han reiterado desde entonces).

AMENAZAS A LA VALIDEZ

Una vez que sepamos lo que en nuestra opinión afirma una imagen, o puede lograrse que afirme, puede preguntarse: ¿es cierta esa afirmación? Antes de sugerir un modo de abordar este problema quiero formular unas cuantas observaciones preliminares.

1). La verdad no tiene por qué ser *toda* la verdad. Es irrelevante criticar la afirmación que hayamos extraído de una imagen porque también postule alguna otra afirmación, *a menos* de que las dos afirmaciones sean contradictorias. Como frecuentemente las imágenes contienen una gran riqueza de información, no es sorprendente que pueda formularse más de una cosa verdadera sobre la base de una sola imagen. Cuando así sucede, solamente significa que estamos formulando diferentes preguntas que merecen y logran distintas respuestas.

2). Por lo común, la verdad no quedará comprobada por una sola fotografía y habitualmente tampoco por cierto número de fotografías consideradas en sí mismas. Los fotógrafos y otras personas incurren en el hábito de debatir la cuestión de la verdad como si tuviese que quedar zanjada con referencia a una imagen. ¿Qué podemos afirmar con seguridad sobre la base de esta única fotografía? La respuesta suele ser nada en absoluto. Por lo general decidimos acerca de las cuestiones importantes sobre la base de la valoración de todo tipo de datos, equilibrando todos los fragmentos que de hecho podamos reunir para llegar a formular el mejor juicio posible que quepa hacer respecto de una proposición. Entre estos fragmentos figurarán corrientemente otras fotografías, además de aquella con la que hemos estado trabajando, *y* una variedad de textos: documentos, entrevistas, etc.

3). Nunca podemos estar completamente seguros de la verdad de una afirmación. Nuestro conocimiento es siempre parcial y por eso falible; posiblemente mañana encontraremos nuevos datos que nos muestran que la afirmación que considerábamos verdadera es, después de todo, falsa. Así una reciente investigación sobre las circunstancias de la realización de muchas de las primeras fotografías de los indios americanos muestran que son considerablemente imprecisas, porque los fotógrafos vestían a los indios y les hacían posar como creían que tenían que hacerlo los indios en vez de investigar suficientemente sobre sus vidas para poder fotografiarles tal como aparecían en su vida corriente (véase SCHERER, 1975). Estos casos y otros similares revelan cómo una nueva información puede modificar nuestras ideas acerca de la validez de una afirmación y, en consecuencia, el grado en el que estas ideas se basan en algo más que en la prueba interna deducible de una fotografía.

4). No existe una sola norma de validez que resulte aceptable para todos los grupos sociales y para todos los fines. Algunos grupos se muestran más escépticos que otros, en parte por sus inclinaciones profesionales (por ejemplo, los psicólogos son probablemente más escépticos que los antropólogos) y en parte en función de los propios intereses (la prueba de algo que me perjudique tiene que ser muy convincente, mucho más que si me favorece). Por añadidura, exigimos de la prueba un nivel elevado cuando hemos de basar alguna acción importante sobre nuestra conclusión. (Una de las razones de que nos mostremos menos escépticos respecto del material fotográfico puede ser la de que rara vez emprendemos una acción importante sobre esta base.)

Con estas precisiones podemos pensar en la forma de decir si la afirmación que hemos extraído de una fotografía es cierta. La idea de *amenazas a la validez* de una proposición fue primero formulada y estudiada considerablemente por Donald CAMPBELL, un psicólogo y filósofo de la ciencia, junto con unos cuantos de sus colaboradores. La idea es bastante simple. Decidimos si una proposición es cierta (o, quizá mejor, si debemos creerla), pensando explícitamente en todas las razones que podemos tener para dudarlo y viendo luego si las pruebas accesibles nos obligan a tomar en serio estas dudas. Si las pruebas indican que no es necesario que alimentemos tales dudas, que estas amenazas a la validez de nuestra idea no son sólidas, entonces cabe aceptar como cierta la proposición.[1]

CAMPBELL y otros han establecido una lista de gran número de amenazas a la validez de hipótesis o afirmaciones. Muchas

---
[1] La declaración original relativa a este enfoque es de CAMPBELL y STANLEY (1966). CAMPBELL (1969) formula al respecto algunas importantes modificaciones.

de éstas presentan una referencia especial a la situación del experimento de laboratorio; otras resultan más generalmente aplicables. No pretendo examinar toda la lista sino más bien iniciar otra similar aplicable a afirmaciones basadas en materiales fotográficos. En la actualidad disponemos de numerosos ensayos y monografías fotográficos que formulan una especie de declaración acerca de la vida social. Al examinar varias de estas obras podemos ver qué dudas tenemos al respecto; con la generalización de estas dudas cabe apreciar cúales podrían ser las categorías generales de las amenazas a la validez de afirmaciones de origen fotográfico (CAMPBELL revisó su lista en varias ocasiones desde la primera vez que la publicó y la lista que daré es asimismo provisional; cabe ampliarla sobre la base del modo en que funcione en la práctica). Cuando podemos entender las amenazas a la validez, podemos ver también qué tipos de material cabrá emplear con la amenaza. En suma, cabe compilar un catálogo de problemas y soluciones. He aquí algunos.

1). La amenaza más obvia a la validez de una conclusión basada en datos fotográficos es la sospecha de que la fotografía fue falseada de alguna manera. Puede que haya sido retocada; LESY muestra algunos burdos ejemplos de fábricas inmundas, dignas de Lewis Hine,* convertidas mágicamente en lugares de trabajo espaciosos, soleados e higiénicos. Puede que el grabado sea una mezcla de varios negativos y que muestre juntas a personas que en realidad jamás se reunieron. Las personas y las cosas en la imagen pueden haber sido dispuestas por el fotógrafo o por alguien más (con o sin el conocimiento y la aprobación de éste), como en el caso de la fotografía de la "calavera" de Arthur Rothstein quien fotografió la descolorida calavera de un buey sobre un terreno reseco de Dakota del Norte. Había encontrado cerca el cráneo y lo desplazó hasta dejarlo sobre un espacio pelado y próximo a un herbazal, buscando la luz y el ángulo mejores. Los políticos republicanos, en un esfuerzo por poner en evidencia los demócratas y a Franklin Roosevelt, afirmaron que la fotografía había sido trucada, que el cráneo no estaba en donde Rothstein lo fotografió. Deieron a entender que llevó consigo la calavera buscando un lugar oportuno con objeto de

---

*Autor entre otras series fotográficas célebres, de las que dedicó a la llegada de emigrantes a Nueva York (1905), su vida posterior (1908) y las condiciones de trabajo de niños (1909). (*N. del T.*)

sacar un partido dramático a la sequía. Lo que rechazaban era la conclusión implícita de que la sequía había sido tan grave que los bueyes se morían y pudrían en los campos.²

La historia de Rothstein ilustra varios puntos. El hecho de que la fotografía sea "auténtica" depende de las conclusiones que extraigamos al respecto. Si la consideramos como prueba de que las vacas de Dakota del Norte estaban muriendo de sed, problablemente no es cierta. Si la consideramos como simbolizadora de la situación de la sequía, ilustrando su gravedad, entonces probablemente era verdadera. La historia indica también lo que se requiere para que una imagen sea estimada como indiscutiblemente "verdadera". Si sospechamos que ha sido objeto de la intervención subrepticia de alguien, de forma que la fotografía no sería lo que es sin semejante inter-

Michael Lesy, de *Real Life: Louisville in the Twenties*. Por cortesía de los archivos fotográficos de la Universidad de Louisville.

---

² El relato aparece en HURLEY (1972): 86: 92).

Michael Lesy, de *Real Life: Louisville in the Twenties*. Por cortesía de los archivos fotográficos de la Universidad de Louisville

vención, su valor como prueba disminuye. Así quizá no confiemos en las fotografías de campesinos peruanos que hizo Irving Penn (en *Worlds in a Small Room*) para decirnos qué clase de personas son, porque Penn nos cuenta que dispuso él mismo sus posturas, moviendo sus brazos, piernas y torsos como hacía con las modelos de alta costura. Sea cual fuere lo que hubiéramos podido deducir acerca de la vida y de la cultura de los campesinos por la manera de situarse ante la cámara, resulta ahora sospechoso porque quizá lo que vemos corresponda sólo a una idea de Penn. Del mismo modo, cuando una fotografía muestra abiertamente signos visibles de haber sido trucada (como en las imágenes de *Photomontage* de Dawn Ades), no ponemos reparo alguno; nadie está tratando de engañarnos y sabemos que a la hora de hacer inferencias tendremos en cuenta la adulteración.

2). La historia de Rothstein sugiere una segunda amenaza a la validez de afirmaciones basadas en fotografías. La fotografía posee un rango ambiguo en relación con el arte superior, y a muchos fotógrafos cuyo trabajo es descaradamente comercial o periodístico también les gustaría ser considerados "artistas". Les estimulan en su deseo las autoridades en el mundo de la fotografía de arte quienes periódicamente descubren un mérito artístico en trabajos de este tipo y así periodistas gráficos como Cartier-Bresson y W. Eugene Smith son reconocidos como artistas y sus obras se exhiben en los museos y son compradas y vendidas por marchantes y coleccionistas. Ningún género de fotografía parece inmune a este efecto. Se ha iniciado un intenso movimiento para tomar en serio las fotografías de la moda e incluso han recibido semejante tratamiento las fotografías de reconocimiento aéreo realizadas bajo la dirección de STEICHEN durante la primera guerra mundial (véase SEKULA, 1975).

No quiero debatir aquí la oportunidad o la improcedencia de esta práctica. Algunas de las personas y fotografías así ennoblecidas, lo merecen; no es ése el caso de muchas. En cualquier circunstancia y como los fotógrafos, sea cual fuere el trabajo que estén realizando, pueden desear ser reconocidos como artistas, sospechamos a veces que hacen sus reportajes acomodándolos a los actuales estilos artísticos, tanto por lo que se refiere a la técnica y a la composición, como con respecto al capricho y al asunto. Así, hace algunos años, Jones y Boruch montaron una exposición de fotografías de una moribunda población californiana: tiendas de escaparates cubiertos de tablas, calles desiertas, un Banco cerrado. La exposición mereció una respetuosa crítica de Margery MANN (1964) quien, meses más tarde, envió al director de la publicación una airada carta en la que anunciaba que había visitado después la población moribunda; descubrió que a menos de una manzana de distancia de donde fueron tomadas las fotografías había surgido un nuevo y próspero barrio comercial, con una nueva sucursal del Banco que había cerrado, dos concesionarios de coches y otros signos de prosperidad. Las fotografías parecían haber sucumbido al deseo "artístico" de nostálgicas historias sobre la muerte del antiguo Oeste. No hay en esto crítica alguna a las fotografías ni la afirmación de que fuesen falsas. Tan sólo se indica que, a partir de tales imágenes, no cabe llegar a la conclusión de que la población estuviese muriéndose; los fotógrafos merecían una censura tan sólo en cuanto habían sugerido que el observador pudiera llegar a tal conclusión.

El deseo de hacer "arte" puede, pues, inducir a los fotógrafos a suprimir detalles que estorben a su concepción artística, una idea que puede ser perfectamente válida en sí misma pero que no conviene a las fotografías cuando éstas han de ser utilizadas como prueba para llegar a cierto género de conclusiones. Muchos científicos sociales experimentan precisamente este temor. El miedo se halla justificado pero no puede limitarse sólo a las fotografías o a aquellas realizadas con una intención artística. En el grado en que la intención artística obstruye el empleo de la fotografía como prueba, en el mismo grado procede afectando a la selección y presentación de detalles, de modo que algunas cosas no se muestran, se destacan ciertos detalles a expensas de otros y así se sugieren relaciones y conclusiones sin proporcionar realmente una causa sólida para creerlas y presentando detalles de manera que proporcionen un talante en vez de otro (a través, por ejemplo, de la manipulación de la luz o del estilo de impresión). Como toda manera de realizar una fotografía, tanto si es con fines artísticos como para su presentación como prueba ante un tribunal, recurre a tales medios, existe un problema pero es aquél con que tropieza cada usuario de la fotografía. Por lo demás, toda forma de material verbal plantea el mismo problema; porque el testimonio escrito y el oral se hallan asimismo determinados por la existencia de una audiencia y han de ser, en consecuencia, interpretados y comprendidos. Así el hecho de saber que el fotógrafo posee algunas intenciones artísticas no invalida su trabajo como prueba; aun podemos decidir que una cierta conclusión es verdadera. Pero sabiéndolo, estaremos atentos a algunas amenazas a la validez de nuestras afirmaciones. No cabe resumir fácilmente tales amenazas porque dependen de las convenciones y modas artísticas que se impusieran cuando se hizo la fotografía. Conociéndolas, podemos buscar en especial omisiones o sesgos en la muestra y en la presentación que cabe asociar con tales convenciones.

3). Podemos sospechar que el fotógrafo ha realizado una muestra inadecuada de los acontecimientos que haya captado, dejando de ver todas las cosas relevantes para la pregunta y la respuesta en las que estamos interesados o que, habiéndolas visto, no las ha fotografiado. En este punto, uno de los problemas principales es el del acceso. ¿Podemos lograr el acceso a toda la gama de actividades relevantes y si es así, en qué términos cabe acceder? ¿Qué tenemos que dar a cambio? Cuando examinamos las fotografías como prueba, queremos saber lo referente al acceso y a las condiciones. Por lo general los fotógrafos nos proporcionan información sobre estos puntos, tanto explícitamente (como en la introducción de Bruce DAVIDSON a *East 100th Street* o en el largo texto de Smith en *Minamata*) como implícitamente, por la prueba de las propias fotografías. Se dice a menudo que una fotografía registra, entre otras cosas, la relación del fotógrafo con las personas que aparecen en la imagen, tanto si es íntima, amistosa, hostil o voyeurista. Podemos advertir, por ejemplo, que Danny Lyon y Larry Clark (en *Tulsa*) tuvieron que haberse relacionado íntimamente con las personas a las que fotografiaron con sus motos y tomando drogas mientras que Frank resultaba un extraño para quienes fotografió; que Bill Freedman tenía una relación amigable con la gente del circo que ella fotografió; que Bill Owens se relacionó en Livermore con algunas personas mejor que con otras, pero que conocía ampliamente la zona, igual que la conocería un reportero. Parte de nuestro interés estriba siempre en saber cuánto tiempo pasó en la zona el fotógrafo; confiamos más en la muestra cuando sabemos que ese período fue largo. No es lo mismo una semana que un año o dos.

La obtención de permiso o autorización para realizar fotografías de personas puede considerarse provechosamente como una negociación entre ellas y el fotógrafo. Cada uno da algo y consigue algo. La mayoría de los fotógrafos han desarrollado un sistema de abordar este problema, pero rara vez hablan de ello con franqueza o prolijamente. ¿Qué entrega el fotógrafo a cambio del permiso por realizar su trabajo? Por ejemplo, yo pasé dos años fotografiando a personas que proporcionan servicios médicos de urgencia en los grandes conciertos de *rock* al aire libre de la zona de la bahía de San Francisco. La única regla a la que hube de someterme para lograr el acceso a buena parte de las operaciones era no fotografiar ni utilizar nunca el rostro de un paciente. La razón era clara y comprensible y acepté la prohibición como precio para poder realizar todo mi proyecto. Sin embargo, quienes ahora lo ven no pueden responder a las preguntas relativas a los tipos de personas que son los pacientes o qué les parece el servicio que obtienen, por obra de la norma que yo acepté durante la negociación del permiso.

Un segundo problema es el de la teoría del fotógrafo. No fotografiamos lo que nos parece falto de interés o que carece de significado. El hecho de que pueda tener un significado y resultar interesante está en función de la teoría que tengamos respecto a lo que estamos investigando. Por lo general, logramos una cierta idea acerca de la teoría del fotógrafo al investigar tanto las propias fotografías como el texto que las acompaña. Podemos llegar a decidir que la teoría ha cegado al fotógrafo en lo que se refiere a cosas que tenemos que saber para decidir si una determinada afirmación es cierta. Aquí criticamos, hasta el punto en que estemos haciendo una crítica, no las fotografías sino la teoría o idea que subyace en su realización (véase BECKER, 1975).

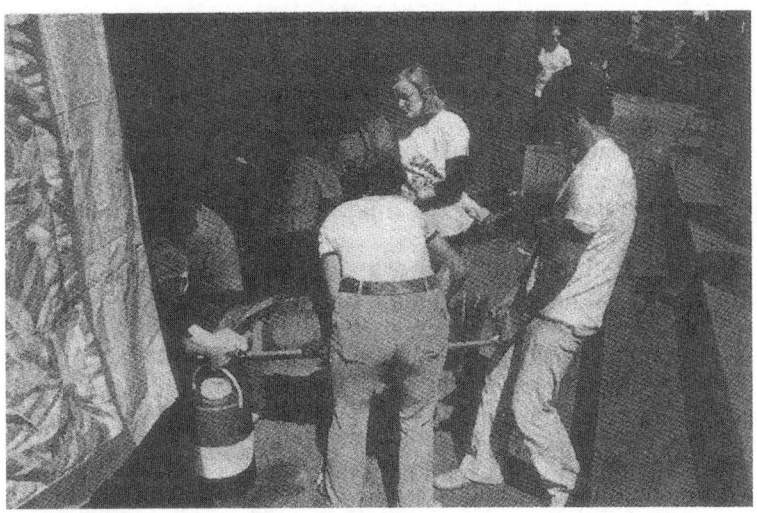

Howard Becker, de la serie sobre asistencia médica en los conciertos de rock

En cualquier caso, una muestra inadecuada, sea cual fuere la forma en que surgió, puede inducirnos a advertir una grave amenaza a la validez de la afirmación que queremos hacer basándonos en las fotografías.

4). Finalmente, puede que sospechemos que alguna forma de censura nos ha impedido contemplar todas las imágenes que pudiéramos haber visto y que las retenidas hubieran cambiado sustancialmente nuestra opinión y alterado quizá nuestras conclusiones. La censura puede ser impuesta por el Estado o por alguna subdivisión de éste, por una atmósfera cultural general que estime indecentes o desagradables ciertas fotografías o por los mismos fotógrafos, imbuídos de determinadas convicciones personales o políticas.

Las consideraciones contemporáneas se han relajado tanto en las cuestiones "morales" que ahora vemos fotografías que no se hubieran publicado tan sólo hace unos años. Un ejemplo sorprendente al respecto es el nuevo libro de Brassai en donde figuran sus ya famosas imágenes de París más muchas otras realizadas por el mismo tiempo, pero presumiblemente consideradas entonces demasiado indecentes para su presentación en público o para su distribución y que ahora no merecen esa valoración. Así contemplamos los bares de homosexuales que antes no veíamos, las prostitutas y sus clientes en la intimidad, etc. En nada contradicen lo que antes veíamos; simplemente extienden y amplían lo que podíamos haber imaginado sin estar completamente seguros de que acertábamos, aunque nuestro conocimiento del mundo nos dijera que probablemente teníamos razón.

Pero el hecho de que ahora veamos esas fotografías no significa que no hayamos de considerar la posibilidad de la censura. Hay que tener especialmente en cuenta que el sexo es sólo uno de los asuntos sobre los que puede recaer la censura. Existen muchos otros. Todo aquello sobre lo que las gentes no quieren saber, y hay millones de tales cosas, puede ser censurado si quienes desean que el tema se mantenga oculto poseen poder para lograrlo. En realidad impedir que se publiquen cosas es un elemento de la práctica de las relaciones públicas y en especial empresas y comunidades se esfuerzan a menudo por evitar que se divulgue el material "desfavorable", entre el que figuran las fotografías. Aunque realizada por intereses particulares más que por el Gobierno y sin ser resultado de una norma cultural general, esta tarea también tiene el efecto de limitar lo que vemos.

De manera semejante, el fotógrafo puede limitar lo que observamos. En este caso, desde luego, el empeño tiene un nombre más agradable y posee además una razón de ser. Frecuentemente empleamos el término editar, refiriéndonos así a la selección de un pequeño número de fotografías excelentes entre una amplia masa de imágenes. Es improbable que quisiéramos ver todas las fotografías aunque no sea ridículo indicar, por ejemplo, que preferimos disponer de los contratipos para hacer la comprobación por nosotros mismos. A todo el mundo le pareció extremadamente interesante contemplar la gama completa de negativos que realizó Walker Evans para FSA. A menudo descubrimos que la contemplación de una parte más amplia de un trabajo no modifica nuestra capacidad de formular varias afirmaciones o su justificación. Pero puede lograrlo y queremos saber si es así antes de aceptar la respuesta a alguna pregunta.

Cabe también que los fotógrafos censuren su trabajo por razones de ideología o de ética, como yo hice con los rostros de los expectadores asistidos durante los conciertos de rock. Es posible que, sin que se lo exijan las circunstancias, resuelvan que no quieren mostrarlo todo, que algunas cosas a nadie le importan o que las imágenes resulten irrespetuosas para los fotografiados. Es instructivo comparar al respecto el trabajo de Bill Owens con el de Roslyn Banish. Banish (en *City Families*) ha tratado un asunto algo semejante al que abordó Owens y de un modo completamente diferente (aunque ella se interesaba por la vida doméstica de quienes residían en el casco urbano en vez de en los suburbios). En lugar de las instantáneas simples de Owens, complementadas con una declaración breve y rápida acerca del tema, ella hizo retratos formales de familia a los que añadió largas entrevistas, rebosantes de detalles sobre las vidas y aspiraciones de cada una. Estas fotografías, mucho más respetuosas, presentan a las familias de un modo digno y sobrio que subraya su respetabilidad y honorabilidad. Owens no dejaba que sus sujetos se presentaran con tal formalismo; les convencía para que ofrecieran ante la cámara un aspecto menos digno y más cómico y al mismo tiempo no les permitía hablar tan prolijamente de sí mismos. Las fotografías de Owens nos proporcionan mucha más información acerca de una variedad de temas (¿qué sucede tras los claros muros de esas casitas suburbanas? ¿Confusión, alcoholismo, mal gusto, pereza y desorden?) y mucha menos acerca de una variedad de otros temas (esperanzas, sueños y aspiraciones). Si hubiese de elegir para comprender a unas familias en su entorno, me gustaría tener ambas series de fotografías.

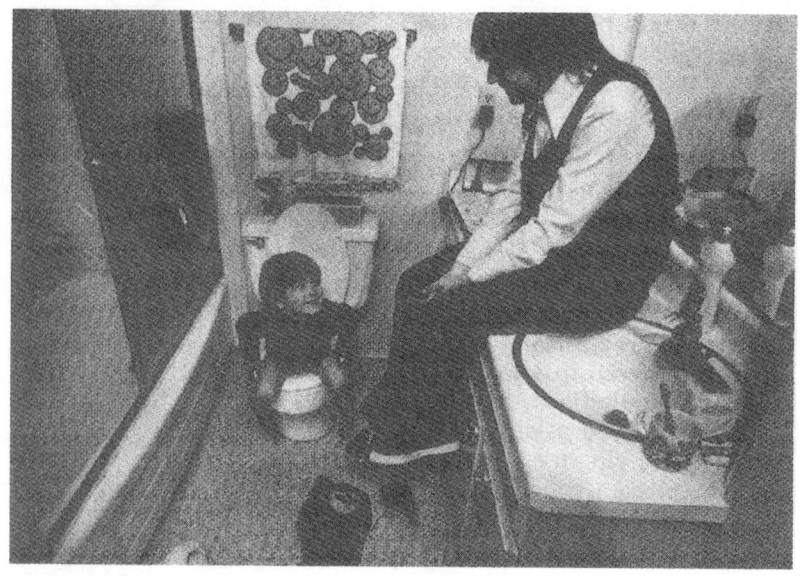

Bill Owens, "A Andrew no le gusta ir solo al cuarto de baño", de *Suburbia*.

Puedo responder a más preguntas y más completamente partiendo de la combinación de las dos que con cualquiera de las dos series consideradas aisladamente. Ignoro si es justo decir de la edición fotográfica de Banish que es respetuosa o afirmar de la censura de las expresiones de los sujetos en la edición de Owens que fue severa; probablemente no, pero el efecto es el mismo y en cada caso significa que tenemos menos confianza en las conclusiones extraídas del material presentado de la que de otra manera hubiéramos podido tener.

Siempre habrá razones suficientemente buenas para que algunas personas no presenten todo el material que podrían ofrecer, tanto si las razones son éticas o políticas como si sencillamente se trata de buen gusto. A la hora de ver a qué conclusiones podemos llegar, a qué preguntas podemos responder plausiblemente, hemos de tomar en consideración todo lo que sepamos o sospechemos acerca del grado de selección que se

Rosalyn Banish, fotografía de la familia Entwistle, de *City Families* (Phantheon, 1976).

haya operado. Hemos de reconocer que los demás estimarán cualesquiera signos de semejante selección como puntos débiles en la argumentación que estemos presentando y así queremos evitar tales sesgos, ocultar los indicios o explicar lo que son y por qué se hallan presentes.

Una consideración final. En el grado en que nos parezca que una forma determinada de operar es prueba de la inexistencia de una amenaza a la validez de cierta respuesta, hemos de estar atentos a la posibilidad de que el propio signo de la autenticidad haya sido falseado. Muchos fotógrafos exhiben ahora sus fotografías enmarcadas por una gruesa línea negra. Entre otras cosas la línea indica que el negativo no ha sido recortado, que todos los datos se nos presentan abierta y sinceramente. Pero desde luego cabe trazar líneas negras en torno del fragmento de un negativo. Y, aun más significativamente, el sistema oculta una amenaza peor: cualquier fotógrafo diestro puede enmarcar así una imagen para tapar los detalles indeseados que una persona menos diestra tendría que recortar.

CONCLUSION

Repito que mi própósito en este trabajo ha sido el de iniciar un debate, no el de concluirlo. La lista de amenazas está incompleta y apenas resultan sugerentes los medios indicados para abordarlas. En mi opinión, la manera de proceder consiste en investigar la práctica eficaz —obras que convencen y logran superar las dudas— tanto en la ciencia social como en la fotografía, aprendiendo y generalizando a partir de las experiencias en ambas áreas.

BIBLIOGRAFIA

BECKER, H. S. (1975) "Photography and sociology." Afterimage (Mayo/Junio).

CAMPBELL, D. T. (1969) "Prospective: artifact and control," en R. Rosenthal y R. L. Rosnow (eds.) Artifact in Behavioral Research. Nueva York: Academic Press.
——— y J. C. STANLEY (1966) Experimental and Quasi-Experimental Designs for Research. Chicago: Rand McNally.

HURLEY, F. J. (1972) Portrait of a Decade. Baton Rouge: Louisiana State University Press.

MANN, M. (1964) Review, Artforum (Mayo).
——— (1964) Letter. Artforum (Septiembre).

SCHERER, J. C. (1975) "You can't believe your eyes: inaccuracies in photographs of North American Indians." Studies in the Anthropology of Visual Communication 2: 67-86.

SEKULA, A. (1975) "The instrumental image: Steichen at war." Artforum (Diciembre), 26-35.

CAPITULO VII

CONTRIBUCIONES ETNOGRAFICAS A LA INVESTIGACION EVALUATIVA

Evaluación del programa de Escuelas experimentales y algunas alternativas

Por Michael S. KNAPP[*]
Stanford University

En los últimos años los estudios sobre la investigación evaluativa han comenzado a emplear el trabajo etnográfico de campo como un elemento en los esfuerzos investigadores de equipo multidisciplinar. Un ejemplo destacado al respecto —la investigación evaluativa del Programa financiado por el Gobierno federal— proporciona un registro detallado de los problemas y de las posibilidades de la investigación etnográfica.

Habida cuenta de una considerable inversión en trabajo de campo, de un marco temporal amplio y de un diseño de estudio que requiere un acercamiento a la investigación etnográfica convencional, los estudios sobre las Escuelas Experimentales constituyen un excelente punto de partida para debatir lo que puede —y no puede— ofrecer la etnografía a la investigación evaluativa. Este trabajo sintetizará los comentarios publicados de quienes participaron en esta serie de estudios, unas dos docenas de artículos y un libro aparecidos en los últimos cinco años dentro de las literaturas de antropología aplicada, evaluación y cambio de organización. Como demuestra ampliamente la experiencia de los participantes, el empleo de la etnografía en la investigación evaluativa suscita cuestiones fundamentales que resultan tanto más difíciles de resolver cuanto

---

[*]Agradezco los eficaces comentarios que formularon respecto de versiones previas de este capítulo Lee J. CRONBACH, Woodrow W. CLARK, Robert E. HERRIOT, Mitchell D. McCORCLE y Robert B. TEXTOR.

más se asemeja el componente etnográfico a la práctica etnográfica convencional. Las dificultades no son insuperables pero sólo es posible resolverlas con un gran coste y con modificaciones en la práctica etnográfica convencional. La tarea con la que se enfrentaron los investigadores de las Escuelas Experimentales representa sólo específicamente un programa, un contexto político, una finalidad evaluadora y un nivel de inversión en la investigación. Son posibles otras aplicaciones de la etnografía a la investigación evaluativa, cada una con ventajas y desventajas especiales y cada una desviada en diferentes grados del trabajo etnográfico convencional. Con la esperanza de ensanchar el debate iniciado por los estudios sobre las Escuelas Experimentales y de incrementar la gama de las aportaciones etnográficas a la investigación evaluativa, se examinarán informes seleccionados respecto a estas alternativas.

Investigación etnográfica

Para precisar la terminología hay que decir que por investigación etnográfica se entiende la actividad descriptiva de trabajo de campo de los antropólogos culturales y de muchos sociólogos cualitativos. Entre los elementos básicos de la investigación etnográfica figuran: *a)* un acceso inicialmente exploratorio y abierto a todas las contingencias al problema de la investigación; *b)* una intensa implicación del investigador en el entorno social que está siendo estudiado, como observador y en diferentes grados como participante; *c)* el empleo de múltiples técnicas de investigación intensiva, insistiendo en la observación participante y en las entrevistas con informantes clave; *d)* una tentativa explícita de comprender los acontecimientos en términos del significado que les prestan quienes habitan en ese entorno social; *e)* un marco interpretativo que subraye el importante papel del contexto en la determinación de la conducta y de las interrelaciones "estructurales" o "ecológicas" entre la conducta y los acontecimientos dentro de un sistema funcional;[1] *f)* un producto de investigación en forma escrita

---

[1] Aunque las etnografías tienden a interpretar los fenómenos sociales en términos funcionales, no es preciso que así sea (véase EVERHART, 1976:21-22). Pero hasta la fecha un marco interpretativo funcional parece típico de gran parte del trabajo etnográfico.

—una "etnografía"— que interprete los acontecimientos conforme a las líneas anteriormente indicadas y describa el entorno con detalles suficientemente vivos como para que el lector "sepa lo que es estar allí". Aunque suficiente para los fines de este trabajo, esta lista de elementos no hace justicia a las complejidades de la investigación etnográfica tal como ha sido descrita más ampliamente por antropólogos (p.ej. BERREMAN, 1968; WAX, 1971); por sociólogos cualitativos (p. ej. McCALL y SIMMONS, 1969; FILSTEAD ,1970) o por etnógrafos educativos (p. ej. WOLCOTT, 1975; WILSON, 1977 a).

INVESTIGACION ETNOGRAFICA DE LA EVALUACION EN LOS ESTUDIOS SOBRE LAS ESCUELAS EXPERIMENTALES

El "programa" hacia el que se orientó la investigación evaluativa en las Escuelas Experimentales comprendía varios subprogramas, cada uno de los cuales consistía en respuestas independientes a una directiva general de "cambio vasto y a largo plazo" en los sistemas educativos establecidos. En distritos escolares elegidos en todo el país, unas asignaciones federales sirvieron para financiar durante 3 o 5 años unos planes de desarrollo local para la innovación en el personal, los planes de estudio, la preparación de los profesores y la organización. La entidad patrocinadora actuó como "socio" en la tarea de cambio proporcionando fondos, orientación y una asistencia técnica limitada (véase HERRIOTT, 1979a: 51) Las realizaciones locales durante la vigencia del programa variaron en su alcance, en el grado de alteración de la práctica y de la organización existentes y en el volumen de realización.

El Programa de las Escuelas Experimentales se desarrolló en conjunto dentro de un contexto de la política nacional caracterizado por la turbulencia desde su comienzo en 1972 hasta el presente . El programa, en un principio una importante iniciativa de Gobierno de Nixon dentro de la reforma educativa, se resintió de los diversos relevos en la Casa Blanca, sufrió el cambio de patrocinio de la Oficina de Educación al Instituto Nacional de Educación y conoció años difíciles en el seno de este organismo cuando el Instituto Nacional de Educación fué blanco de los ataques del Congreso y de otros cuerpos elegidos (HERRIOTT, 1979a). En diferentes momentos de su historia, el programa experimentó direcciones diferentes, cada una de las cuales alentaba expectativas distintas.

Investigación evaluativa en las Escuelas Experimentales y su componente etnográfico

La estrategia general de la investigación evaluativa en las Escuelas Experimentales exigía una tarea interdisciplinar para reunir datos de dos tipos básicos. En primer lugar, unos estudios descriptivos de casos "documentaron" el progreso del programa en cada circunstancia bajo la forma de relatos locales y de explicaciones etnográficas. En segundo lugar, una batería de instrumentos encuestadores y psicométricos recogió en todas las situaciones una información "evaluativa" corriente para determinar así el cambio registrado en los alumnos, la organización escolar y la comunidad.

Algunos miembros del grupo de evaluación —y algunos participantes en los estudios sobre las Escuelas Experimentales— establecieron distinciones entre los componentes de "evaluación" y de "documentación" e insistieron en que el trabajo etnográfico de campo era sólo parte de este último y carecía de un importante papel evaluativo. Este trabajo mantiene, no obstante, que resulta más productivo tratar a ambos componentes como un programa integrado de "investigación evaluativa", cada parte del cual pudo influir en la otra, así como en las cuestiones políticas o en las decisiones futuras que afectaron al programa.

En la tarea de evaluación participaron 7 empresas investigadoras, cada una de las cuales se encargó de realizar un estudio sobre uno de los subprogramas de las Escuelas Experimentales. Los informes sobre dos de estos estudios han dado cuenta de amplios componentes etnográficos, cada uno organizado de un modo un tanto diferente (HERIOTT, 1977; EVERHART, 1975, 1976). En un caso —el Proyecto Rural que ha sido el más ampliamente debatido en la literatura— en cada uno de los 10 distritos escolares residió durante largos períodos de tiempo (entre 3 y 5 años en función del lugar) un agente de campo con adiestramiento etnográfico.[2] El tiempo del agente de campo se repartió aproximadamente entre la elaboración de estudios de casos y la recogida de datos interlocales. El resto del equipo de evaluación, integrado por personal con prepara-

---

[2] No todos los agentes de campo del Proyecto Rural eran etnógrafos con credenciales antropológicas; tres eran sociólogos y uno educador (véase HERIOTT, 1977:109). Todos poseían el equivalente de un adiestramiento etnográfico.

ción psicológica y sociológica, permaneció en la empresa investigadora y fue responsable del diseño investigador e instrumental, así como de los amplios análisis efectuados sobre los datos transmitidos desde el campo. La división del trabajo parecía lógica, habida cuenta de la lejanía y dispersión de los emplazamientos escolares.

En el segundo caso, del que informó EVERHART (1975, 1976), el agente de campo era parte de un equipo interdisciplinar localizado en el emplazamiento escolar y al parecer fue capaz de consagrar una parte mayor del tiempo al trabajo etnográfico. En razón de la proximidad de los demás miembros del equipo, el agente de campo interactuó sobre una base de continuidad con los restantes elementos de la tarea general investigadora. En ambas tareas, los agentes de campo elaboraron un estudio de casos sobre principios próximos a los de la etnografía tradicional, además, de realizar otros trabajos no habituales en los etnógrafos.

La razón de la inclusión de un elemento etnográfico formal de cada tipo parece eminentemente oportuna. Habida cuenta de la variación esperada de un lugar a otro, de la naturaleza polifacética de los cambios que se suponía había de promover el programa y de la obvia imposibilidad de separar la realización del programa local de su contexto inmediato, resultó razonable la decisión de aportar tantos recursos a un componente etnográfico. El adiestramiento de los etnógrafos, por no mencionar su socialización para el trabajo en áreas remotas, parecía idealmente adecuado para la tarea.

Por convincentes que estos razonamientos fueran —y lo son— se prestó una atención insuficiente a las difíciles cuestiones suscitadas por la combinación de etnografía formal e investigación evaluativa. Tales cuestiones se hallan espectacularmente ilustradas por las experiencias de quienes participaron en los estudios sobre las Escuelas Experimentales, tanto en el nivel de los agentes de campo como en el del coordinador de la investigación o en el del patrocinador del programa.

Cuestiones suscitadas por la experiencia de investigación evaluativa de las escuelas experimentales

1. DEFINICION DEL PROBLEMA

La etnografía convencional procede de una tradición que prima un enfoque inicialmente abierto a las contingencias y exploratorio de la definición del problema de la investigación (WOLCOTT, 1975:113). Pero en el contexto de la investigación evaluativa, los patrocinadores tienden al principio a tener intereses más centrados: una política o un programa específicos, un determinado grupo de personas, una gama de variables a las que se considera "políticamente relevantes" y una serie de preguntas entre las que figuran típicamente las siguientes: ¿funcionó el programa? ¿Se alcanzaron los objetivos? ¿Se realizaron las partes del programa tal como se había proyectado?

Pese a la amplitud que se les otorgó en los estudios sobre las Escuelas Experimentales, los agentes de campo se debatieron entre las definiciones del problema de la investigación impuestas por el patrocinador o por sus electores y su propia inclinación a "descubrir en qué consiste el problema", interesándose por el entorno de la investigación y sus ocupantes. Uno de los agentes de campo se resistió a las presiones ejercidas por los coordinadores del estudio para que investigara efectos específicos del programa de un modo que habría reducido considerablemente el foco del trabajo etnográfico. El agente de campo informó que había recibido "duras críticas de nuestra propia organización matriz por no examinar exclusivamente las variables resultantes y por no basar todo nuestro esfuerzo quinquenal en el exámen de las repercusiones de cada acción sobre los objetivos del proyecto... (por el contrario) nosotros afirmamos que el proyecto tenía que ser examinado en su contexto, es decir como una especie de trasplante en el organismo vivo del distrito escolar" (EVERHART, 1976:20).

Dentro del Proyecto Rural se realizaron esfuerzos considerables con el fin de mantener la libertad de los agentes de campo para definir un tema adecuado de su trabajo etnográfico y consiguientemente se lograron garantías al efecto a través de las cláusulas de contratación (FITZSIMMONS, 1975:189). Aun así, otras tareas de los agentes de campo como recopiladores de datos interlocales complicaron el proceso de definición de un problema de investigación. La naturaleza de los elementos en los instrumentos interlocales, por ejemplo, proporcionó al personal del emplazamiento escolar una impresión sobre las "preocupaciones"reales del estudio, restringiendo así la libertad de los agentes de campo para abordar un problema tal como les parecía oportuno. Uno citó un ejemplo de recogida de información de encuesta sobre la condición de un clérigo de una iglesia, que provocó una reacción negativa del interrogado, con el resultado neto de que la empresa investigadora "obtuvo su información pero a mí no me fue posible retornar a este sector de la comunidad, basándome en una información discreta, una participación limitada o en entrevistas indirectas" (CLINTON, 1975:199). En este caso no sólo se vio potencialmente afectada la definición del problema de investigación, sino también el elemento crucial de la relación con los informantes.

2. RELACION Y EL ENLACE CON EL PATROCINADOR DEL PROGRAMA

El establecimiento de una tarea de trabajo de campo que funcione a largo plazo es bastante difícil para cualquier etnógrafo pero se torna aún más complejo en la situación de investigación evaluativa debido al tipo de relaciones entre las partes. Dada la naturaleza de la información recogida por el investigador y la forma en que es obtenida, a un evaluador etnográfico le resulta difícil sustraerse a la suspicacia de los informantes potenciales.

Los agentes etnográficos de campo se enfrentan siempre con el delicado problema de legitimar su actividad de obtención de información. Han de establecer y mantener unas relaciones con el grupo que estén estudiando. La información que reunen es detallada, personal y sólo llega a través de contactos continuados con los que pertenecen al entorno social sometido a estudio. En un sentido muy auténtico el agente de campo *es* el instrumento primario de la investigación (WOLCOTT, 1975:115). Resulta preciso crear un nuevo tipo de función, la de "quien está dentro y está fuera" (PELTO y PELTO, 1978: 189) y hay que convencer a las personas de ese ámbito social de que la función es aceptable. Este enfoque de la investigación ha sido desarrollado fundamentalmente en ámbitos en donde un programa específico no constituía el centro del estudio y en donde la pertenencia institucional del investigador no suponía una relación obvia con las fuentes de financiación del programa. Además, los agentes etnográficos de campo cuentan siempre con una "salida": ante una persistente reacción adversa pueden trasladarse a otro emplazamiento.

Los investigadores evaluativos de cualquier tendencia metodológica se encuentran dentro de una relación triangular que los implica a ellos, al personal del programa y a los patrocinadores (que por lo común son también quienes financian la evaluación). La posición del evaluador es precaria en lo que concierne a la organización; se trata de un papel ambiguo de intermediario sobre el que se han formulado amplios comentarios en la literatura de evaluación (v.g. CARO, 1971). Los agentes de campo en los estudios sobre las Escuelas Experimentales se vieron en semejante posición, entre el personal del programa y el de la entidad patrocinadora. Para complicar aun más las cosas, los agentes de campo eran sólo parte de un amplio empeño de investigación evaluativa y así tuvieron que tratar también con otros miembros del equipo investigador.

La ambigüedad del papel del evaluador y los problemas habituales asociados al establecimiento de relaciones se combinaron para crear a los agentes de campo de las Escuelas Experimentales una situación especialmente difícil. Pese a las seguridades en sentido contrario, el personal del emplazamiento escolar consideró que la información recogida por los etnógrafos influía en la canalización de fondos federales al distrito escolar. Los agentes de campo fueron repetidamente tratados como "espías del Gobierno", tornando problemático, y en algunos casos imposible, el establecimiento de relaciones adecuadas (HERRIOT, 1977: 110). En alguna ocasión, además, las indicaciones inconsecuentes que recibieron las personas del emplazamiento escolar de los funcionarios del programa de la agencia patrocinadora complicaron aún más la cuestión (véase EVERHART, 1975: 208-209). Los agentes de campo fueron considerados como los "representantes" primarios del Gobierno en el lugar; por tanto hubieron de dedicar períodos de tiempo extremadamente largos al establecimiento de relaciones para poder efectuar un mínimo de trabajo etnográfico.

La consecuencia de la incapacidad de lograr un nivel adecuado de relaciones con los miembros clave del grupo sometido a estudio superó incluso el grado de incomodidad en el agente de campo. En un caso la permanencia de éste en el emplazamiento tuvo que concluirse prematuramente por obra de las deficientes relaciones con el personal local (HERRIOTT, 1977: 111). A otros se les negó el acceso a los datos o éstos fueron tergiversados cuando los informantes trataron de manipular la afluencia de información proporcionada al agente de campo (CLINTON, 1975:201). En suma la naturaleza misma del enfoque etnográfico convencional —prolongada inmersión en el entorno del campo y contacto íntimo y continuo con los informantes— significa que los agentes de campo han de enfrentarse con una tarea de establecimiento de relaciones muy superior a la del evaluador que periódicamente visita los emplazamientos para recoger datos de encuestas o tests. En honor de los etnógrafos de las Escuelas Experimentales hay que decir que fueron capaces de crear un nivel adecuado de confianza entre sus informantes, tal como han señalado algunos (p.ej., COLFER, 1976:38) pero que lo lograron al precio de un considerable gasto en tiempo y energías que de otro modo podrían haberse consagrado a la recogida de datos.

3. CARACTER CONFIDENCIAL Y LAS CONSECUENCIAS POTENCIALES DE LA INFORMACION

Cualquier etnógrafo se enfrenta con cuestiones difíciles en lo que atañe a la propiedad y disposición de las ingentes cantidades de datos del trabajo de campo generadas por la investigación. La cuestión es relevante en diferentes etapas del proceso del trabajo de campo. En primer lugar, cuando están siendo recogidos los datos, el etnógrafo debe decidir si divulgará parte de éstos, tentación que se incrementa cuanto más participa en las actividades del programa o proporciona retroinformación al personal. En segundo lugar, cuando los datos son analizados y transmitidos, el etnógrafo debe resolver hasta qué punto protegerá el anonimato de las fuentes, tarea no fácil dentro de una tradición investigadora que sostiene que los "buenos" informes etnográficos contienen cantidades sustanciales de datos primarios en forma de citas, incidentes críticos y casos semejantes (WOLCOTT, 1975:124). En cualquier etapa, la cuestión es la misma: ¿posee el investigador el derecho de revelar información, en buena parte privada y personal, que implica a determinadas personas y que puede tener para ellas consecuencias negativas? La respuesta a la pregunta no es obvia y depende en un grado considerable de cada caso específico. La mayoría de los antropólogos coinciden en la siguiente orientación: ocultar la identidad de personas o lugares específicos hasta el punto en que resulte práctico y evitar la presentación de datos que puedan resultar nocivos para algunos individuos.[3]

Cualquier forma de investigación evaluativa suscita este mismo tipo de cuestión, pero los dilemas son más agudos en el caso del trabajo etnográfico de campo como demuestra ampliamente el ejemplo de las Escuelas Experimentales. Para empezar, el centro de cada explicación de casos por parte de un agente de campo de las Escuelas Experimentales era un emplazamiento escolar establecido con unas determinadas personas. Como uno expresó: "El anonimato de la población de la investigación es, en este caso, un asunto muerto... (como) el de disfrazar a los actores principales... Un sistema escolar rural contiene un pequeño número de profesores, aún menos administradores... y un solo superintendente" (CLINTON, 1975: 200). Además no era posible precisar promedios de rendimiento individual ni ése es el tipo de datos para cuya obtención se halla concebida la etnografía. Informar después de la terminación de la actividad más importante —por ejemplo, tras la conclusión de la financiación federal— representa una solución parcial, suponiendo que las audiencias estén dispuestas a enterarse entonces de los descubrimientos efectuados. Pero en el caso de las Escuelas Experimentales, se exigía de los agentes de campo una producción intermedia para asegurar a la agencia patrocinadora que el trabajo progresaba satisfactoriamente y para proporcionar una información que sirviera como protección contra los grupos hostiles de Washington. La sugerencia del patrocinador de que los informes intermedios fueran elaborados en secreto sólo sirvió para complicar el problema ético con que se enfrentaban los agentes de campo, como señaló uno de ellos (COLFER, 1976). Cada solución en este caso representaba cierta violación de unas seguridades previas respecto del carácter confidencial. Al advertir este mismo problema, otro agente de campo sugirió unos productos intermedios alternativos que provocaran escasas dificultades, como informes re-

---

[3] Aquí simplifico extremadamente unas cuestiones éticas complejas que se debaten con amplitud en el seno de los círculos antropológicos (véase RYNKIEWICH y SPRADLEY, 1976).

lativos a intereses no programáticos o los antecedentes históricos del sistema escolar sometido a estudio (BURNS, 1976: 32). En principio resultan posibles estas soluciones pero evaden la cuestión: lo que al patrocinador le interesa más es informarse del programa proyectado. Y sobre todo en el nivel federal es muy probable que la agencia patrocinadora experimente una acuciante necesidad política de información acerca del programa mucho antes de que quede concluída una investigación evaluativa a largo plazo.

4. EL INFORME ETNOGRAFICO Y LA IDENTIFICACION DE LAS VARIABLES POLITICAS

La investigación etnográfica convencional da lugar a una "etnografía", una descripción y un análisis densos y vivaces del entorno social que está siendo estudiado, por lo común de varios centenares de páginas o más. Su finalidad consiste en dar cuenta detallada del funcionamiento de un complejo sistema social o de algún aspecto de éste. Se necesita largo tiempo para realizar un trabajo adecuado; algunos autores señalan que la redacción de una etnografía requiere el mismo tiempo que el dedicado a la obtención de los datos de campo (WOLCOTT, 1975: 118).

Por razones diversas, el propio informe etnográfico tiende a no llegar a proporcionar las implicaciones específicas para una política o para una acción administrativa que constituyen el típico producto final de la investigación evaluativa. Por un motivo: porque no resulta probable que la etnografía individualice el programa como un determinante específico o especialmente poderoso de acontecimientos en el entorno social que esté siendo estudiado. Por el contrario, el emplazamiento escolar y su programa tienden a ser interpretados en términos funcionales como partes de sistemas autosubsistentes más amplios (véase EVERHART, 1976:21). De modo semejante la etnografía puede apartar su directa atención de aquellas variables susceptibles de manipulación de una manera políticamente viable por parte de quienes poseen autoridad para asignar los recursos del programa. Un agente de campo en las Escuelas Experimentales resumió así su percepción de lo que desean los elaboradores de políticas: "Los elaboradores de políticas requieren información rápida y simple sobre un problema concreto con el fin de proporcionar información sobre variables que puedan sobrevivir al proceso administrativo-legislativo" (EVERHART, 1976:20).

Aunque el caso puede haber sido exagerado, existe una clara tensión entre el típico informe etnográfico y las necesidades de información de muchas personas decisivas en el proceso político. Como observó un miembro de la agencia patrocinadora, la fragmentación de cuestiones en el proceso político, la búsqueda de resultados a corto plazo y el propio número de los participantes en el juego ejercen conjuntamente una presión en favor de variables políticas discretas y políticamente negociables (MULHAUSER, 1975: 313). [7] Iles variables tienden a ser difíciles de hallar en la mayoría de las informaciones etnográficas que se acomodan a las tradiciones de la disciplina antropológica. Con frecuencia, cuanto mejor es la etnografía, menos responde a las necesidades políticas inmediatas de la comunidad política relevante.

Pero cabe considerar el dilema bien como un "desajuste" o como una "tensión creativa". El caso de las Escuelas Experimentales proporciona un ejemplo del modo en que la tensión puede ser productivamente utilizada. En principio, resulta posible sintetizar descubrimientos de estudios de casos de manera que proporcionen implicaciones políticas. Exactamente así se operó en el Proyecto Rural (HERRIOTT y GROSS, 1979). Los coordinadores de la investigación, así como un grupo de educadores, leyeron e interpretaron informes extractados de estudios de casos que describían el proceso de realización del programa en cinco emplazamientos. Luego debatieron las implicaciones políticas de los estudios de casos. Por citar un ejemplo, uno de los que revisaron los informes del Proyecto Rural recomendó (entre otras cosas) que, en el futuro, las agencias patrocinadoras del programa prestaran atención especial al problema del relevo del funcionario del programa, que establecieran relaciones más equitativas de negociación con los programas locales y que reorientaran la insistencia "administrativa" de la asistencia técnica federal para abordar más explícitamente la naturaleza política de la realización del programa en el emplazamiento escolar (GIDEONSE, 1979:319-327). Estas recomendaciones estaban basadas en pruebas sustanciales halladas en los estudios de casos y referidas a la continuidad de relaciones deficientes entre el personal local y los funcionarios del programa federal, junto con algunas indicaciones de que podía mejorarse la interacción con funcionarios del programa mejor adiestrados y más estables. En el grado en que recomendaciones como éstas encuentren audiencia en Washington —y en que transmitan con precisión las descripciones de los acontecimientos realizadas por los agentes de campo— el trabajo etnográfico parece haber servido a un fin útil.

También es posible que, a largo plazo, los informes etnográficos contribuyan a dar una nueva conformación a la idea que se tenga en la Administración respecto de lo que es relevante para la realización de una política, qué variables pueden y deben ser manipuladas. Al menos las etnografías pueden transmitir un necesario mensaje negativo en relación con ciertos tipos de programas como por ejemplo "¡No es posible obtener eso de aquí!". Pero aún es demasiado pronto para valorar la aportación de los informes etnográficos de las Escuelas Experimentales a este tipo de reconformación de variables políticas.

5. GENERALIZABILIDAD Y EL CASO UNICO

La investigación etnográfica es un enfoque ideográfico para el estudio de fenómenos sociales: aspira a captar las complejidades del caso único. Dentro de este caso, la etnografía describe esquemas "generales", es decir, órdenes dentro del sistema social. Los esquemas observados o extraídos del testimonio de algunos informantes clave son "generalizados" mediante una lógica inductiva a todos los que comparten la misma cultura y participan en idénticos tipos de actividades. En definitiva, el trabajo etnográfico contribuye a la búsqueda de órdenes interculturales más amplios en la conducta humana, tras la comparación y contraste entre diferentes relatos etnográficos, pero este trabajo corresponde más a menudo al etnólogo que al etnógrafo.

En los estudios de las Escuelas Experimentales el componente etnográfico fue dispuesto de forma que contribuyera a descripciones completas de casos aislados, realizada cada una por un agente de campo. El empleo de múltiples emplazamientos —como en el Proyecto Rural— permitió que los coordinadores de la investigación, la agencia patrocinadora y otras personas buscaran esquemas más generales de reacción al programa. Por último, los componentes no etnográficos fueron explícitamente comparativos: buscaron una información normalizada en todos los emplazamientos y trataron de lograr una imagen más general de los efectos del programa en alumnos, organizaciones escolares y comunidades locales.

El componente etnográfico en la investigación evaluativa de las Escuelas Experimentales destaca una tensión fundamental: la concentración ideográfica y la lógica inductiva de la investigación etnográfica no encajan con la inclinación de los patrocinadores a los resultados generalizables basados en el conocimiento de la investigación nomotética y en la lógica deductiva. La agencia patrocinadora quería saber si el concepto del programa de Escuelas Experimentales podía ser exportado a otros emplazamientos. En otras palabras ¿conduciría a resultados positivos previsibles en otros entornos el programa de las Escuelas Experimentales o una cierta forma de tal programa? Tales previsiones se basan típicamente en la noción de generalizabilidad estadística que desempeña un papel vital en los modos de investigación nomotética y para la mayoría de los miembros de la comunidad que elabora la política posee en la actualidad un tipo especial de credibilidad política. Un miembro de la agencia patrocinadora del Programa de Escuelas Experimentales y su investigación evaluativa afirmó que las etnografías no eran útiles porque (entre otras cosas) "describen una o varias clases de lugares o instituciones en vez de comparar un gran número" (MULHAUSER, 1975: 314).

Más importante quizá que el hecho de que sea reducido el número de emplazamientos escolares que describen, es que la concentración de las etnografías en los detalles minuciosos de los acontecimientos en cada lugar torna difícil conocer la base para afirmar que el Programa de las Escuelas Experimentales ha tenido un efecto "general". En uno de los emplazamientos del Proyecto Rural, por ejemplo, los objetivos originales del proyecto fueron adaptados gradualmente e incorporados al plan de estudios; al mismo tiempo la agencia patrocinadora realizó escasos esfuerzos por dirigir rígidamente el programa (DONNELLY, 1979). En otro emplazamiento, disminuyó constantemente la dedicación administrativa a los objetivos del proyecto, se realizó de modo desigual una serie de componentes aislados del programa y la agencia patrocinadora emprendió esfuerzos enérgicos para dar forma al plan local del programa (MESSERSCHMIDT, 1979). Aunque la yuxtaposición de estos casos suscita cuestiones interesantes, relativas, por ejemplo, al efecto de una intervención activa del patrocinador, la comparación no está suficientemente ajustada para permitir el tipo de descubrimiento general al que tienden a prestar atención ahora muchos de los que elaboran la política.

Pero la orientación de la argumentación aquí esbozada tergiversa probablemente el tipo de generalizabilidad que se requiere en la investigación evaluativa. La auténtica cuestión que se plantean quienes participan en la política relevante para un programa o en la acción administrativa es ésta: quieren pruebas de que pueden extrapolar con seguridad a situaciones más allá del alcance lógico de *cualesquiera* hallazgos generalizados. En otros términos, subsiste aquí un salto de fe necesario para pasar de cualquier generalización de base estadística a nuevas aplicaciones del programa (véase CRONBACH, 1978: 301-355). Lo más probable es que los elaboradores de políticas realicen ese salto de fe en donde la extrapolación aparece plausible y en donde resulte políticamente convincente a sus cuerpos electorales más importantes.

Contempladas a esta luz, las etnografías de las Escuelas Experimentales pueden permitir —o ayudar— a los miembros de la comunidad política a realizar extrapolaciones más seguras de los hallazgos de las Escuelas Experimentales a nuevas aplicaciones del modelo del Programa de Escuelas Experimentales o a empeños semejantes. La misma complejidad de los hallazgos de cada caso, considerados aisladamente o en su conjunto, y la vivacidad de las descripciones de los casos pueden sugerir extrapolaciones plausibles a situaciones que nunca consideraron quienes trazaron el programa original. Y, para bien o para mal, fragmentos de los informes de casos poseen un potencial considerable para convencer a unas audiencias a través de su capacidad de "llevar al lector hasta allí". Sin embargo la cuestión sigue siendo hipotética. Aún restan por debatir las nuevas aplicaciones de los hallazgos de las Escuelas Experimentales en la literatura publicada. Cuando finalmente hayan concluído los estudios sobre las Escuelas Experimentales y lleguen a las diversas audiencias, quizá se entiendan parte de sus posibilidades para generar un conocimiento convincentemente "generalizable" acerca de los procesos de vastos cambios, estimulados por un financiación federal.

6. COSTES: FONDOS, TIEMPO, RECURSOS POLITICOS

La investigación etnográfica convencional es una labor intensa y, en cierto sentido, redundante: se extiende y vuelve a extenderse sobre el mismo terreno durante largos períodos de tiempo, a la búsqueda de indicios sobre rasgos sutiles del sistema social. Es una forma cara de realizar investigaciones si el coste se mide en términos del tiempo y de la atención requeridos de profesionales muy adiestrados. Además, y en virtud de su concentración en un único y a menudo pequeño entorno social, su "coste por unidad estudiada" resulta especialmente elevado.

En el contexto de la investigación evaluativa el problema se complica porque dentro del montaje de un esfuerzo investigador interviene una serie más amplia de costes. Y no sólo escasean los fondos sino también los recursos políticos y el tiempo. Quienes patrocinan la investigación evaluativa y quienes utilizan sus productos se mueven en un inestable campo de intereses políticos, sometidos a las limitaciones de tiempo que a menudo resultan imprevisibles. Los estudios sobre las Escuelas Experimentales contaron al principio con la gran ventaja de una abundancia de recursos: millones de dólares para la investigación, un marco de tiempo de cinco años y una configuración favorable de los acontecimientos políticos. Pero la situación política cambió rápida y drásticamente de un modo que afectó a la dotación de los restantes tipos de recursos. La agencia patrocinadora y el programa de Escuelas Experimentales en su seno fueron objeto de un acoso político; su respuesta pudo haber afectado a la supervivencia de todo el proyecto.

El componente etnográfico fue menos capaz de responder a esta amenaza, en buena parte porque sus descubrimientos no podían ser fácilmente desplegados en medio de aquella corriente. No resulta sencillo sintetizar en un breve plazo infinidad de anotaciones de campo; gran parte de su contenido corresponde a una información muy delicada. Los esfuerzos manifiestos que hicieron los agentes de campo por responder a las exigencias de justificación amenazaron con alterar la frágil relación establecida —con dificultades considerables— en el emplazamiento escolar. En el Proyecto Rural los agentes de campo situados en remotos entornos no estaban en posición de replicar rápida y persistentemente a las presiones que hacían peligrar el proyecto. No es sorprendente que el trabajo etnográfico experimentara una considerable reducción; en algunos casos un trabajo de campo proyectado para cinco años fue limitado a tres (p. ej., BURNS, 1976: 31). Pero en honor de los agentes de campo y de los coordinadores de la investigación, hay que decir que el trabajo etnográfico se mantuvo tal como estaba en los estudios de las Escuelas Experimentales.

Resulta difícil responder en este punto a la cuestión definitiva acerca de la relación coste-beneficio y decidir si estaba justificada la inversión de los componentes etnográficos de las Escuelas Experimentales. Es evidente que los componentes se mantuvieron a un coste considerable. El valor a largo plazo de la inversión sólo comenzará a ser evidente, si es que cabe apreciarlo, con la aparición de esfuerzos sintetizadores como los realizados por HERRIOTT, y GROSS, (1979) y cuando a través del proceso político se filtren los resúmenes de la investigación.

Aportaciones alternativas de la etnografía a la investigación evaluativa

El debate ha estado hasta ahora orientado en torno de un tipo de situación de investigación evaluativa —el de un proyecto amplio de carácter federal— y a un ejemplo de esta categoría de estudios. En este contexto, las tensiones fundamentales implicadas en la definición del problema de la investigación, el establecimiento de la comunicación y el mantenimiento del carácter confidencial hicieron especialmente problemático el trabajo etnográfico de campo. Apenas salida del campo, la complejidad de la información etnográfica y su base diferente para la generalización trocaban en dudosa su aportación al proceso político. Los costes generales de un componente etnográfico desarrollado por completo son además especialmente elevados, no sólo en razón de la naturaleza intensiva del trabajo de campo, sino también por obra de su vulnerabilidad política y de las especiales exigencias de tiempo.

Un entendimiento más amplio de las cuestiones y de los modos alternativos en que puede contribuir la etnografía a la investigación evaluativa exige la experimentación en otros contextos evaluativos con diferentes propósitos, distintos marcos de tiempo y diferentes niveles de inversión en la investigación. En la literatura comienzan a aparecer descripciones de tales experimentos, aunque hasta ahora con claridad inferior a la de los estudios sobre el caso de las Escuelas Experimentales. Tres son los temas que aparecen en la literatura. En primer lugar, es posible hacer más de lo mismo, es decir, incorporar componentes etnográficos en gran escala, semejantes al de los estudios de las Escuelas Experimentales, a otras tareas de investigación evaluativa bajo patrocinio federal. En segundo lugar, la evaluación etnográfica puede resultar especialmente útil cuando la audiencia primaria del estudio sea el programa en sí mismo, es decir cuando el trabajo etnográfico de campo está destinado a fines más formativos. En tercer lugar, cabe incluir en los diseños de investigación evaluativa componentes etnográficos más limitados para documentar la realización de un programa, para revelar conexiones plausibles entre ciertas variables políticas o para contribuir al desarrollo de instrumentos sensibles de la investigación.

Perfeccionamiento del modelo de las Escuelas Experimentales

Cuando estudios federales más amplios monten un componente etnográfico semejante al empleado en la investigación de las Escuelas Experimentales, es posible que se encuentren soluciones mejores a los problemas anteriormente referidos. Un proyecto de investigación patrocinado por el Instituto Nacional de Educación, los estudios de campo sobre el Programa de Escuelas Urbanas Integradas, ha revelado ya un funcionamiento considerablemente más fluído de sus componentes etnográficos (semejantes a los de las Escuelas Experimentales) con respecto a los problemas del trabajo de campo debatidos en este trabajo (véase CASSEL, 1978: 67). Pero el programa de las Escuelas Urbanas Integradas corresponde sólo marginalmente al terreno de la investigación evaluativa, tal como se ha concebido en este trabajo: no se estudiaba un programa determinado, con una asignación específica de recursos, sino que más bien se trataba de una tarea de investigación básica encaminada al entendimiento del fenómeno de la integración de las escuelas urbanas.

Fuera del área de la educación están empezando a emplear componentes etnográficos otros proyectos en gran escala de investigación evaluativa, si bien con una más clara modificación del modelo etnográfico convencional. Así, por ejemplo, un reciente estudio sobre el programa de financiación de alquileres del Departamento de la Vivienda y del Desarrollo Urbano, situó en los emplazamientos a observadores etnográficamente adiestrados por períodos de un año, con objeto de reunir datos acerca de las operaciones de la agencia del programa, las familias participantes y la comunidad local en donde vivían las familias (CHAMBERS, 1977a). La definición del papel del agente de campo estaba más especificada que en el caso de los agentes de las Escuelas Experimentales; el producto del trabajo etnográfico no iba a ser una etnografía. Pese a todo, las experiencias de los agentes de campo en el estudio del Departamento de la Vivienda y del Desarrollo Urbano revelaron muchas de las tensiones a las que antes nos hemos referido. Los principales problemas se refirieron al mantenimiento de la comunicación y de un adecuado carácter confidencial así como a la multiplicidad de tareas exigidas de los agentes de campo.

Orientación hacia audiencias internas

Los estudios sobre las Escuelas Experimentales fueron en buena parte concebidos como un "experimento" acumulativo. Se suponía que los agentes de campo evitarían proporcionar con sus descubrimientos una retroinformación a los que realizaban el programa al objeto de impedir la "contaminación" del experimento, al tiempo que mantenían el carácter confidencial y la objetividad adecuados (COLFER, 1976: 36). Al obrar así, los agentes de campo de las Escuelas Experimentales adoptaron un papel relativamente no participante con el fin de lograr todo un abanico de datos cualitativos respecto a los procesos del cambio y destinados a audiencias externas. Estas confiarían en que los datos fuesen tan "objetivos" como resultara posible y que manifestaran el curso "natural" de los acontecimientos sin haber sido afectados por una compleja investigación.

Pero en muchos contextos de evaluación, al margen del proyecto de caracter federal, la audiencia primaria para los resultados de la evaluación es el propio programa. En estos casos, los gestores y el personal del programa, y a veces los clientes, reciben información periódica acerca del funcionamiento del programa para mejorar o alterar al menos sus actividades. En tales circunstancias, el triángulo patrocinador-evaluador-programa se trueca en un encuentro entre el evaluador, que sigue estando en algún sentido al margen del programa, y los evaluados, que son al mismo tiempo patrocinadores y usuarios de la información evaluativa. Este encuentro no es diferente de la relación tradicional entre el antropólogo y la comunidad que desea estudiar, con una importante distinción: en la situación de evaluación formativa, el antropólogo es contratado *por* la comunidad (o en nombre de ésta) para contribuir a que se informe sobre sí misma.

En este tipo de investigación evaluativa los descubrimientos logrados por el agente de campo son típicamente transmitidos a los participantes en el programa en una forma menos ordenada y concluyente que la que tendría un informe etnográfico escrito. El resultado no es "etnografía" en el sentido clásico del término; sin embargo en muchos aspectos es "etnográfico" en cuanto que resulta exploratorio, procede de múltiples fuentes de datos intensivos, refleja una comprensión empática de las experiencias de los participantes y aspira a proporcionar una visión holista de las operaciones y de los impactos del programa.

Algunos informes breves en la literatura correspondiente señalan la naturaleza de los entornos y los contextos de evaluación en que resulta útil este enfoque. Así por ejemplo, en una evaluación de una unidad experimental del primer ciclo de enseñanza superior en una gran universidad, un antropólogo consiguió ganarse la confianza de los participantes en el programa, en un principio hostiles a la idea de una evaluación, gracias a su anterior experiencia con modos más convencionales de evaluación (FITZGERALD, 1976). Subsiguientemente, el antropólogo observó sobre una base de continuidad las interacciones del programa, transmitiendo de manera periódica sus impresiones en una forma que resultaba aceptable a quienes lo estaban realizando. Aunque sea difícil (y quizá no resulte significativo) separarlas de la personalidad del antropólogo, diversas características del enfoque de la investigación etnográfica parecieron especialmente útiles en este caso: la gran importancia otorgada al desarrollo de relaciones adecuadas con los participantes en el programa, el énfasis descriptivo en la recogida e interpretación de datos y el hecho de que los agentes de campo se concentraran en comprender lo que significaba el programa para los participantes.

En otro caso, un agente etnográfico de campo observó a

alumnos, profesores y administradores de una escuela secundaria alternativa urbana como parte de un estudio de evaluación sobre la escuela (WILSON, 1977b). El agente de campo proporcionó regularmente retroinformación a los participantes en el programa, alterando el análisis antropológico convencional "tan pronto como fue posible, en una forma que ayudara a los sujetos a entender lo que estaban haciendo para promover o inhibir el cambio" (WILSON, 1977b:200). La atención prestada por el agente de campo en "aprender los marcos mediante los cuales (los participantes en el programa) interpretaban los acontecimientos" pareció influir considerablemente en la capacidad de la evaluación para traducir los descubrimientos en términos que resultaran útiles al programa.

Las tensiones fundamentales halladas en los estudios de las Escuelas Experimentales parecen menos evidentes en estos dos cosos aunque resultaría difícil afirmar que no existieron. Cabe señalar también otras limitaciones del trabajo etnográfico formativo. En primer lugar, este tipo de enfoque de investigación parece más apropiado en sistemas pequeños y bastante manejables, en donde el agente de campo posee la capacidad de desarrollar datos etnográficos *y* al mismo tiempo de mantener una relación con los usuarios de la información evaluativa. Esta necesidad sólo implica que la evaluación ha de concentrarse en un programa dentro de una sola institución, como una escuela o una universidad. Se ha sugerido la conveniencia de efectuar trabajo etnográfico en conjunción con el desarrollo de la política al nivel local y se experimenta al respecto aunque aún no se hayan publicado informes detallados sobre estos trabajos (CHAMBERS, 1977b). En segundo lugar, al agente de campo le resulta más fácil perder parte de la perspectiva que podría tener un etnógrafo menos participante y es posible que llegue así a conclusiones prematuras. En tercer lugar, hay límites claros al tipo de información que puede transmitirse a quienes trabajan en el seno del programa. Existe el problema general de mantenimiento del caracter confidencial adecuado, aunque el flujo de la información se halle limitado a los participantes en el programa y no llegue a audiencias externas. Finalmente, al proporcionar información de modo periódico, el agente de campo se convierte cada vez más en un participante en la situación. Surgen nuevas dimensiones del problema de mantenimiento de la relación, cuando el agente de campo llega a identificarse con ciertos grupos dentro del programa (p.ej.,

WILSON, 1977b: 202). En suma, el agente de campo se inmiscuye más en el programa, con alteraciones subsiguientes en las conductas de las personas. ¡Pero esto es lo que pretende hacer la evaluación formativa!

Diseño de componentes etnográficos más limitados

Cabe incluir en la investigación evaluativa componentes etnográficos modestos, algunos que no traten de generar la aproximación a la etnografía convencional tal como es evidente en los estudios de las Escuelas Experimentales. Es obvio que cabe debatir si se pierde el espíritu de la investigación etnográfica cuando uno empieza a desmembrar un enfoque complejo e integrado para realizar mejor tareas limitadas de evaluación. Este capítulo simplemente supone que cabe concebir los enfoques de la investigación como más o menos "etnográficos". El estudio que sigue no establece una distinción tajante entre lo que es "etnográfico" y gran parte de lo que se incluye en los debates como "enfoques cualitativos a la evaluación" (p. ej., CLARK, 1977; HAMILTON y otros, 1977).

1. MINIESTUDIOS ETNOGRAFICOS

El trabajo de campo a corto plazo puede resultar particularmente útil en la investigación de la relación entre variables a las que la retórica del programa o el plan de evaluación identifican como importantes. Un ejemplo al respecto tuvo lugar durante una de las primeras etapas del Programa de Exploración de Profesiones con base en la experiencia, del Instituto Nacional de Educación en donde varios agentes de campo a media jornada realizaron un "estudio de refuerzo" antropológico sobre los esquemas de interacción de los alumnos en el programa de escuela secundaria alternativa de Exploración de Profesiones con base en la experiencia (SPOTTS y otros, 1974: 171-194). El trabajo de campo consistió tan sólo en 100 horas de observación —aproximadamente durante un mes— en las cuales los agentes de campo vagaron por el edificio de la escuela alternativa, acompañaron a los estudiantes y mantuvieron con éstos conversaciones acerca de las relaciones entre ellos. Los resultados, resumidos en un informe etnográfico de 23 páginas no llegan, en modo alguno, a constituir una rigurosa etnografía, pero localizan con gran precisión aspectos de las operaciones del programa no captados por otros instrumentos de recogida de datos.

Una ilustración concreta tomada del estudio revela lo que este tipo de empeño puede lograr. Los dos agentes de campo pudieron documentar la existencia de un elevado grado de aprendizaje y enseñanza no formales entre los alumnos del centro de aprendizaje del programa de exploración de profesiones con base en la experiencia. Estas pruebas sirvieron para respaldar la afirmación del programa según la cual éste podía crear entre los alumnos un ambiente positivo de aprendizaje no formal. Aunque las pruebas no resisten un vigoroso exámen de las hipótesis alternativas —p. ej., el modelo de aprendizaje habría tenido igualmente lugar en una escuela secundaria corriente o el modelo constituyó una reacción temporal de los adolescentes ante un entorno nuevo y diferente— los datos etnográficos documentan que el modelo se llevó a cabo, fueran cuales fuesen sus causas. Y los datos son considerablemente *más* convincentes en su forma etnográfica de lo que habrían sido en un cuestionario como datos automanifestados en una escala de clasificación, por citar tan sólo un medio alternativo de llegar hasta ese descubrimiento.

Miniestudios etnográficos como éste pueden llevar claramente al conocimiento de rasgos sutiles del funcionamiento del programa pero es también preciso tener en cuenta las desventajas del sistema. Las observaciones limitadas a unos pocos alumnos o a una pequeña muestra de períodos de tiempo no son necesariamente características de la mayoría de los estudiantes del programa y de la mayoría de los períodos de tiempo. Los miniestudios con un pequeño marco temporal tampoco pueden revelar especialmente bien un cambio a lo largo del tiempo; para que así fuese, se necesitarían unas relaciones prolongadas entre el agente de campo y el entorno del programa. Finalmente resulta difícil justificar el coste de tales miniestudios a no ser que la concentración en la investigación etnográfica resulte vital para el progreso de la evaluación.

2. DOCUMENTACION ETNOGRAFICA DE LA REALIZACION DEL PROGRAMA

Aunque gran parte de lo que hicieron los agentes de campo de las Escuelas Experimentales pueda ser considerado como una "documentación de la realización del programa", es claramente posible que un sistema de observación participante más limitada resulte inapreciable en una tarea de investigación evaluativa. Si desde el principio se concentra más claramente el foco de las observaciones y se procede con la aprobación del personal del programa, podrán reducirse algunos de los problemas del establecimiento de una relación y del caracter confidencial, si bien nunca quedarán eliminados. La tarea de "observación de la agencia" de los agentes de campo en el estudio de financiación de alquileres del Departamento de la Vivienda y del Desarrollo Urbano anteriormente mencionada, proporciona un ejemplo de este tipo de uso (véase CHAMBERS, 1977a: 259). En esta situación el observador mantenía un registro de doce funciones administrativas específicas en la agencia que supervisaba el programa de financiación de alquileres, a través de contactos con los miembros del personal y mediante la observación de sus actividades. Se preparaban diariamente sinopsis de estas actividades que habían de remitirse a la empresa investigadora encargada de la coordinación del estudio.

Hay algunos inconvenientes obvios en este empleo del trabajo etnográfico de campo. La dificultad más grave surge cuando el personal del programa y el patrocinador de éste mantienen por cualesquiera razones una relación de animosidad; en este caso es probable que la presencia de un agente de campo que documente las actividades del programa genere problemas de enlace y de caracter confidencial, semejantes a los señalados en el caso de las Escuelas Experimentales. El examen del experimento del Departamento de la Vivienda y del Desarrollo Urbano indica que existen allí algunas dificultades al respecto (CHAMBERS, 1977a :265).

3. INSTRUMENTOS ETNOGRAFICAMENTE DESARROLLADOS PARA LA INVESTIGACION

Es también posible utilizar las ventajas del enfoque de la investigación etnográfica respecto al problema de desarrollar instrumentos sensibles para la investigación. Un reciente informe sobre encuestas "etnográficamente basadas" y realizado como parte de un estudio sobre los juicios relativos a las drogas entre los afiliados al Cuerpo de Empleo*, proporciona un ejemplo al respecto (MYERS, 1977). La situación de entrevista para la encuesta fue pensada tanto como un encuentro entre culturas como una solicitud de información (MYERS, 1977:244-45). Los entrevistadores fueron contratados *antes* del desarrollo del instrumento y eran también miembros del Cuerpo de Empleo semejantes a la población encuestada. A través de entrevistas abiertas y de "sesiones de impacto" en grupo con los entrevistadores, los diseñadores de la encuesta desarrollaron categorías de información y elementos que reflejaban la naturaleza de la realidad social tal como era experimentada por los demandantes potenciales. También se establecieron durante estas sesiones las categorías de elemento-respuesta y su enunciado. El proceso de desarrollo instrumental fue simultáneamente un proceso de adiestramiento y de socialización, destinado a lograr el compromiso de los entrevistadores con los fines y el proceso de investigación; en cierto sentido, para hacer de los *propios* entrevistadores una parte del instrumento de encuesta. Durante el proceso de adiestramiento se hizo hincapié en el mantenimiento de una relación entre el entrevistador y el entrevistado más que en la normalización de la presentación de los elementos. Los formatos de codificación de los datos estuvieron especialmente encaminados a lograr interpretaciones del encuentro de la entrevista por parte del entrevistador, prestando una atención especial al sentido de los significados de la conducta no verbal.

Existen, desde luego, riesgos en este tipo de enfoque. Puede que no haya tenido éxito la socialización de los entrevistadores y que no consigan mantener la integridad científica del esfuerzo investigador. El enfoque deja espacio a una ambigüedad considerable en las respuestas como resultado de la falta de normalización en la presentación de los elementos y en el proceso de codificación interpretativa. Además la técnica da por supuesto que los afiliados al Cuerpo de Empleo que fueron seleccionados como entrevistadores no diferían siste-

---

*El cuerpo de Empleo (*Job Corps*) proporciona adiestramiento profesional y educacional a jóvenes comprendidos entre los 16 y los 21 años. (*N. del T.*)

máticamente de la población demandante; por añadidura es posible que, en el marco de las cuestiones, se hayan perdido importantes categorías de respuestas. La técnica parece más aplicable a poblaciones demandantes relativamente homogéneas como la de usuarios de droga en el seno del Cuerpo de Empleo, quienes eran de un modo consecuente jóvenes de minorías pobres y residentes en áreas urbanas (véase MYERS, 1977: 251). En semejante caso el proceso de adiestramiento y de desarrollo del instrumento pudo conectar con una subcultura común entre el grupo entrevistador y, al mismo tiempo, preparar a los entrevistadores para un cierto tipo de encuentro de entrevista. Finalmente cabe preguntarse por el grado en que son reproducibles los resultados de encuestas conforme a esta técnica (el estudio publicado no proporciona indicios al respecto).

EN CONCLUSION

Este trabajo ha estudiado e ilustrado diversas funciones desempeñadas por la etnografía en la reciente investigación evaluativa, desde la aproximación a la investigación etnográfica convencional empleada en los estudios de las Escuelas Experimentales, al proceso de desarrollo del instrumento modificado que acabamos de describir.

La experiencia de quienes intervinieron en la tarea etnográfica de las Escuelas Experimentales, bien en el nivel del trabajo de campo o en los de coordinador o patrocinador de la investigación indican que son considerables las dificultades para incorporar intacto el modelo etnográfico convencional de investigación al proceso de investigación evaluativa. Existen tensiones fundamentales, que fueron especialmente evidentes en el caso de las Escuelas Experimentales. Pero la experiencia con el trabajo etnográfico de campo en los estudios de las Escuelas Experimentales revela que las dificultades no son insuperables. En 10 de los 8 emplazamientos escolares se realizaron etnografías detalladas de los procesos de cambio. Las explicaciones de los casos de los diferentes emplazamientos comenzaron a ser sintetizadas e interpretadas, así como a generar recomendaciones para una posterior acción política (HERRIOT, 1979 b). Los datos del estudio de casos siguen constituyendo un recurso considerable del que hay que extraer su potencial.

Aún es pronto para señalar hasta qué punto ha sido útil el ejercicio o si los resultados y sus implicaciones llamarán la atención de las numerosas audiencias que podrían utilizarlos. Existen también aportaciones alternativas de la etnografía a la investigación evaluativa, que reducen algunas de las tensiones básicas manifestadas por el caso de las Escuelas Experimentales. Pero cada una de las alternativas se desvía del modelo etnográfico convencional más sustancialmente que los componentes del trabajo de campo de las Escuelas Experimentales. Cuando la investigación evaluativa se orienta a audiencias internas, el papel del agente de campo permite una participación más activa y los procedimientos analíticos se transforman para hacer posible la retroinformación periódica. Los componentes "etnográficos" reducidos, como los miniestudios, los informes limitados sobre realización de programas y los procesos de desarrollo de un instrumento alterado se basan en las ventajas y sensibilidades específicas del modo de investigación etnográfica: su apertura, su atención al sistema significativo del grupo estudiado, y su concentración en las interacciones sutiles entre el programa y el contexto ambiental.

¿Pero quién lo hará?

Hasta ahora el debate no ha abordado una cuestión importante que proporciona una indicación adecuada para terminar: ¿quién puede tener el adiestramiento, la experiencia y la motivación necesarios para realizar un trabajo etnográfico en los futuros empeños de investigación evaluativa? En su mayor parte las destrezas etnográficas han sido adquiridas a través de un riguroso adiestramiento universitario avanzado en antropología y en sociología cualitativa, primariamente orientado hacia las carreras académicas. Bajo la presión de la falta de puestos de trabajo, etnógrafos adiestrados de este modo —incluyendo muchos de los agentes de campo de las Escuelas Experimentales— han aceptado su contratación en la investigación evaluativa como la "segunda mejor" alternativa a la investigación financiada por una beca conforme al modo convencional. El tono de la queja resulta inconfundible en los debates sobre las experiencias de las Escuelas Experimentales. Los agentes de campo han de efectuar una considerable acomodación para atender a las complejas relaciones de su misión y a las exigencias de justificación con las que no están familiarizados. Han de aceptar posiciones como una parte —inferior jerárquicamente— de un empeño de investigación interdisciplinar y su resentimiento por ocupar tales posiciones se refleja en los títulos de los artículos que describen sus experiencias: *El antropólogo como trabajador contratado* (CLINTON, 1975), *El antropólogo como mensajero* (TREND, 1976), y *Trabajando para el Hombre...* (CHAMBERS, 1977a).

Estas quejas están justificadas en el grado en el que los etnógrafos se orientan hacia carreras de caracter académico y conforme a líneas antropológicas más convencionales. A tales personas les interesará aún menos orientarse hacia los tipos de evaluación etnográfica que aquí han sido activamente sugeridos. Pero las expectativas de los etnógrafos expertos están cambiando y algunos se inclinan ya por misiones más importantes y satisfactorias en la investigación evaluativa. Un agente de campo aconseja a sus colegas que consideren los trabajos que no sean de campo en las sedes centrales de las firmas investigadoras, sintetizando e interpretando datos de fuentes cuantitativas y cualitativas, diseñando futuras tareas de investigación y dirigiendo la labor de los agentes de campo (TREND, 1976). Otro defiende para los agentes de campo un papel más activo, traduciendo sus hallazgos etnográficos en recomendaciones de acción (EVERHART, 1976:22). Otro sugiere que los etnógrafos pueden realizar funciones útiles como parte de equipos de "asistencia técnica" que ayuden a los participantes en el programa a actuar sobre la información generada por la investigación evaluativa (WILSON, 1977b:200). Estas funciones y otras nuevas están siendo ensayadas en medida creciente por etnógrafos adiestrados con resultados suficientemente positivos para llamar la atención de otros hacia la investigación evaluativa.

Otra fuente de personal calificado —quizá mucho más variada desde el punto de vista de la investigación evaluativa— corresponde a aquellos que consideran la investigación evaluativa como un objetivo primario en su carrera y optan por conseguir un adiestramiento tras su formación universitaria. En programas de formación de caracter amplio e interdisciplinar tales personas pueden obtener un útil conocimiento práctico de las técnicas y destrezas etnográficas, sin someterse necesariamente a todo el rito de preparación del antropólogo (que por lo general incluye una experiencia en un tra-

bajo individualizado de campo durante un prolongado período de tiempo y en un entorno intercultural). Los antropólogos pueden discutir si unos agentes de campo sin una amplia experiencia intercultural cuentan con perspectiva suficiente para concebir, observar y redactar una etnografía competente (véase WOLCOTT, 1975:115-116).
Pero mientras prosigue el debate, el orden del día de la investigación evaluativa no aguarda. Los problemas pugnan por encontrar solución en el terreno político. La investigación evaluativa tiene mucho que ofrecer con tal de que pueda hallar las formas más apropiadas y sensibles para desarrollar datos con destino a cada situación de decisión. También tiene mucho que brindar a este proceso la disciplina de la investigación etnográfica pero, como cualquier otro riguroso enfoque de las ciencias sociales, perderá buena parte de su identidad disciplinar, cuidadosamente construída, al entrar en la contienda.

BIBLIOGRAFIA

BERREMAN, G. D. (1968) "Ethnography: method and product," en J. A. Clifton (ed.) *Introduction to Cultural Anthropology: Essays in the Scope and Methods of the Science of Man.* Boston: Houghton Mifflin.
BURNS, A. F. (1976) "On ethnographic process in anthropology and education." *Council on Anthropology and Education Quarterly* 7, 3.
CARO, F. G. (1971) "Evaluation research: an overview," en F. G. Caro (ed.) *Readings in Evaluation Research.* Nueva York: Russell Sage.
CASSELL, J. (1978) *A Fieldwork Manual for Studying Desegregated Schools.* Washington, DC: National Institute for Education.
CHAMBERS, E. (1977a) "Working for the man: the anthropologist in policy relevant research." *Human Organization* 36, 3.
——— (1977b) "Policy research at the local level". *Human Organization* 36, 4.
CLARK, W. W., Jr. (1977) "The incorporation of qualitative techniques in educational evaluation." *CEDR Quarterly* 10, 4.
CLINTON, C. A. (1976) "On bargaining with the devil: contract ethnography and accountability in fieldwork." *Council on Anthropology and Education Quarterly* 7, 2.
——— (1975) "The anthropologist as hired hand." *Human Organization* 34, 2.
COLFER, C. J. P. (1976) "Rights, responsabilities, and reports: an ethical dilemma in contract research," en M. Rynkiewich y J. Spradley (eds.) *Ethics and Anthropology: Dilemmas in Fieldwork.* Nueva York: John Wiley.
CRONBACH, L. J. (1978) *Designing Educational Evaluations.* Stanford: Stanford University School of Education, Stanford Evaluation Consortium. (versión preliminar)

DONNELLY, W. L. (1979) "Arcadia: local initiatives and adaptation," en R. E. Herriott y N. Gross (eds.) *The Dynamics of Planned Educational Change.* Berkeley: McCutchan.

EVERHART, R. B. (1976) "Ethnography and educational policy: love and marriage or strange bedfellows?" *Council on Anthropology and Education Quarterly* 7, 3.
——— (1975) "Problems of doing fieldwork in educational evaluation." *Human Ornization* 34, 2.

FILSTEAD, W. J. [ed.] (1970) *Qualitative Methology: Firsthand Involvement in the Social Sciences.* Chicago: Markham.
FITZGERALD, T. K. (1976) "The role of the anthropologist in experimental evaluations: some personal observations," en C. J. Calhoun y F. A. Ianni (eds.) *The Anthropological Study of Education.* The Hague. Mouton.
FITZSIMMONS, S. J. (1975) "The anthropologist in a strange land." *Human Organization* 34, 2.

GIDEONSE, H. D. (1979) "Designing federal policies and programs to facilitate local change efforts," en R. E. Herriott y N. Gross (eds.) *The Dynamics of Planned Educational Change.* Berkeley: McCutchan.

HAMILTON, D., B. McDONALD, C. KING, D. JENKINS, y M. PARLETT [eds.] (1977) *Beyond the Numbers Game: A Reader in Educational Evaluation.* Berkeley: McCutchan.
HERRIOTT, R. E. (1979a) "The federal context: planning, funding, and monitoring," en R. E. Herriott y N. Gross (eds.) *The Dynamics of Planned Educational Change.* Berkeley: McCutchan.
——— (1979b) *Federal Initiative and Rural School Improvement: Findings from the Experimental School Program.* Cambridge, MA: Abt.
——— (1977) "Ethnographic studies in federally-funded multi-disciplinary policy research: some design and implementation issues." *Anthropology and Education Quarterly* 8, 2.
——— y N. GROSS (1979) *The Dynamics of Planned Educational Change.* Berkeley: McCutchan.

McCALL, G. J. y J. L. SIMMONS [eds.] (1969) *Issues in Participant Observations.* Reading, MA: Addison-Wesley.
MESSERSCHMIDT, D. A. (1979) "River District: a search for unity amidst diversity," en R. E. Herriot y N. Gross (eds.) *The Dynamics of Planned Educational Change.* Berkeley: McCutchan.
MULHAUSER, F. (1975) "Ethnography and policy-making: the case of education." *Human Organization* 34, 3.
MYERS, V. (1977) "Towards a synthesis of ethnographic and survey methods." *Human Organization* 36, 3.

PELTO, P. y G. H. PELTO (1978) *Anthropological Research: The Structure of Inquiry.* Cambridge; Cambridge University Press.

RYNKIEWICH, M. y J. SPRADLEY (1979) *Ethics and Anthropology: Dilemmas in Fieldwork.* Nueva York: John Wiley.

SPOTTS, R., R. WATKINS, J. EVENSON, y J. BAVRY (1974) *Experience-Based Career Education Final Evaluation Report FY 1974,* Vol. 2. San Francisco: Far West Laboratory for Educational Research.

TREND, M. G. (1976) "The anthropologist as go-fer." Presentado al congreso anual de la Society for Applied Anthropology. St. Louis, 17-21 Marzo.

WAX, R. H. (1971) *Doing Fieldwork: Warnings and Advice.* Chicago: University of Chicago Press.

WILSON, S. (1977a) "The use of ethnographic techniques in educational research." *Review of Educational Research* 47, 1.

——— (1977b) "The use of ethnographic methods in educational evaluation." *Human Organization* 36, 2.

WOLCOTT, H. F. (1975) "Criteria for an ethnographic approach to research in schools." *Human Organization* 34, 2.

CAPITULO VIII

CONEXION ENTRE EL ANALISIS DE PROCESO Y EL ANALISIS DE IMPACTO*

El caso del Trabajo Asistido

Por Robinson G. HOLLISTER, Jr.
*Mathematica Policy Research and
Swarthmore College*
Peter KEMPER y Judith WOOLDRIDGE
Mathematica Policy Research

La mayoría de las evaluaciones de los programas de empleo y de formación corresponden a dos grandes tipos: análisis de "impacto", empleado para estimar el impacto general del programa en quienes fueron participantes y análisis de "proceso", que se concentra en los elementos internos del programa. La evaluación del impacto pregunta si el programa es en general un "éxito" o un "fracaso" y resulta típicamente cuantitativa por su enfoque. En contraste, el análisis de proceso, se pregunta cómo funciona el programa, insistiendo en identificar modos de mejorar las operaciones y el diseño del programa y resulta típicamente cualitativo por su enfoque. Aunque parecen obvias las ventajas de combinar los dos tipos, no conocemos tentativas de unirlos excepto en la evaluación actualmente en curso del Trabajo Asistido, "un programa de experiencia labo-

---

*La investigación sobre la que está basada este estudio es parte de una evaluación del programa de Trabajo Asistido para la Manpower Demonstration Research Corporation, cuya cooperación aprecian los autores. El trabajo de la M.D.R.C. está siendo realizado merced a la beca No. 33-36-75-01 y los contratos Nos. 30-36-7501 y 30-34-75-02 de la Administración de Empleo y Formación del Departamento de Trabajo de los Estados Unidos y a la beca No. 740-0537A de la Fundación Ford. La Administración de Empleo y Formación del Departamento de Trabajo es la entidad principal en un consorcio federal de financiación que patrocina el programa de Trabajo Asistido. Los puntos de vista expresados en este trabajo corresponden a los autores y no representan la posición oficial o las políticas de los organismos patrocinadores.

ral de transición para ciertos grupos que tradicionalmente experimentan una gran dificultad en la obtención o en la conservación de empleos regulares" (*Manpower Demonstration and Research Corporation*, 1978: 1). Nuestro trabajo argumenta que la conexión entre el análisis de proceso y el análisis de impacto debería ser un importante objetivo de la investigación evaluativa y emplea una pequeña muestra de los primeros datos de la evaluación del Trabajo Asistido para ilustrar las ventajas potenciales de la conexión entre el análisis de proceso y el análisis de impacto. También señala que, allí en donde sea posible, deben incrementarse los métodos tradicionales de análisis de proceso con las técnicas cuantitativas más habitualmente asociadas al análisis de impacto. Deseamos subrayar que nuestro objetivo es presentar material ilustrativo relevante para la metodología de la investigación evaluativa cuantitativa y no evaluar el Trabajo Asistido. Por esa razón ninguna parte del material ofrecido debe ser considerada como representación de semejante evaluación.[1]

A. EMPLEO DEL ANALISIS CONJUNTO PARA EVALUAR IMPACTOS DE COMPONENTES DE PROGRAMA

Queja fundamental de los operadores de programa, sobre todo de los de programas experimentales o de demostración, es que las evaluaciones generales de impacto han conducido a juicios sumarios --con mayor frecuencia negativos-- acerca de programas sin una estimación adecuada o justa del grado en el que los componentes específicos (subprogramas) resultan más o menos eficaces en la preparación de los participantes para un futuro empleo. Sin embargo, quienes se ocupan de cuestiones relativas a si es preciso consagrar a un programa más o menos recursos, han mostrado su más completo escepticismo ante los análisis de proceso que tratan de evaluar estos componentes de programa porque proporcionan muy escasa información sobre los efectos generales del programa. Además,

---

[1] Los lectores fundamentalmente interesados en el Trabajo Asistido deben consultar diversos informes consagrados específicamente a su impacto general. Cabe obtener información sobre la categoría y los medios de acceso a tales informes, así como a otras publicaciones concernientes al Trabajo Asistido, de *Manpower Demonstration Research Corporation*, 3 Park Avenue, Nueva York, 10016.

cuando producen una información evaluativa es habitualmente cualitativa e incluso cuando es cuantitativa no cumple los rigurosos requisitos de los tests de hipótesis estadísticas. Tanto los gestores del programa como los elaboradores de la política en un nivel superior, resultarán mejor atendidos por evaluaciones del programa que apliquen los datos y las técnicas cuantitativos normalmente asociados con el análisis de impacto en las cuestiones del proceso referentes a qué aspectos del programa "funcionan". A continuación se exponen algunos de los modos específicos en que semejante análisis cuantitativo puede perfeccionar la gestión y el diseño de los programas sociales.

En primer lugar, en vez de aceptar o rechazar simplemente un concepto de programa central quizá sea posible volver a diseñar su estructura, eliminando los elementos menos eficaces y destacando los más eficaces. Para proporcionar información para tal perfeccionamiento en el diseño del programa resulta esencial un nexo entre los elementos del programa y los impactos del post-programa.

En segundo lugar, en el pasado, los operadores de programas se centraban necesariamente en ciertas medidas de rendimiento en el programa que, según creían, presentaban una probable correlación con efectos posteriores del mismo, por ejemplo, los relativos al empleo futuro. La asistencia, la cantidad de tiempo consagrado al programa y la colocación en un puesto de trabajo a su conclusión, son probablemente los indicadores de rendimiento más corrientemente empleados. Por lo que sabemos, ha habido muy pocas tentativas de valorar cuantitativamente el grado en el que semejantes indicadores de rendimiento en el programa guardaban correlación con resultados posteriores o los preveían. El empleo de un enfoque más cuantitativo a las variables del proceso, combinado con datos de impacto, permite un análisis de la utilidad de estos indicadores de rendimiento como retroinformación de los operadores del programa, al menos respecto del programa específico para el que se establece el nexo y quizá para generalización en otros programa similares.

En tercer lugar, los operadores están casi siempre convencidos de la eficacia del programa que están realizando. Semejante convicción es necesaria para la continuidad de una elevada motivación. También desarrollan opiniones respecto a qué aspectos de su programa son los más eficaces y cuáles son los menos eficaces. También esto resulta esencial para una gestión óptima del programa. La conexión entre los datos del proceso y del impacto permite al analista proporciona algunas comprobaciones cuantitativas de las hipótesis que los operadores desarrollan acerca de "lo que realmente importa". En áreas diferentes de las de la formación y el empleo, por ejemplo, existen ejemplos sorprendentes de opiniones sostenidas con firmeza por los operadores acerca de una eficacia que no respaldan los análisis cuantitativos. Por ejemplo, durante décadas, los profesores de enseñanza primaria y los expertos educativos afirmaron con completa convicción que el rendimiento académico se veía considerablemente afectado por los gastos realizados por alumno y por el volumen de la clase. Numerosos análisis cuantitativos han revelado, sin embargo, que los resultados académicos no se ven muy influidos, si es que llegan a serlo, por el gasto por alumno o por el volumen de la clase.[2]

Pese a estos beneficios potenciales, tales análisis enlazados resultan raros. Diversos factores inhibidores pueden explicar este fracaso de la investigación evaluativa.

Primeramente, ha habido una falta de datos. Es caro recogerlos y así no existen a menudo antecedentes sobre los resultados de un programa —sobre todo en la experiencia de seguimiento a largo plazo en el empleo posterior al programa. Y cuando los hay, rara vez existen datos sobre la experiencia del programa de los mismos individuos y que sean adecuados para el análisis cuantitativo. Es desde luego infrecuente la combinación de ambos tipos de datos así como la capacidad para ligarlos.

En segundo lugar, no basta con la accesibilidad de los datos. Han de existir muestras suficientemente grandes de participantes afectados por los elementos *específicos* de un programa para asegurarse de que sea estadísticamente detectable un efecto de tamaño razonable. Cuando son varios los elementos de un programa que han de ser evaluados, las exigencias relativas al tamaño de la muestra pueden tornarse prohibitivamente grandes.

---

[2] Sin embargo, los descubrimientos de estos estudios no han sido todos negativos. Como advierte HANUSHEK en su útil revisión de tales estudios, éstos proporcionan "pruebas concluyentes de que las diferencias entre escuelas y profesores resultan importantes en el logro... Sin embargo la identificación y la medición de *atributos* específicos de profesor o de escuela que sean importantes resultan mucho menos seguras" (la cursiva es nuestra).

En tercer lugar, como la asignación de participantes a diferentes elementos del programa no está sometida, por lo común, a un proceso cuidadosamente controlado y documentado, los resultados que parecen tener efectos del tratamiento pueden ser debidos a un sesgo en la selección. ¿Asignan los técnicos sus mejores colaboradores a su tratamiento favorito (a veces denominado la "crema") o destinan los peores, los más necesitados, al tratamiento que consideran más poderoso? ¿O los propios participantes tienden a optar voluntariamente o a buscar unas experiencias del programa que de algún modo encajen con su "estilo" personal? En uno u otro caso habrá diferencias en los impactos post-programa, no en razón de las existentes en el tratamiento del programa sino por las diferencias en los tipos de individuos que sean asignados a esos tratamientos (o que se seleccionen ellos mismos al respecto). En la medida en que los factores que determinan a los técnicos a seleccionar tipos específicos de individuos para unos determinados tratamientos sean medibles y resulten accesibles al evaluador sus datos, los métodos estadísticos pueden efectuar correcciones sobre el proceso de selección con objeto de proporcionar estimaciones imparciales de los efectos del tratamiento. Sucede lo mismo si la autoselección de los participantes está determinada por tales características medidas. Pero allí en donde la selección por parte del técnico o por los participantes implica unas características no medidas, los efectos estimados del tratamiento pueden estar sometidos a ese sesgo de la selección.

La evaluación del Trabajo Asistido es suficientemente amplia y las estrategias de recogida de datos bastante rigurosas para permitir la obtención de los tipos necesarios de datos con destino a una evaluación de los efectos post-programa de los diferentes factores dentro del programa. Como ya hemos señalado anteriormente, la evaluación general aún no ha sido terminada. Pero las secciones siguientes ilustran —con una pequeña submuestra de las primeras observaciones— el potencial del enfoque enlazado.

B. TRABAJO ASISTIDO Y SU BASE DE DATOS

El Trabajo Asistido es un programa de experiencia laboral de transición orientado hacia cuatro grupos de personas que tradicionalmente han experimentado grandes dificultades para conseguir o mantener puestos regulares de trabajo: exreclusos recientemente puestos en libertad; exadictos sometidos a tratamiento; jóvenes que han abandonado prematuramente la enseñanza, muchos de los cuales tienen antecedentes delictivos, y mujeres que han sido durante largo tiempo beneficiarias del programa de Ayuda a las Familias con Niños*. El Trabajo Asistido brinda a tales personas un puesto y la oportunidad de mejorar así, con la posibilidad de conseguir empleo permanente en el mercado regular de trabajo...

El Trabajo Asistido fue iniciado en un nivel nacional en marzo de 1975, en un empeño por comprobar la eficacia de un programa que había revelado perspectivas sustanciales en el nivel local, en la ciudad de Nueva York. En la primera fase participaron 13 emplazamientos. Hacia el final del segundo año completo de la prueba, en junio de 1977, se habían añadido dos emplazamientos y estaban integradas en el programa más de 5.400 personas.

La prueba está patrocinada por un consorcio de 5 agencias federales, encabezadas por la Administración de Empleo y Formación del Departamento de Trabajo de los Estados Unidos y por la División de Asuntos Nacionales de la Fundación Ford; se halla regida por la *Manpower Demonstration Research Corporation,* una organización no lucrativa que fue creada para diseñar y supervisar proyectos en gran escala de comprobación e investigación. Los recursos para la prueba proceden de una combinación de subvenciones directas de los patrocinadores nacionales, de fondos federales de participación en los ingresos originados por los programas locales y del producto de la venta de bienes y servicios generados por los trabajadores asistidos.

La prueba incluye un componente general de investigación que trata de informar si el Trabajo Asistido determina un mejoramiento en el salario y en el empleo y reduce la actividad delictiva, el uso de drogas y el régimen de beneficencia. Los contratistas para la investigación del Trabajo Asistido son *Mathematica Policy Research, Inc.,* Princeton, New Jersey y el *Institute for Research on Poverty* de la Universidad de Wisconsin *en Madison (MDRC, 1978: 1-2).*

En 10 de los 15 emplazamientos del Trabajo Asistido, los solicitantes admisibles del programa se asignaron al azar a un grupo experimental o a un grupo de control. Los atribuidos al grupo experimental recibieron la oportunidad de participar en el Trabajo Asistido. Inmediatamente después de la asignación al azar, se iniciaron entrevistas periódicas que se repetirían 9 y 18 meses después. Las entrevistas contienen datos demográficos básicos y de post-programa así como de otros resultados

---

Aid to Families with Dependent Children (AFDC).

CAPITULO VIII

CONEXION ENTRE EL ANALISIS DE PROCESO Y EL ANALISIS DE IMPACTO*

El caso del Trabajo Asistido

Por Robinson G. HOLLISTER, Jr.
*Mathematica Policy Research and
Swarthmore College*
Peter KEMPER y Judith WOOLDRIDGE
Mathematica Policy Research

La mayoría de las evaluaciones de los programas de empleo y de formación corresponden a dos grandes tipos: análisis de "impacto", empleado para estimar el impacto general del programa en quienes fueron participantes y análisis de "proceso", que se concentra en los elementos internos del programa. La evaluación del impacto pregunta si el programa es en general un "éxito" o un "fracaso" y resulta típicamente cuantitativa por su enfoque. En contraste, el análisis de proceso, se pregunta cómo funciona el programa, insistiendo en identificar modos de mejorar las operaciones y el diseño del programa y resulta típicamente cualitativo por su enfoque. Aunque parecen obvias las ventajas de combinar los dos tipos, no conocemos tentativas de unirlos excepto en la evaluación actualmente en curso del Trabajo Asistido, "un programa de experiencia labo-

---

La investigación sobre la que está basada este estudio es parte de una evaluación del programa de Trabajo Asistido para la Manpower Demonstration Research Corporation, cuya cooperación aprecian los autores. El trabajo de la M.D.R.C. está siendo realizado merced a la beca No. 33-36-75-01 y los contratos Nos. 30-36-7501 y 30-34-75-02 de la Administración de Empleo y Formación del Departamento de Trabajo de los Estados Unidos y a la beca No. 740-0537A de la Fundación Ford. La Administración de Empleo y Formación del Departamento de Trabajo es la entidad principal en un consorcio federal de financiación que patrocina el programa de Trabajo Asistido. Los puntos de vista expresados en este trabajo corresponden a los autores y no representan la posición oficial o las políticas de los organismos patrocinadores.

Tabla 1: Resumen de cuestionarios del Sistema de Información de Gestión (MIS)

Cuestionario	Datos	Frecuencia	Quién cumplimenta el cuestionario
Afiliación	Grupo escogido, estructura de la familia, fuentes de ingresos, raza, educación, historial laboral, destrezas y formación, condenas previas, anterior tratamiento por uso de drogas o alcohol, condena diferida.	Realizado una vez que se efectúe el ingreso en el programa.	Los funcionarios encargados de efectuar el ingreso, cumplimentarán el impreso, anotando las respuestas de los trabajadores asistidos a las preguntas formuladas.
Asistencia	Horas invertidas en proyectos, servicios auxiliares, enfermedad, vacaciones, fiestas, suspensión, inactividad, etc; también incluye días de asistencia. minutos de retraso o salidas anticipadas, indicación de primas y código de evaluación.	Semanal.	Los funcionarios de nómina. Se transcribe parte de la información de la ficha semanal de asistencia que rellenan los capataces.
Cambio de categoría	Indica fecha de comienzo, ascensos, degradaciones, inactividad, reactivación, suspensión, transferencia a otro equipo; conclusión; incluye también las razones de los diferentes cambios de categoría.	Cuando resulte apropiado.	Un miembro adecuado del personal del programa.
Asignación a supervisión de equipo	Identifica la relación entre el supervisor y el equipo.	Cuando resulte apropiado.	Personal de operaciones.
Sumario de proyecto	Tipo de cliente, oferta competitiva o no, tipo de supervisión, códigos DOT y SIC de ocupación e industria, tipo de trabajo; tipo de reembolso (si lo hay) por el proyecto.	Cuando comience un proyecto.	Personal de operaciones.
Perfil del supervisor	Información sobre el supervisor incluyendo educación, edad, raza, experiencia de supervisión, formación de destrezas, actitudes hacia la supervisión del Trabajo Asistido.	Una vez, tras dos meses de experiencia de supervisión.	Supervisores.

Para los resultados, son accesibles las siguientes medidas:

- Asistencia
- Tipo de conclusión y duración de la permanencia en el programa
- Categoría e ingresos del empleo post-programa
- Otras mediciones de los resultados

Finalmente la base de datos incluye información sobre:

- Características individuales
- Condiciones del mercado local de trabajo[4]

Esta base de datos se puede emplear para analizar una amplia variedad de cuestiones. Con objeto de ilustrar el tipo posible de análisis, hemos empleado algunos resultados muy preliminares basados en una primera muestra de los participantes para responder, contando con una sola medida del material producido —ingresos del Trabajo no Asistido durante los 18 meses posteriores a la permanencia— a dos preguntas. En primer lugar, ¿hasta qué punto predicen el tiempo y el tipo de conclusión (un indicador de éxito accesible a los técnicos del programa), los ingresos posteriores al programa? Y, en segundo lugar ¿cómo están relacionados los ingresos posteriores al programa con la experiencia de los participantes durante el desarrollo de éste, es decir con el tipo de trabajo proyectado, las características de los supervisores, las características del equipo y los servicios de asistencia?

C. CONCLUSION COMO INDICACION DE UN EXITO POSTERIOR AL PROGRAMA

Como se señaló anteriormente, un modo de perfeccionar la gestión de los programas sociales consiste en proporcionar a los gestores una retroinformación sobre el rendimiento. Sin embargo la recogida de datos relativos al seguimiento posterior de los participantes resulta costosa y la retroinformación respectiva supone una considerable demora temporal. La retroinformación habitual a gestores de programas de empleo

---

[4] Estas han sido obtenidas de fuentes de datos publicados.

y formación está actualmente limitada a indicadores a corto plazo, como la asistencia e indicadores a plazo medio, como la duración de la permanencia y si la razón de la conclusión fue o no el hecho de haber obtenido un trabajo regular. Las decisiones de la gestión han de estar basadas en estos indicadores a plazo corto y medio, bajo la presunción de que constituyen una previsión del rendimiento post-programa. Comprobamos en esta sección tal presunción mediante el examen de la relación entre los ingresos post-programa y el tipo y el tiempo de la conclusión.

La Tabla 2 ofrece los resultados de regresiones en los ingresos del Trabajo no Asistido durante los 18 meses posteriores a la afiliación sobre la razón de la conclusión del programa y con dos series de variables de control. Tanto las observaciones del grupo experimental como las del de control han sido incluidas en estas regresiones para permitirnos separar el efecto sobre ingresos debidos a la conclusión del programa de otros factores que afectan asimismo a los ingresos.

Las razones para la conclusión han sido agrupadas en tres categorías; positiva, negativa y neutra. Se añaden variables ficticias para los diferentes emplazamientos del Trabajo Asistido con el fin de obtener un control de las diferencias del mercado laboral en las distintas ciudades. Los resultados muestran unas diferencias bastante grandes y estadísticamente significativas respecto del tipo de conclusión. Los sujetos de experimentación que concluyen por una razón positiva, ganan durante los 18 meses 237 dólares más que el promedio de sujetos de control, mientras que los que concluyen por razones negativas tienen unos ingresos inferiores en 50 dólares a los de control. (Los ingresos de los que terminaron por razones neutras no eran significativamente diferentes de los ingresos de los controles.) El promedio general de ingresos durante los 18 meses fue, en esta muestra preliminar, de 148 dólares. La magnitud de la diferencia, respecto de este promedio, en los ingresos por tipo de conclusión señala así que tal tipo de conclusión es un buen indicador de los ingresos post-programa, al menos cuando se miden los 18 meses después de la afiliación. Cuando decimos "buen indicador de los ingresos post-programa" nos referimos al hecho de que el promedio del valor de los ingresos de los que han concluido positivamente es de un modo sustancial (y estadísticamente significativo) superior al promedio del conjunto de la muestra. Sin embargo debe adver-

Tabla 2: Tipo de conclusión como previsión de los ingresos post-programa.

Variable	Variables independientes incluidas en las regresiones	
	Tipo de conclusión y emplazamiento	Tipo de conclusión, emplazamiento y características individuales
Tipo de conclusión[a]		
Positiva	237***	208***
Negativa	−50**	−46*
Neutra	5	30
Emplazamiento		
Atlanta	102**	95
Chicago	86**	86**
Hartford	19	35
Jersey City	45	68**
Newark	9	−10
Oakland	88**	38
Filadelfia (omitido)	—	—
San Francisco	107***	43
Características individuales		
Grupo étnico		
Blanco	—	93**
Hispano	—	—
Negro (omitido)	—	—
Edad (Grupos estudiados)[b]		
Menos de 25 años	—	−21
26-30 años (omitido)	—	—
Más de 30 años	—	−3
Mujeres (Grupos estudiados que no son de Ayuda a las Familias con Niños)[c]	—	−77**
Número de personas dependientes	—	4
Educación		
Título de enseñanza secundaria	—	66**
Ha tenido formación profesional	—	−32
Experiencia laboral		
Ha tenido un empleo a jornada completa	—	19
Ingresos el año anterior (000)	—	6
Grupo estudiado		
Ayuda a las Familias con Niños[c]	—	−19
Ex-adictos	—	−45
Ex-delincuentes	—	—
Jóvenes[b]	—	−64
El individuo es jefe de un equipo	—	187***
Estadísticas		
R^2 ajustada	0,05	0,09
F estadística	6,20	5,04
Número de observaciones	1.033	1.033

tirse que la regresión general explica sólo un pequeño porcentaje de la varianza en los ingresos de los 18 meses (R^2 ajustada = 0,09) de forma que *cualquier* indicador de los ingresos de los 18 meses obtenido de las características medidas y representadas en la regresión resulta relativamente débil.

Sin embargo, de estos resultados no queda claro si las diferencias de ingresos son debidas a diferencias entre los individuos que estaban presentes al comienzo del programa, diferencias que influyeron tanto en el tipo de conclusión como en los ingresos post-programa. La columna 2 de la Tabla 2 muestra el efecto de los resultados de la regresión al incluir varias características medidas de los sujetos experimentales y de control en el momento de la distribución al azar.[5] (Una vez más la inclusión de las observaciones del grupo de control mejora la capacidad para separar el efecto del tipo de conclusión del

---

[5] Aunque no resulte de interés primario para este análisis, vale la pena señalar que los coeficientes de las características individuales incluidos en las regresiones en la columna 2 son estadísticamente significativos y, en general, consecuentes con otras investigaciones sobre los factores que afectan a los ingresos. Los negros ganan menos que los blancos y que los individuos de habla española. Las mujeres menos que los hombres. Los ingresos son superiores en aquellos que poseen un título. Estas características se podrían también interactuar con rango experimental para determinar si el programa es más o menos eficaz con determinados subgrupos de participantes. Semejante análisis podría provocar recomendaciones políticas para orientar el programa hacia determinados subgrupos de la población cliente actualmente atendida. Por añadidura, al interactuar las características individuales con variantes del programa o subprograma, quizá sea posible sugerir modos de mejorar la asignación de participantes a variaciones en experiencia en el seno del programa. Esta investigación supera los fines ilustrativos del presente trabajo.

Notas a la Tabla 2
  *Estadísticamente significativa en el nivel del 90% con un test bilateral.
 **Estadísticamente significativa en el nivel del 95% con un test bilateral.
***Estadísticamente significativa en el nivel del 99% con un test bilateral.
a. Las categorías del tipo de conclusión se hallan definidas del siguiente modo:
  Conclusión positiva: El participante abandona con objeto de asumir un trabajo o de ir a la escuela durante el período de estudio.
  Conclusión negativa: El participante fué despedido, encarcelado o abandonó, insatisfecho con el programa durante el período de estudio.
  Conclusión neutra: El participante abandonó durante un período de estudio por razón de enfermedad, para cuidar de la familia, porque no existía trabajo disponible en el programa o porque se vió obligado a graduarse.
b. Las variables de edad abarcan sólo los grupos estudiados al margen de los jóvenes (que tienen 21 ó menos años). Así las variables de los jóvenes combinan el efecto de la edad y del rango del grupo estudiado.
c. La variable femenina abarca sólo los grupos estudiados al margen de las personas de Ayuda a las Familias con Niños (que son todas mujeres). De este modo la variable de Ayuda a las Familias con Niños combina el efecto de ser mujer y hallarse en ese grupo estudiado.

de las diferencias individuales). El hecho de que los resultados cambien sólo ligeramente sugiere que las diferencias apreciadas en los ingresos post-programa por tipo de conclusión no son debidas a diferencias en las características *medidas* de los individuos incluidos en la regresión. Desde luego pueden deberse a diferencias en características no medidas. En la sección E se examinará después la cuestión del correspondiente sesgo en tal selección.

Los administradores de programa poseen información no sólo respecto del tipo de conclusión sino también de la duración de la permanencia en el programa; y la retención de participantes en un programa se considera frecuentemente como una medida importante del éxito del programa en sí mismo. La Tabla 3 ofrece estimaciones del efecto de la duración de la estancia en los ingresos post-programa. La duración de la estancia está dividida en cuatro distintos períodos de tiempo para cada tipo de conclusión. En beneficio de la sencillez de la presentación sólo damos cuenta de los coeficientes del tiempo y tipo de variables de la conclusión, omitiendo de la Tabla las variables de las características individuales y del emplazamiento aunque estas variables fueron incluidas en la regresión de la que proceden los coeficientes mostrados en la Tabla 3.

No es sorprendente que el esquema de los coeficientes con estas categorías dispares del tipo de conclusión se corresponda en términos generales con el efecto promedio del tipo de conclusión, tal como figura en la Tabla 2. En general, las conclusiones positivas tienen un efecto positivo en el empleo post-programa y las conclusiones negativas poseen un efecto negativo. Pero la dispersión por el número de semanas en que tuvo lugar la conclusión proporciona algunas calificaciones interesantes respecto de este resultado. En primer lugar, la relación entre conclusiones positivas e ingresos post-programa no llega a ser significativamente positiva a no ser que la conclusión se produzca después de la octava semana; una conclusión positiva en las primeras 8 semanas carece de relación significativa con los ingresos post-programa. En segundo lugar, la relación entre conclusión positiva e ingresos alcanza un máximo cuando la conclusión se produce entre las semanas 37^a y 39^a, disminuyendo a partir de entonces. En tercer lugar, las conclusiones negativas revelan una relación negativa con los ingresos que es pequeña por su magnitud e insignificante hasta la 37ª semana.

Finalmente, aunque las conclusiones neutras no estaban, en términos generales, relacionadas de un modo significativo con

Tabla 3: Tipo y tiempo de conclusión como previsión de los ingresos post-programa.

	Variables independientes incluidas	
Tipo y tiempo de conclusión [a]	Tipo de conclusión y emplazamiento	Tipo de conclusión, emplazamiento y características individuales
Positiva		
Semanas 1-8	36	50
Semanas 9-26	192	153**
Semanas 27-39	377***	337***
Semanas 40-52	281***	253***
Negativa		
Semanas 1-8	−39	−27
Semanas 9-26	−16	−7
Semanas 27-39	−110**	−110**
Semanas 40-52	−85*	−101**
Neutra		
Semanas 1-8	6	15
Semanas 9-26	−89	−57
Semanas 27-39	−77	−37
Semanas 40-52	284***	283***
Estadísticas		
R^2 ajustada	0,06	0,09
F estadística	4,37	4,26
Número de observaciones	1.033	1.033

NOTA: Además de las variables indicadas, estas regresiones también incluyen las características individuales que aparecen en la Tabla 2. Como figuran fundamentalmente como variables de control, no se indican aquí.
*Estadísticamente significativa en el nivel del 90% con un test bilateral.
**Estadísticamente significativa en el nivel del 95% con un test bilateral.
***Estadísticamente significativa en el nivel del 99% con un test bilateral.
a. Las categorías del tipo de conclusión están definidas del siguiente modo:
  Conclusión positiva: El participante abandona con objeto de asumir un trabajo o de ir a la escuela durante el período de estudio.
  Conclusión negativa: El participante fué despedido, encarcelado o abandonó, insatisfecho con el programa durante el período de estudio.
  Conclusión neutra: El participante abandonó durante el período de estudio por razón de enfermedad, para cuidar de la familia, porque no existía trabajo disponible en el programa o porque se vió obligado a graduarse.

los ingresos post-programa, la Tabla 3 muestra que el resultado general oculta una diferencia en el efecto que depende del tiempo de la conclusión. La relación entre ingresos post-programa y conclusión neutra es negativa pero insignificante durante las primeras 39 semanas. En contraste, y respecto de las conclusiones neutras que se producen entre las semanas 40ª y 52ª, la relación con los ingresos post-programa es positiva y estadísticamente significativa. Como las graduaciones forzosas están incluidas en la categoría neutra, estos resultados indican que en el caso de los participantes que permanecen en el programa durante largo tiempo, la presión para que asuman un trabajo regular puede ser una política eficaz. (El declive del período de 27-39 semanas al período de 40-52 semanas en lo que se refiere al efecto de conclusiones positivas resulta también consecuente con esta hipótesis.) Aunque estas pruebas sean sugerentes, para determinar esta cuestión de un modo más definitivo se precisaría un trabajo posterior que examinara los ulteriores ingresos en subsiguientes períodos de tiempo y que distinguiera en la categoría de la conclusión neutra las salidas forzadas por otros motivos.

Los resultados expuestos aquí ilustran un tipo de análisis que podría realizarse conexionando datos del proceso y del impacto. Como ya hemos advertido, los resultados pueden verse afectados por sesgos en la selección, consecuencia de factores no medidos por las variables de control incluidas en la regresión y han de ser estimados por eso como preliminares. Sin embargo, señalan que un tipo de indicador de rendimiento a menudo empleado por los técnicos del programa,[6] es decir el tipo de conclusión y la duración de la estancia, puede estar significativamente relacionado, al menos en este programa específico, con el rendimiento post-programa. También proporcionan algunas indicaciones referentes a la política sobre el modo en que habría que estimular una larga permanencia en el programa o permitir a los participantes que continuaran dentro de éste.

D. EXPERIENCIA DURANTE EL PROGRAMA
E INGRESOS POST-PROGRAMA

Otro tipo de análisis que en potencia resulta aún más útil en beneficio de la política que el referido en la sección anterior,

---

[6] La asistencia es otro indicador del rendimiento que emplean a menudo los técnicos del programa (y los patronos). Hemos realizado análisis similares de la relación de este indicador con los ingresos post-programa. Pero en razón de las limitaciones de espacio no damos cuenta detallada de tal análisis. Mostró que las tasas de asistencia se hallaban significativamente relacionadas con los ingresos post-programa.

Tabla 4: Regresión de los ingresos post-programa sobre la experiencia del programa (controlando las características individuales).

Variable	Coeficiente de regresión
Industria del proyecto laboral	
Jardinería	—6
Pintura	15
Construcción	—
Manufacturas	—82
Venta al por menor	—202***
Servicios administrativos	87
Servicios de mantenimiento inmobiliario	—2
Otros servicios a empresas	27
Servicios de reparación de coches	222**
Servicios de reparación de mobiliario	—377**
Servicios sociales	336***
Tipo de supervisión	
Por programa	—68
Por jefe de equipo	70**
Edad e instrucción del supervisor	
Edad	—3
Grado superior concluido	—17*
Posee licencia o certificado de formación	59
Experiencia previa del supervisor	
Ha trabajado con grupos para estudio	125**
Orientado	—40
Supervisado	27
Experiencia militar de supervisión	52
Mismo tipo de trabajo	—68
Adiestrado	—48
Semejanza del supervisor con el participante	
Sexo	34
Raza	—26
Condenas	—60
Tratamiento contra drogas	19
Estilo del supervisor	
La realización del trabajo como objetivo primario	81
Severidad	57***
Práctico respecto de los participantes	67
Dimensiones del equipo	
1 a 3 (omitido)	
4 a 7	59
8 a 10	86
Más de 10	57
Características de los otros miembros del equipo	
Proporción de los que trabajan a jornada completa	—203*
Promedio de grado superior concluido	—3
Promedio de edad	5

Tabla 4: (Continuación)

Variable	Coeficiente de regresión
Número de cambios en el equipo (por semana)	169***
Servicios de asistencia	
Orientación	73
Adiestramiento para la búsqueda de empleo	73**
Formación de destrezas del empleo	32*
Educación en el aula	54
Segundo año de operación del programa	
R^2 ajustada	0,10
F estadística	2,80
Número de observaciones	1.033

NOTA: Se incluyen también en la regresión, pero no se indican las características individuales y las variables para cada emplazamiento y grupo estudiado, que son las mismas que las que se señalan en la Tabla 2.
*Estadísticamente significativa en el nivel del 90% con un test bilateral.
**Estadísticamente significativa en el nivel del 95% con un test bilateral.
***Estadísticamente significativa en el nivel del 99% con un test bilateral.

es el examen de la relación entre variaciones en el tratamiento del programa y resultados post-programa. La Tabla 4 proporciona este tipo de información. Los resultados señalados corresponden a una regresión de ingresos post-programa sobre variables que miden la variación en la experiencia del programa: características del proyecto en el que trabajaron los participantes, su inmediato supervisor del trabajo, sus compañeros de equipo y los servicios de asistencia que recibieron. Varios de los coeficientes son estadísticamente significativos y grandes por su magnitud:

- El tipo de proyecto de trabajo parece estar relacionado con los ingresos post-programa. Los proyectos de venta al por menor y de reparación de mobiliario tienen coeficientes negativos y los proyectos de servicio social y de reparaciones de coches tienen coeficientes positivos.

- El tipo de supervisor puede afectar también a los resultados. Los supervisores con mayor instrucción figuran asociados a ingresos post-programa inferiores en las participantes. Una anterior experiencia laboral con los grupos estudiados de Trabajo Asistido está positivamente relacionada con los ingresos post-programa, aunque otros tipos de experiencia no lo están. La severidad del supervisor (conforme a sus propios informes) está significativamente relacionada con los ingresos, asociándose los supervisores más estrictos a ingresos inferiores. Por añadidura, si un equipo de trabajo cuenta con un jefe participante (además del habitual supervisor de plantilla), el proyecto está asociado a ingresos post-programa más elevados.

- El número de veces que un individuo cambia de equipo está positivamente asociado con los ingresos post-programa, resultado un tanto sorprendente. Las características del equipo no son, por lo general, significativas (aunque si otros miembros del equipo trabajaban a jornada completa antes del Trabajo Asistido, los ingresos post-programa eran inferiores; lo opuesto al efecto del grupo de compañeros, como habría cabido esperar).

- El grado de los servicios de asistencia proporcionados constituye un aspecto importante del diseño del programa. La regresión revela una asociación positiva entre ingresos post-programa y adiestramiento para búsqueda de empleo[7] y una asociación negativa con la formación de destrezas del empleo.

Nos hemos abstenido aquí de estudiar, explicar o formular hipótesis en términos considerables acerca del valor de la significación o no significación estadística de variables de la experiencia con un determinado programa. Son varias las razones de esta limitación. La muestra empleada resulta pequeña y preliminar. No hemos realizado suficientes investigaciones con esta muestra para confiar en que unos determinados datos aparentemente significativos no sean consecuencia de alineaciones en los mismos datos (aunque es muy probable que todos los coeficientes significativos sean debidos a tales problemas). Y los resultados siguen estando potencialmente sometidos a un sesgo en la selección por obra de características no medidas.

Pero aún más importante es el hecho de que consideremos que tales resultados cuantitativos ilustran tan sólo un primer paso en la secuencia que constituiría un análisis ideal de proceso. Los resultados sirven para ilustrar la forma en que podrían iniciarse sugerencias de una posterior indagación sobre el proceso del programa (Por ejemplo, los persistentes efectos

---

[7] Cabría esperar que ésta fuese una correlación falsa: es más probable que consigan un empleo quienes permanecen tiempo suficiente en el progama para obtener un adiestramiento en la búsqueda de empleo (y aunque no reciban el adiestramiento). En regresiones de las que aquí no se da cuenta se añadieron a la ecuación el tipo y el tiempo de conclusión pero el coeficiente de adiestramiento en la búsqueda de empleo siguió siendo significativo y aproximadamente del mismo volumen. Esto sugiere la posibilidad de que la correlación no sea falsa.

positivos del adiestramiento en la búsqueda de empleo deberían conducir a una recogida más atenta de información detallada acerca del tipo de asistencia proporcionada para la búsqueda de empleo, en qué etapa y a quien). También proporcionan algunas indicaciones sobre orientaciones en el perfeccionamiento del diseño del programa que podrían poner a prueba los operadores del programa en períodos subsiguientes. (Cabría incluir cambios en las mezclas del proyecto, incrementar el empleo de jefes de equipo participantes, contratar supervisores con experiencia con el grupo estudiado y que no se caracterizan como "estrictos"). Igualmente valiosos, estos resultados podrían servir para disuadir de la inversión de recursos en cambios que probablemente no serían eficaces (p. ej., mantener reducido el volumen de los equipos).

La investigación posterior y la reacción ante tal análisis cuantitativo inicial debería conducir a una secuencia de interacciones entre los analistas y los técnicos del programa que podría perfeccionar el análisis y los programas.[8]

E. SESGO DE SELECCION

En las secciones anteriores, hemos formulado repetidas reservas acerca de los resultados específicos porque podrían estar afectados por un sesgo en la selección. Por esa razón y antes de extraer unas conclusiones necesitamos estudiar un poco más detenidamente esta cuestión.

En la literatura de la evaluación ha existido una controversia considerable en torno a la cuestión del sesgo en la selección de los datos generados por cualquier proceso que no sea una experiencia con asignación al azar de los sujetos a los tratamientos. No queremos profundizar aquí en esta controversia sino que más bien nos limitaremos a unos cuantos comentarios en relación con los tipos de datos que hemos descrito.

Ya se ha demostrado que en el grado en que la selección es explícita y la información se obtiene a través de un proceso explícito de selección, los métodos cuantitativos permiten una es-

---

[8] En la Demostración del Trabajo Asistido la evaluación de la investigación puramente cuantitativa fue complementada con una evaluación más cualitativa. Parte de la investigación que siguió al análisis del proceso de la primera etapa implicó al personal realizador del análisis cualitativo y fue llevada a cabo por el mismo personal. Para una descripción de este análisis, véase BALL (1977).

timación imparcial de los efectos de un programa incluso cuando el proceso de asignación no se efectúa al azar (CAIN, 1975). Esto indica que para perfeccionar la capacidad de interpretación de los datos del programa es preciso realizar mejores esfuerzos en la documentación de los procesos de selección.

Subsiste aquí, sin embargo, el problema de una selección no registrada sobre características no medidas, tanto por parte de un administrador que asigna a los participantes como a través de una autoselección de los mismos participantes. He aquí dos diferentes vías generales que pueden seguirse. En primer lugar es posible lograr un perfeccionamiento de la metodología, eliminando o disminuyendo los sesgos en la selección de una determinada serie de datos que ya han sido recogidos. En segundo lugar cabe tratar de establecer un proceso secuencial de recogida de datos y una alteración del programa que reduzca los efectos del sesgo en la selección. Vamos a examinar brevemente cada una de estas vías.

Con respecto al perfeccionamiento de la metodología, esta cuestión del sesgo en la selección dentro del análisis cuantitativo en la ciencia social en general, así como en la evaluación en particular, ha recibido recientemente una creciente atención. HECKMAN (1976) y MADDALA y LEE (1976) han desarrollado técnicas estadísticas formales para estimar el grado de selección y para eliminar el sesgo en la selección. BARNOW, CAIN y GOLDBERGER (1978) han sugerido su adaptación a la investigación evaluativa. (Hemos comenzado algunos intentos de emplear estas técnicas para volver a valorar los resultados de conclusión aportado en la anterior Sección C. Estas técnicas son apropiadas sin embargo para tratamientos bipartidos o multipartidos y por ahora no está claro cómo extender estos métodos a situaciones en las que el tratamiento es altamente multidimensional; así sucede, por ejemplo, en la larga serie de variables de la experiencia en el programa que figuran en la anterior sección D.) Otro enfoque metodológico con el que hemos estado experimentando emplea medidas rápidas de rendimiento —en nuestro caso, la asistencia— para obtener sustitutos de características no medidas y las utiliza como variables adicionales de control en regresiones como las empleadas en las secciones C y D (HOLLISTER y otros, 1978). Pero aún no está bien desarrollada la base teórica para semejante enfoque.

La segunda vía para la reducción del sesgo potencial en la

selección exige una interacción secuencial entre analistas y técnicos del programa. Como ya se indicó al final de la sección D, los resultados del tipo de los que aparecen en las secciones C y D deben ser considerados como el primer paso en semejante proceso. Es preciso transmitir a los técnicos del programa, y en calidad de retroinformación, los resultados de esta primera etapa. El estudio de los resultados puede conducir bien a una reformulación de las variables en el análisis o a unos ajustes en los procesos del programa. Podría realizarse a continuación una segunda recogida de datos y comprobación de los resultados. En donde se produzca un descubrimiento especialmente controvertible quizá sea posible convencer a los técnicos para que comprueben la proposición mediante asignación al azar entre los tratamientos en cuestión, al menos por un determinado período de tiempo.

Aunque el sesgo en la selección sea un problema potencial es importante mantener este asunto en perspectiva y no prescindir de un análisis que puede resultar útil aunque sea impreciso el grado de sesgo.

F. CONCLUSION

Creemos que establecer la conexión entre el análisis de proceso y el de impacto debe constituir un importante objetivo de la investigación evaluativa. Los resultados aquí brindados ligan los tipos de análisis de un modo importante pero limitado. Los datos del proceso sobre la experiencia del programa han sido cuantificados y relacionados con los datos de la producción y se ha realizado un "análisis cuantitativo del proceso". Pero, como indicamos antes, éste es simplemente el primer paso dentro de lo que hemos esbozado como una secuencia ideal de interacción entre los realizadores del análisis y los del programa.

Nuestra propia experiencia hasta la fecha con las tentativas de seguir adelante en este análisis secuencial ideal, no nos permite hacernos muchas ilusiones acerca de la facilidad con que pueda realizarse en la práctica. Hemos recogido impresiones cualitativas generales de técnicos de programa acerca del proceso de selección y de asignación de participantes a los tratamientos. Se han cuantificado y "comprobado" algunas de las percepciones de los gestores de programa acerca de importantes características programáticas (p. ej., los efectos de las dimensiones del equipo y de la semejanza racial entre supervisores y participantes). Pero ha resultado difícil dirigir la interacción mucho más allá de esta etapa inicial.

Las exigencias empíricas para la realización del ideal son evidentemente prodigiosas. Señalamos tan sólo algunas. El programa debe ser a escala y de duración suficientes para proporcionar muestras lo bastante grandes con las que poder realizar comprobaciones de hipótesis estadísticas de poder adecuado. (De hecho nos sorprendió que no fuéramos capaces de obtener resultados significativos con una muestra de un poco más de 1.000.) Ha de existir un sistema interno de datos, con cuestionarios normalizados y un razonable control de calidad, que dé cuenta de los datos individualizados regulares. Los datos han de ser tratados rápidamente y convertidos en registros analíticos de tal manera que en un período relativamente corto de tiempo pueda completarse el análisis y transmitirse en forma de retroinformación a los técnicos del programa.[9] Los datos de las entrevistas post-programa tienen que ser tratados y reunidos con los aportados por el programa. Es probable que una retroinformación rápida mejore la calidad de los datos cuando los operadores adviertan los frutos de sus esfuerzos en su aportación. Los analistas han de llegar a ser capaces de explicar aspectos básicos de sus análisis de datos a los técnicos del programa. Han de incrementar también su sensibilidad respecto de formas de análisis que resultarían más útiles en la operación mes tras mes del programa (en contraste con un nuevo diseño más fundamental). Finalmente, los técnicos han de convencerse de que este tipo de análisis puede ser empleado no simplemente para formular juicios negativos sobre su rendimiento sino para ayudarles a mejorar éste.

Por encima de todo, semejante interacción implica una visión del análisis cuantitativo del proceso que difiere del de muchos analistas cuantitativos. En nuestra opinión los resul-

---

[9] Probablemente la razón principal de que no consiguiéramos llevar más allá las interacciones con los técnicos del programa fuese el hecho de que no fuéramos capaces de proporcionar esa retroinformación rápida. Creemos que nuestro fracaso al respecto se debió a que estábamos creando procedimientos no intentados hasta entonces pero puede que falle cualquier esfuerzo en tan gran escala, incluso cuando haya sido mejor determinada de antemano la trayectoria. Las demoras en la obtención de datos de seguimiento de las entrevistas con los participantes hacen imposible una retroinformación rápida basada en datos de seguimiento.

tados no deben ser considerados como pruebas de modelos formales de conducta o como relaciones causales, sino más bien como una descripción de lo que ha sucedido. La investigación del proceso se acomete como un esfuerzo por entender cómo funciona el programa. Semejante esfuerzo, aunque cuantitativo en su metodología, es necesariamente un proceso exploratorio e inductivo. Por esa razón los resultados estadísticos son más útiles si se los considera como descriptivos y si son interpretados a la luz de la comprensión práctica de la forma en que opera el programa, incluyendo las valoraciones cualitativas de la eficacia de diferentes experiencias del programa. Cualesquiera conclusiones basadas en semejante interpretación son necesariamente de tanteo y cuestión de criterio. Pero en menor proporción que las conclusiones basadas de modo exclusivo en anécdotas y sospechas sin base en mediciones objetivas de los resultados. Lo que sugerimos consiguientemente no es la sustitución del análisis estadístico por una comprensión práctica del programa, sino la interacción de los analistas cuantitativos, los analistas cualitativos del proceso y los gestores del programa en una búsqueda secuencial de maneras de mejorar el diseño y la realización del programa.

Pero no conviene exagerar en lo que atañe a la unión del análisis de proceso y el de impacto. Hemos tratado de ofrecer una reseña equilibrada aunque breve de sus beneficios potenciales así como de las dificultades y las trampas que en potencia oculta. Las respuestas de los participantes a las experiencias del programa son complejas y es serio el potencial de sesgos en los datos. Sin embargo, una gestión y un diseño mejorados de los programas públicos plantean un importante reto a quienes se ocupan de la política social. Creemos que el enlace del análisis de proceso y el de impacto puede significar una ayuda en este esfuerzo.

BIBLIOGRAFIA

BALL, J. (1977) Implementing Supported Work: Job Creation Strategies During the First Year of the National Demonstration. Nueva York: Manpower Research and Demonstration.

BARNOW, B., G. CAIN, y A. GOLDBERGER (1978) "Issues in the analysis of selection bias." Universidad de Wisconsin Departamento de Economía. Presentado a la reunión de la American Economics Association, Agosto.

CAIN, G. (1975) "Regression and selection models to improve non-experimental comparisons," en C. A. Bennett y A. A. Lumsdaine (eds.) Evaluation and Experiment. Nueva York: Academic Press.

HANUSHEK, E. "Conceptual and empirical issues in the estimation of educational production functions." Journal of Human Resources.

HECKMAN, J. (1976) "The common structure of statistical models of truncation, sample selection and limited dependent variables and a sample estimator of such models." Annals of Economic and Social Measurement 5: 475-492.

HOLLISTER, R., P. KEMPER, V. LEACH, y J. WOOLDRIDGE (1978) Analysis of the Determinants of Attendance and Termination Rates in the Supported Work Demonstration. Borrador de informe presentado en la Manpower Demonstration and Research Corporation by Mathematica Policy Research, Princeton, Junio.

MADDALA, G. S. y L.-F. LEE (1976) "Recursive models with qualitative endogenous variables." Annals of Economic and Social Measurement 5: 525-545.

Manpower Demonstration and Research Corporation (1978) Resumen del Segundo Informe Anual de la National Supported Work Demonstration. Agosto, Nueva York: MDRC.

RESEÑA BIOGRAFICA SOBRE LOS AUTORES

BECKER, Howard S.: Es profesor de Sociología en la Northwestern University y autor de *Outsiders* y *Sociological Work*. Ha escrito sobre métodos de investigación y sobre fotografía y ha enseñado esta rama en el *Visual Studies Workshop* del San Francisco Art Institute.

CAMPBELL, Donald T.: Se doctoró en Psicología por la Universidad de California (Berkeley) en 1947 y ha sido profesor de la *Northwestern University* durante los últimos 25 años. Fué Presidente de la Asociación Psicológica Americana y es miembro de la Academia Nacional de Ciencias. Ha recibido el *Distinguished Scientific Contribution Award* de la Asociación Psicológica Americana, el *Kurt Lewin Memorial Award* de la Sociedad para el Estudio Psicológico de las Cuestiones Sociales y el primer Premio Myrdal en Ciencia de la *Evaluation Research Society* en 1977. En la actualidad es profesor *Albert Schweitzer* de la *Maxwell School* de la Universidad de Siracusa.

COOK, Thomas D.: Es profesor de Psicología en la *Northwestern University* en donde desempeña también el cargo del Director del Programa de Formación en Psicología Social. Es coautor de *Sesame Street Revisited*, *Quasi-Experimentation: Design and Analysis Issues for Field Settings* y *Criminal Victimization of the Elderly*. También ha dirigido,con ayuda, el tercer volumen de *Evaluation Studies Review Annual* y pertenece al consejo editorial de *Evaluation Quarterly*, *Evaluation Magazine*, *Knowledge: Creation, Dissemination, and Utilization*.

FILSTEAD, William J.: Es profesor asociado de Psiquiatría y Ciencias del Comportamiento en la *Northwestern University* en donde es coordinador de investigación evaluativa tanto para el Instituto de Psiquiatría como para el *Northwestern Community Mental Health Center*. Se doctoró en Sociología en la *Northwestern University* en 1973. Inició su carrera en el Centro de Tratamiento del Alcoholismo del Hospital General Luterano en 1969, en donde fué fundamentalmente responsable de las actividades de investigación y de evaluación de programas. Sus áreas de interés corresponden a los sistemas de información sobre gestión clínica, los métodos cualitativos y la evaluación y la investigación aplicada sobre el alcoholismo. El Dr. FILSTEAD es autor de numerosos artículos y libros, entre los cuales figuran *Qualitative Methodology; Introduction to Deviance,* con Jean ROSSI; *The Therapeutic*

Community, con Jean RÖSSI y Mark KELLER; *Alcohol Problems: New Thinking and New Directions* y con John MAYER, *Adolescence and Alcohol*.

HOLLISTER, Robinson G., Jr.: Es consejero de *Mathematica Policy Research* y profesor de Economía en el *Swarthmore College*. HOLLISTER es, en la actualidad, investigador principal del proyecto del Trabajo Asistido. Ha desempeñado un papel básico en el *New Jersey Negative Income Tax Experiment* y es un experto de fama internacional sobre la pobreza y la evaluación de programas de protección de los ingresos.

IANNI, Francis A. J.: Es profesor y director del *Horace Mann-Lincoln Institute, Teachers College Columbia University* y consultor de Psicología Médica en el Centro de Psiquiatría del Hospital St. Luke. Antes de ingresar en Columbia fué Comisario Asociado de la Oficina de Educación de los Estados Unidos y enseñó en la Universdad de Yale y en el *University College* de Addis Abeba, Etiopía. Se doctoró en Antropología en la Universidad del Estado de Pennsylvania y es graduado del Instituto Psicoanalítico de Nueva York.

KEMPER, Peter: Es economista en *Mathematica Policy Research*. Entre sus investigaciones figuran estudios sobre la eficacia de la política de administración local, servicios de recogida de basuras y sobre decisiones de instalación de industrias en zonas intrametropolitanas. Participa actualmente en la evaluación de la experiencia nacional del Trabajo Asistido, con interés especial en el análisis del beneficio-coste y del proceso. Antes de ingresar en *Mathematica Policy Research*, KEMPER fue profesor ayudante de Economía en el *Swarthmore College.*

KNAPP, Michael S.: Prepara en la actualidad su doctorado en el Programa de Sociología de la Educación en la Escuela de Educación de la Universidad de Stanford. Ha sido miembro activo durante los dos últimos años del *Stanford Evaluation Consortium*;y se ha formado también en el *NIMH sponsored Organizations and Mental Health Research Training Program,* realizado por un consorcio de facultades del Departamento de Sociología, la *Business School* y la Escuela de Educación de la Universidad de Stanford. Se interesa especialmente por las dimensiones de organización de la investigación evaluativa, la aplicación de metodologías alternativas a los problemas del diseño de evaluación y la síntesis de los enfoques cualitativos y cuantitativos de la evaluación.

TERRY ORR, Margaret: Es en la actualidad investigadora asociada en el *Horace Mann-Lincoln Institute,* del *Teachers College* de la Universidad de Columbia, en donde supervisa varios proyectos estatales y locales de investigación y de evaluación. Es además profesora ayudante adjunta en el Departamento de Administración Educativa.

REICHARDT, Charles S.: Es profesor ayudante de Psicología en la Universidad de Denver. Realizó su tesis de graduación en el Programa de Evaluación y Metodología del Departamento de Psicología de la *Northwestern University*. Ha publicado artículos en *Evaluation Quarterly*, *Evaluation Magazine* y *Journal of Educational Statistics* y es autor de un capítulo sobre el análisis estadístico de datos de grupos no equivalentes en *Quasi-Experimentation,* de COOK y CAMPBELL. Ha actuado también como asesor de muchas empresas de investigación y de investigadores de varias universidades.

TREND, M. G.: Es consejero analista de *Abt Associates Inc.,* una firma contratista de investigación en Cambridge, Massachusetts. En la actualidad es subdirector del *Minnesota Work Equity Research Project,* una experiencia de reforma de la beneficencia. Ha trabajado en proyectos de vivienda, prestación de servicios jurídicos, educación rural y asistencia diaria. Antropólogo social por su formación, el doctor TREND es editor asociado de *Human Organization*, publicación de la Sociedad de Antropología Aplicada. También es editor colaborador de *Practicing Anthropology*, una publicación de orientación práctica para los antropólogos no consagrados a la enseñanza.

WOOLDRIDGE, Judith: Es una investigadora de *Mathematica Policy Research* que ha trabajado en esta entidad principalmente en proyectos sanitarios y laborales, incluyendo los *Physician Capacity Utilization Surveys* y la *Supported Work Demonstration Evaluation*. Es en la actualidad investigadora y gestora de proyectos en las *Evaluation of Health Manpower Shortage Areas* y directora en funciones del apoyo a la investigación. Antes de integrarse en *Mathematica Policy Research* fué investigadora asociada en el Centro de Estudios Urbanos y Regionales de la Universidad de Birmingham, en el Reino Unido.